JÜRGEN KOCKA

Geschichte und Aufklärung

Aufsätze

V&R

VANDENHOECK & RUPRECHT
IN GÖTTINGEN

Jürgen Kocka

Geboren 1941, Studium der Geschichte und der Politischen Wissenschaft in Marburg, Wien, Berlin und Chapel Hill, N.C. (USA), dort M.A. 1965, Promotion 1968 an der Freien Universität Berlin, Habilitation 1973 an der Universität Münster. 1973–1988 o. Professor für Allgemeine Geschichte unter besonderer Berücksichtigung der Sozialgeschichte an der Universität Bielefeld, seit 1988 Professor für Geschichte der Industriellen Welt an der Freien Universität Berlin. Ehrendoktor der Universität Rotterdam. – *Buchveröffentlichungen u. a.:* Unternehmensverwaltung und Angestelltenschaft am Beispiel Siemens 1847–1914. Zum Verhältnis von Kapitalismus und Bürokratie in der deutschen Industrialisierung (1969); Klassengesellschaft im Krieg. Deutsche Sozialgeschichte 1914–1918 (^{2}1978, engl. 1984); Unternehmer in der deutschen Industrialisierung (1975, engl. 1977); Angestellte zwischen Faschismus und Demokratie. Zur politischen Sozialgeschichte der Angestellten: USA 1890–1940 im internationalen Vergleich (1977, engl. 1980, ital. 1982); Sozialgeschichte. Begriff – Entwicklung – Probleme (^{2}1986); Die Angestellten in der deutschen Geschichte 1850–1980. Vom Privatbeamten zum angestellten Arbeitnehmer (1981, franz. 1989); Lohnarbeit und Klassenbildung. Arbeiter und Arbeiterbewegung in Deutschland 1800–1875 (1983).

CIP-Titelaufnahme der Deutschen Bibliothek

Kocka, Jürgen:
Geschichte und Aufklärung : Aufsätze / Jürgen Kocka. –
Göttingen : Vandenhoeck u. Ruprecht, 1989
(Kleine Vandenhoeck-Reihe ; 1541)
ISBN 3-525-33553-9
NE: GT

Kleine Vandenhoeck-Reihe 1541

Umschlag: Hans-Dieter Ullrich
Schrift: 9/11 Punkt Times auf der V-I-P
Gesamtherstellung: Verlagsdruckerei E. Rieder, Schrobenhausen

Inhalt

Vorwort

Interessante Kontroversen markieren den Weg der Geschichte in den 80er Jahren – im Fach wie in der Öffentlichkeit. Geschichte ist wichtiger geworden. Und der Umgang mit ihr hat sich verändert. Viel Neues trat auf und forderte das Alte heraus, das sich selbst erst kurz vorher etabliert hatte. Die Herausforderer besaßen nicht durchweg die stärkeren Trümpfe, die besseren Argumente, die größere Überzeugungskraft; vieles erwies sich als kurzlebig und modisch, manches als hoffnungslos reaktionär. Doch anderes wirkte als produktive Irritation, als fällige Revision und als Motor des Fortschritts. In der Auseinandersetzung präzisierten sich die angegriffenen Positionen, insistierten auf Wesentlichem, lernten Neues hinzu und entwickelten sich weiter.

Die Alltagsgeschichte forderte die Sozialgeschichte heraus, wie sie sich in den sechziger und siebziger Jahren etabliert hatte. Der Aufsatz »Sozialgeschichte zwischen Struktur und Erfahrung« versucht, den Kern dieses Konflikts freizulegen, die neohistoristische Illusion der Angreifer zurückzuweisen und von der Herausforderung zu lernen, was von ihr zu lernen ist. Im Endeffekt könnte sich der Gegensatz zwischen der älteren Sozialgeschichte und großen Teilen der Alltagsgeschichte als viel weniger scharf herausstellen, als es im Lärm der publizistischen Fehden des letzten Jahrzehnts oftmals schien. Der Aufschwung der Alltagsgeschichte läßt sich als Ausdruck der Postmoderne in der Geschichtswissenschaft deuten. Damit hing zusammen, daß das Verhältnis von Tradition und Emanzipation, von Herkunft und Fortschritt neu bedacht wurde und vielen in neuem Licht erschien. Chancen und Grenzen dieser Umorientierung demonstriert der Abschnitt »Tradition und Emanzipation« an einem klassischen Beispiel: an der frühen deutschen Arbeiterbewegung und ihrer heutigen Interpretation.

Mit dem Aufstieg der Frauenbewegung hing ein starker Aufschwung des frauengeschichtlichen Interesses zusammen, der die eingespielten Kategorien sozial- und allgemeingeschichtlicher Interpretationen aufzubrechen versuchte, teils mit wissenschaftlichen, teils mit wissenschaftsfremden Mitteln. Zumindest konnte man von den Attakkierten verlangen, die Herausforderung ernst zu nehmen. Dies geschieht unter der Überschrift »Kontroversen um Frauengeschichte«. Es wird versucht, die Zurückweisung unhaltbarer Ansprüche mit der Öffnung gegenüber produktiven, neuen Anregungen zu verbinden. Die Frauengeschichte ist mittlerweile dabei, sich zur Geschlechtergeschichte voranzuentwickeln. Manches an ihr kann belegen, wie außerwissenschaftliche Interessen und vorwissenschaftliche Erfahrungen wissenschaftlichen Fortschritt nicht nur verstellen, sondern auch antreiben können, nämlich dann, wenn sie sich auf die Regeln des wissenschaftlichen Diskurses einlassen und vom wissenschaftlichen Betrieb nicht abgewiesen werden.

Der Ruf nach erzählter und die Skepsis gegenüber theoriehaltiger Geschichte kamen größtenteils von außerhalb der Wissenschaft. Gewiß reagierten sie teilweise auf Einseitigkeiten der dominanten Geschichtswissenschaft und halfen mit, sie zu korrigieren. Sie dokumentierten das steigende Interesse der Öffentlichkeit, der Feuilletons, des Kulturbetriebs an dem, was Historiker tun. Aber vor allem signalisierten sie, daß sich die vorwiegende Art des Interesses an der Geschichte wandelte: Erinnerung statt Erklärung war nunmehr gesucht, Tradition statt Kritik, Unterhaltung statt Analyse, die Bildung kollektiver Identität mehr als Aufklärung. Der erste und der letzte der im Folgenden zusammengestellten Aufsätze versuchen, die produktiven Anregungen, die selbst noch von dieser Herausforderung ausgehen, aufzunehmen, im übrigen jedoch Geschichte als Argumentation zu verteidigen und ihren Anspruch auf Aufklärung zu bekräftigen. Das Plädoyer für eine europäische Geschichte in komparativer Absicht steht im selben Zusammenhang.

Gerade weil es vielen zunehmend um die Erinnerung und Aneignung der Vergangenheit (statt um deren distanzierte Analyse mit dem Ziel des Lernens) geht, gerade weil die gemeinsame Geschichte als stabilisierender Widerhalt im rasanten und angeblich desorientierenden Wandel der Gegenwart gesucht wird, stößt man sich um so heftiger daran, daß die schrecklichen Teile unserer jüngsten Vergangenheit nicht vergehen. Eben dadurch werden sie präsenter denn je. Der »Historikerstreit« von 1986/87 verdankte sich diesem Mechanismus und illustrierte ihn. Einige der sich damit erneut stellenden Fragen werden hier behandelt: die Kraft der nationalen Tradition, ihre besondere Belastung im deutschen Fall und die Schwierigkeit, daran anzuknüpfen

(S. 82 und 120); die Deutung des Nationalsozialismus im vergleichenden Kontext (als Faschismus oder Totalitarismus) sowie als Produkt eines deutschen Sonderwegs, der mittlerweile zu Ende gegangen ist (S. 101 bis 119); schließlich die Dialektik von Zerstörung und Befreiung, die die tiefe Zäsur um 1945 (trotz mancher Kontinuität und Restauration) kennzeichnete (S. 120). Dieser Traditionsbruch steht im Zentrum unserer Tradition, daraus folgen Bürden wie Chancen.

Bis auf »Geschichte und Aufklärung« sind die folgenden Abschnitte als Aufsätze bereits andernorts veröffentlich worden. Ihre Entstehung erstreckt sich über ein Jahrzehnt. Für den Neuabdruck wurden sie redaktionell bearbeitet und in den Anmerkungen ein wenig modernisiert.

Ursprünglich war geplant, diese Auswahl an Aufsätzen Hans Rosenberg zu seinem 85. Geburstag zu widmen, den er am 26. 2. 1989 gefeiert hätte. Wie kaum ein anderer hat für mich Hans Rosenberg gezeigt, wie sich aufklärerisches Engagement, liberal-demokratische Gesinnung und strenge, produktive Wissenschaftlichkeit miteinander verbinden lassen, zum gegenseitigen Nutzen. Rosenberg ist am 26. Juni 1988 gestorben. Dieses Bändchen sei seinem Andenken gewidmet.

Berlin, Oktober 1988 Jürgen Kocka

Zurück zur Erzählung?

Plädoyer für historische Argumentation

Der Wunsch nach Erzählung

Im November 1981 luden Joachim Fest und Christian Meier einige deutsche Historiker ein, an einer Serie mit dem Titel »Historische Kurzgeschichten« mitzuarbeiten, die in der Frankfurter Allgemeinen Zeitung in unregelmäßiger Folge erscheinen sollten. Die angesprochenen Historiker wurden gebeten, »aus ihren Forschungsgebieten je eine Begebenheit auszuwählen und auf die denkbar anschaulichste Weise so zu erzählen, daß einem breiteren Publikum nicht nur das Ereignis selber, sondern auch ein Stück Strukturgeschichte vermittelt« werde. Die Einladenden konstatierten ein überraschend wiedererwachtes Interesse an der Geschichte in der breiten Öffentlichkeit, dem die professionelle Geschichtswissenschaft mit ihrer hohen Spezialisierung und Neigung zur Strukturgeschichte nicht recht zu entsprechen verstände. Die geplante Reihe, die dann nicht zustandekam, sollte dazu beitragen, dieses Defizit zu verringern.

Ende 1981 erhielt der amerikanische Historiker Gordon A. Craig den »Historikerpreis der Stadt Münster«, der damit erstmalig für ein Werk der Geschichtsschreibung verliehen wurde, »das auf hohem fachlichen Niveau eine Epoche der europäischen Geschichte mit ihren Gegenwartsbezügen darlegt und Beachtung über Fachkreise hinaus findet«. Craig erhielt den Preis für seine sehr erfolgreiche »Deutsche Geschichte 1866–1945«. In seiner Dankesrede setzte sich Craig kritisch mit neueren Tendenzen der Geschichtsschreibung auseinander. Ihre Hauptthemen seien, so meinte er, heute allzu sehr die »verborgenen Kräfte oder die Schwankungen in der Fertilität, Tendenzen der Bevölkerungsentwicklung, die klimatischen Veränderungen und andere Dinge«. Das Ziel gekonnter Geschichtsschreibung sei aber, wie schon Thukydides gesagt habe, das Studium der Menschen in ihren Umständen, nicht der Umstände selbst. Es sei erschreckend zu beobachten, »wie viele der jüngeren Historiker ... sich dem Produzieren von Spezialstudien auf Lebenszeit verschrieben zu haben scheinen«. »Erzählende Geschichte«, so führt er aus, »ist zum großen Teil analytischer Geschichte gewichen, die oft höchst technisch in ihrem Gehalt ist und dargestellt wird in quantitativen und mathematischen Ausdrücken; eine wachsende Zahl historischer Schriften wird historiographischen und methodologischen Fragen gewidmet«. Geschichte sei aber letztlich keine »exakte Wissenschaft, sondern eine humanistische Disziplin«.[1] Daß Craig mit dieser Einschätzung kein Außenseiter ist, zeigt nicht zuletzt der große Verkaufserfolg seines preisgekrönten Buches. In dasselbe Bild könnte passen, daß zu den größten geschichtswissenschaftlichen Bucherfolgen der letzten Jahre in der Bundesrepublik drei Biographien gehörten (übrigens alle von Wolf Jobst Siedler verlegt): die Doppelbiographie über Bismarck und seinen Bankier Bleichröder von Fritz Stern; Lothar Galls »Bismarck« und Christian Meiers »Cäsar«.

Schließlich eine dritte Beobachtung: Innerhalb der Sozialgeschichte gewann zeitweise eine meist von jüngeren Historikern geförderte Strömung oder Sichtweise an Boden, für die sich das ungenaue Wort »Alltagsgeschichte« als Bezeichnung einbürgert. Diese Strömung ist dadurch gekennzeichnet, daß sie sich vor allem für die alltäglichen Erfahrungen und Wahrnehmungen, das Alltagsverhalten und die Lebensweise – die »Kultur«[2] – der kleinen Leute früherer Zeiten interessiert, weniger für die übergreifenden Strukturen und Prozesse wie Industrialisierung, Staatsbildung oder Revolution. Sie konzentriert sich auf die Rekonstruktion kleinerer überschaubarer Lebenswelten im Wandel, auf Lebensläufe, auf die Geschichte einer Familie oder eines Dorfes, auf die Entschlüsselung der Bedeutung eines Festes oder eines Streiks. Sie ist oft stark von kulturanthropologischen Fragestellungen geprägt. Jedenfalls manche Vertreter dieser Richtung möchten ihren Gegenstand, die kleine Welt der kleinen Leute, selbst zum Sprechen bringen, gewöhnlich mit viel Sympathie und Verständnis. Manche von ihnen meinen, daß der kalte Blick des analysierenden Sozialhistorikers dabei nur stören und schaden könne.[3]

Diese drei Beobachtungen könnten leicht durch andere, auch im westlichen Ausland, ergänzt werden.[4] Sie verweisen, so verschieden sie sind, auf ein Gemeinsames: auf die Kritik der 80er Jahre an einer allzu sehr auf Strukturen und Prozesse konzentrierten, theoretisch angereicherten, analytisch vorgehenden Geschichtswissenschaft, wie sie sich in den 60er und 70er Jahren herausgebildet hatte; sie signalisieren eine erneute Hochschätzung fürs historische Erzählen. »Erzählen« meint dabei, und so soll der Begriff auch im folgenden benutzt werden, eine Form der Darstellung, für die das zeitliche Nacheinander von beschreibbaren Ereignissen und verstehbaren Handlungen zentral ist, nicht aber die Analyse von Strukturen und Prozessen, obwohl durchaus beabsichtigt sein kann, durch die Erzählung von Begebenheiten und Handlungen Licht auf Strukturen und Prozesse zu werfen. Wenn hier und im folgenden Erzählung primär als Darstellungsprinzip verstanden wird, dann in dem Bewußtsein, daß die Darstellung auch die Art beeinflußt, in der ein geschichtswissenschaftliches Problem gestellt und seine Erforschung betrieben wird. Erzählung meint also, streng genommen, nicht nur einen Sachverhalt auf der Darstellungsebene, sondern auch etwas, das auf die Forschung zurückwirkt, allerdings nur in indirekter Weise.

Diese oder eine ähnliche Bedeutung hat meiner Überzeugung nach der Begriff »Erzählung«, wenn man in den letzten Jahren verstärkt nach erzählender Geschichtsschreibung ruft. Das, was durch mehr Erzählung ersetzt, verändert oder doch in seiner vermeintlichen Dominanz zurückgedrängt werden soll, ist eine stärker strukturgeschichtlich, stärker theoretisch, stärker analytisch orientierte Geschichtswissenschaft. In diesem Verständnis stehen Erzählung und Theorie durchaus in Gegensatz, zumindest in Spannung miteinander. Anders ergibt die gegenwärtige Forderung nach mehr Erzählung in der Geschichtswissenschaft ebensowenig Sinn wie die anfangs notierten drei Beobachtungen oder der Titel dieses Beitrags.

Natürlich gibt es andere, sehr viel umfassendere und komplexere Bedeutungen des Begriffs »Erzählung«, besonders bei den Literaturwissenschaftlern, aber auch in der geschichtstheoretischen Diskussion – man denke an Arthur C. Danto oder Hayden White. Für den Philosophen Hans Michael Baumgartner zum Beispiel meint »Erzählung« nicht nur die temporale Struktur historischer Texte und Argumentationen, sondern eine in den Grundbedingungen menschlicher Existenz angelegte fundamentale und notwendige Auslegungsform von Wirklichkeit.[5] Ähnlich weit ist der Erzählungsbegriff, den der Geschichtstheoretiker Jörn Rüsen benutzt: Erzählen ist für ihn »eine lebensnotwendige kulturelle Leistung«, »eine elementare und allgemeine Sprachhandlung, durch die Zeiterfahrungen gedeutet, d.h. auf oberste Gesichtspunkte der bewußten Organisation der menschlichen Lebenspraxis bezogen werden.«[6] »Erzählung« faßt Rüsen damit so weit, daß Theorieverwendung und diskursive Argumentation durchaus Formen von Erzählung sein können, sofern sie nur in spezifischer Weise auf Veränderung menschlicher Wirklichkeit in der Zeit bezogen und in lebensweltlich-gegenwärtigen Orientierungsbedürfnissen der Menschen verwurzelt sind. Damit wird das Spannungsverhältnis zwischen Theorie und Erzählung, zwischen einer analytisch verfahrenden und einer erzählenden Geschichtswissenschaft eingeebnet, wegdefiniert, unterlaufen. Erzählung wird damit zum Inbegriff historischen Umgangs mit der Wirklichkeit überhaupt. In diesem Verständnis ist Erzählung nicht mehr eine »spezielle Umgangsweise mit Geschichte neben anderen« (S. Quandt), sondern das Konstitutionsprinzip von Geschichtswissenschaft überhaupt, und zwar ohne jede antitheoretische, anti-strukturgeschichtliche Spitze.

Man kann natürlich den Erzählungsbegriff so weit definieren. Dann haben alle Historiker, auch die entschiedensten Verfechter theoretisch verfahrender Strukturgeschichte, immer erzählt (vielleicht mit einigen ganz wenigen Ausnahmen). Nur, an der gegenwärtig wieder aktuellen Kontroverse zwischen den Vertretern einer stärker strukturgeschichtlich-theoretisch und den Vertretern einer stärker erzählenden Geschichtswissenschaft definiert man sich dadurch vorbei. In dieser aktuellen Kontroverse geht es nicht um einen so ausgeweiteten, anspruchsvollen, vom üblichen Sprachgebrauch überdies weit entfernten Erzählbegriff, sondern um Erzählung ungefähr im vorhin skizzierten engeren Sinn, der dann auch im folgenden gemeint ist, wenn von »Erzählung« gesprochen wird.

Kritik an Strukturen, Theorien, Argumentation

Um den Sinn und die Berechtigung der aktuellen Forderung nach mehr Erzählung richtig abschätzen zu können, ist es notwendig, sich etwas genauer zu vergegenwärtigen, *wogegen* sie sich wendet. Welches sind die Trends in der jüngeren Geschichtswissenschaft der Bundesrepublik, gegen die sich der Ruf nach mehr Erzählung kritisch wendet? Zwei solche Trends möchte ich hervorheben, wobei ich die Beispiele vor allem aus der Neuzeitgeschichte seit dem späten 18. Jahrhundert wähle.

1. Im Unterschied zu früheren Jahrzehnten haben sich struktur- und prozeßgeschichtliche Zugriffe seit den 50er und 60er Jahren in der Geschichtswissenschaft zunehmend durchgesetzt. Zurückgedrängt wurden dabei ereignisgeschichtliche, handlungsgeschichtliche und erfahrungsgeschichtliche Zugriffe. Zum Beispiel: Wirtschaftshistoriker sprachen lieber über Industrialisierung statt über die Gründung eines Unternehmens. Politikhistoriker schrieben eher über die Parlamentarisierung oder die Entwicklung des Parteiensystems in Deutschland als über die Motive von Bebel oder Stresemann. Sozialhistoriker debattierten über Klassenbildung und soziale Ungleichheit, und nur selten erzählten sie die Lebensgeschichte eines Bauern oder einer Arbeiterfamilie. Kulturhistoriker kümmerten sich um die innere »Logik« der »plebejischen Kultur«, statt die Freuden und Leiden eines Heimarbeiters zu rekonstruieren oder sich mit einzelnen großen Kunstwerken zu beschäftigen. Diese Beispiele sollen zeigen: Die Hinwendung zur Geschichte der Strukturen und Prozesse war und ist keine Besonderheit der Wirtschaftsgeschichte oder der Sozialgeschichte, sie findet sich auch in der Politik-, der Kultur-, der Religionsgeschichte. Der Gegenbegriff zu »Strukturgeschichte« ist nicht »Kulturgeschichte«, sondern »Ereignisgeschichte« oder »Handlungsgeschichte« oder »Erfahrungsgeschichte«.[7]

Was steckte hinter diesem starken Interesse an der Geschichte von Strukturen und Prozessen? Letztlich eine tiefgreifende Erfahrung, die sich in Deutschland und anderswo Bahn brach: die Erfahrung von der großen Macht der Verhältnisse. Habermas hat das wirkungsvoll auf den Begriff gebracht: die Geschichte gehe nicht in dem auf, was die Menschen wechselseitig intendieren. Man kann hinzufügen: Es klafft meistens ein riesiger Spalt zwischen Handlungsintentionen und Handlungsfolgen. Nur ein Teil der historischen Wirklichkeit war in den Erfahrungen und im Bewußtsein der jeweils Lebenden offenbar und präsent, viele Handlungs- und Erfahrungsbedingungen dagegen nicht. Deshalb reicht es auch nicht, Handlungen, Erfahrungen und Ereignisse erzählend zu rekonstruieren, wie das manchem Alltagshistoriker heute wieder vorzuschweben scheint. In den 1960er und 1970er Jahren war die Hinwendung zur Struktur- und Prozeßgeschichte mit scharfer Kritik am Historismus verbunden, dem man sicherlich nicht zu Unrecht vorwarf, das Interesse der Historiker vor allem auf das Verstehen von intendiertem Sinn, menschlichen Handlungen und erfahrbaren Begebenheiten eingeengt zu haben.[8]

Diese strukturgeschichtliche Stimmung war und ist weit verbreitet. Sie wird von vielen Historikern geteilt, die sich ansonsten sehr unterscheiden. Mit dieser Hinwendung zu Strukturen und Prozessen glich die Entwicklung in der Bundesrepublik im Prinzip der Entwicklung in anderen Ländern.

2. Etwas weniger verbreitet war und ist dagegen der zweite Trend, gegen den der Ruf nach »mehr Erzählung« sich wendet. Gemeint ist die vor allem in den späten 1960er und 1970er Jahren beobachtbare Neigung zu einer theoretisch orientierten, analytischen Geschichtswissenschaft. Diese Neigung zur theorieorientierten Geschichte dürfte in der Bundesrepublik stärker als in Frankreich, England und in den USA gewesen sein. Im Programm und teilweise wohl auch in der Praxis von »Geschichte und Gesellschaft, Zeitschrift für Historische Sozialwissenschaft« war und ist theorieorientierte Geschichtswissenschaft besonders vertreten.[9] Aber auch in den Schriften vieler anderer Historiker nahm die Theoriehaltigkeit zu. Was heißt das?

Theorieorientierung bedeutete in der Regel nicht, nach allgemeinen nomologischen Gesetzen zu suchen und die Geschichtswissenschaft zu einer Gesetzeswissenschaft machen zu wollen. Auch bedeutete Theorieorientierung nicht unbedingt Quantifizierung; tatsächlich haben sich ja statistisch-quantifizierende Methoden in der deutschen Geschichtswissenschaft viel weniger durchgesetzt als in der amerikanischen oder in der französischen, und auf diesem Gebiet gibt es für Historiker hierzulande weiterhin viel zu tun. Jedenfalls gibt es berühmte und weniger berühmte Beispiele für theorieorientierte, aber nicht quantifizierende Geschichtsschreibung, bei Max Weber und Norbert Elias, Barrington Moore oder Reinhart Koselleck.[10] Theorieorientierung bedeutete vielmehr den flexiblen Gebrauch expliziter Begriffe, Modelle und Theorien – oft aus den benachbarten Sozialwissenschaften – zur Strukturierung des Gegenstandes, zu seiner Abgrenzung, zur Verknüpfung von Teilaspekten und wohl auch zur Erklärung. Klassenbegriffe in der Tradition von Marx oder Weber wurden in der Arbeitergeschichte verwandt. Modernisierungstheorien zur Interpretation des Kaiserreichs oder auch sozialpsychologische Theorien in der Mentalitätsgeschichte. Bei der Verwendung in der historischen Forschung wurden solche Theorien meistens modifiziert, den spezifisch historischen Bedürfnissen angepaßt. Oft wurden mehrere Theorien miteinander verknüpft und in idealtypischer Weise gebraucht. Sie dienten als organisierende Prinzipien für komplexe historische Argumentationen. Die Überzeugung brach sich Bahn, daß es fruchtbar und nützlich sein kann, systematische Begriffe aus der Gegenwart für die Erschließung der Vergangenheit zu benutzen, statt möglichst wenig von der Sprache der Quellen abzuweichen. Hans Rosenbergs Verwendung der Konjunkturtheorien von Kondratieff und Schumpeter in seinem Buch »Große Depression und Bismarckzeit« (erstmals 1967) wurde zum klassischen Modell für viele theorieorientierte Historiker.

Auch die Bereitschaft zur methodologischen Selbstreflexion gehörte zur theorieorientierten Geschichtsschreibung. Max Weber stand Pate. Ziel war es, die eigenen begrifflichen Entscheidungen zu explizieren, auch um sie debattierbarer und kritisierbarer zu machen. Mit Dogmatismus hatte das nichts zu tun, ganz im Gegenteil, wohl aber mit kritischem Engagement. Viele, die Theorien in der Geschichtswissenschaft verteidigten, betonten zugleich die gesellschaftlichen und politischen Funktionen ihrer Wissenschaft, ihre traditionskritischen, ideologiekritischen Aufgaben, ihren Beitrag zur Emanzipation. Theorieorientierte Geschichtswissenschaft war nie als Glasperlenspiel gemeint, sondern als Anstrengung mit Praxisrelevanz.[11]

3. Strukturgeschichtliche Betrachtensweise bei vielen, Theorieorientierung bei manchen – was bedeutete das für die historiographische Darstellung? Es bedeutete nicht, daß die betreffenden historischen Werke primär aus Tabellen oder Formeln bestanden – das taten sie in der Regel nicht. Allerdings spielte die klassische Erzählung, für die das zeitliche Nacheinander von beschreibbaren Ereignissen und verstehbaren Handlungen zentral ist, in diesen historischen Werken ebenfalls keine dominante Rolle. Die der theoretisch orientierten Geschichtswissenschaft angemessene Darstellungsform ist weder die Tabelle noch die Erzählung, sondern – die historische Argumentation. Was heißt das? Häufig ist dabei die Reflexion auf die Bedingungen und Folgen des einmal gewählten Zugriffs, den man nach Berechtigung und Grenzen diskutiert, im Lichte alternativer, nicht-gewählter Zugriffe. Das führt dazu, daß Begriffe scharf definiert werden, daß der Fluß der Erzählung durch Definitionen wie durch begriffshistorische und begriffsstrategische Erwägungen unterbrochen wird, daß man innehält, um mindestens anzudeuten, was man wegläßt. Die Darstellung wird reflexiver. Dies schadet der flüssigen Eleganz, erhöht aber – hoffentlich – die Durchschaubarkeit der Darstellung und damit ihre Rationalität. Man gebraucht komplexe Begriffe, oft ein wenig entfernt von der Alltagssprache. Man verschmäht es, mit suggestiven Mitteln

zu arbeiten. Die Lektüre wird dadurch nicht leichter. Es entsteht eine Argumentation eigener Art, die mit Fragen und Antworten, Thesen, Zweifeln und Überprüfungsansätzen arbeitet, mit dem Mittel des Kontrasts und der Analogie. Erzählung im anfangs definierten Verständnis ist das nicht. Jedoch gilt es, zwei Einschränkungen zu machen, damit keine falschen Fronten entstehen:

1. Die Hinwendung zur Struktur- und Prozeßgeschichte war bei den meisten Autoren nicht absolut. Selbst wenn man sich vor allem für die strukturellen Bedingungen interessierte, die den Aufstieg des Nationalsozialismus ermöglichten – späte Nationalstaatbildung von oben, abgeblockte Parlamentarisierung, Traditionen des Illiberalismus, die Inflation, die Weltwirtschaftskrise u. a. m. –, mußte man die Person Hitlers ausführlich würdigen, wenn man den Nationalsozialismus und seinen Sieg, seine Herrschaft und seine Niederlage wirklich verstehen wollte. Kein ernst zu nehmender Historiker wird das leugnen, allerdings werden viele die Frage nach den Bedingungen, unter denen ein einzelner Mann solche große Bedeutung gewinnen konnte, für ebenso wichtig oder wichtiger halten. Auch der analytischste Bevölkerungshistoriker, in der Regel an langfristigen Strukturen und Prozessen interessiert, wird nicht leugnen, daß einzelne Ereignisse wie die Pest des 14. Jahrhunderts oder auch Kriege die schönsten Kurven durcheinanderbringen können. Und ein drittes Beispiel: »Bismarck und der Imperialismus» (erstmals 1969) von Hans-Ulrich Wehler ist sicher ein stark strukturgeschichtliches Buch, aber mit langen Abschnitten über die Befürchtungen und Hoffnungen, die Haltungen und Verhaltensweisen der damaligen »business community« und der damaligen Entscheidungsträger. Kurzum: bei aller Betonung der Strukturgeschichte sind die Handlungen und die Erfahrungen, die Ereignisse und die Einzelpersonen in der jüngeren Geschichtsschreibung keinesfalls ganz ausgeblendet worden – von Einzelfällen einmal abgesehen.

2. Trotz aller Theorieorientierung und bei aller Neigung zur analytischen Argumentation haben Historiker in der Regel weiterhin in Kategorien des Vorher und Nachher gedacht und geschrieben. Das Interesse an der Veränderung der Wirklichkeit in der Zeit eint, wie mir scheint, die Historiker verschiedenster Couleur. Insofern enthielten und enthalten auch die sehr theoretisch-analytischen Werke durchaus erzählende Elemente.

Wenn heute in der Bundesrepublik »zurück zur Erzählung« gerufen wird, dann richtet sich das nicht gegen die Übermacht der Quantifizierer, denn die gibt es nicht, hier noch weniger als anderswo.[12] Wenn hier und heute mehr Erzählung gefordert wird, dann richtet sich das ebenfalls nicht gegen irgendwelche Formen von ökonomistischem Determinismus oder Dogmatismus anderer Art, denn auch die spielen in der ernsthaften Geschichtswissenschaft der Bundesrepublik so gut wie gar keine Rolle. Vielmehr richtet sich der Ruf »zurück zur Erzählung« gegen eine gewisse Dominanz der Strukturgeschichte, gegen theorieorientierte Geschichte und gegen die ihr angemessene Darstellung, die historische Argumentation.

Bedingungen der Kritik – Antikritik

Wie kommt es zu dieser Kritik? Warum bläst der warme Wind des Neo-Historismus der theorieorientierten Struktur- und Prozeßgeschichte und insbesondere der Historischen Sozialwissenschaft so lebhaft ins Gesicht? Aus der bisherigen Darstellung dürfte deutlich geworden sein, daß ich die strukturgeschichtlichen Akzente, die theoretischen Neigungen und die analytische Einfärbung von Teilen der jüngeren Geschichtsschreibung für deutliche Fortschritte halte. Die Erklärungskraft der Geschichtswissenschaft hat dadurch gewonnen; sie ist scharfsinniger und intellektuell ehrlicher geworden; sie hat es gelernt, Tiefenschichten der historischen Wirklichkeit zu erschließen, die ihr früher verschlossen waren. Gerade wenn man dieser Überzeugung ist, muß man sich fragen, was hinter der kritischen Forderung nach mehr Erzählung eigentlich steckt und welche Berechtigung diese Forderung ggf. besitzt. Eine Antwort auf diese Frage soll in fünf Punkten versucht werden:

1. Es gibt in der Tat einige abschreckende Beispiele in der analytisch-theoretischen Geschichtswissenschaft. Dazu rechnen solche Werke, in denen der theoretische Aufwand das empirische Ergebnis bei weitem übersteigt und insofern das Grundprinzip ökonomischer Darstellungsweise verletzt wird. Dazu rechnen auch solche Werke, die im Namen rigider »scientific standards« aufwendig Unwichtiges darstellen und Wichtiges abblenden, weil seine Untersuchung unter solchen Standards nicht möglich erscheint. – Man kennt auch Arbeiten, in denen die Theorieorientierung zu einer ganz scharfen Spezialisierung, d. h. zur weitgehenden Herauslösung des Untersuchungsgegen-

standes aus dem historischen Kontext geführt hat (besonders in der Wirtschaftsgeschichte) – zweifellos ein Verlust. Oft scheint sich der Ruf nach Erzählung gegen solche Extremfälle zu richten, und das ist verständlich. Aber die Rückkehr zur Erzählung ist nicht die einzige Alternative. Szientismus und Erzählung bezeichnen nämlich nur die beiden Extreme eines breiten Spektrums historischer Darstellungsweisen. Zwischen ihnen befindet sich das breite Territorium der historischen Argumentation, mit sehr vielen Wegen, oft begangenen und neu zu entdeckenden.

2. Auch sollte man sehen, daß die zunehmende Theorieorientierung in einer damals jüngeren Generation westdeutscher Historiker oft mit kritisch-politischem Engagement Hand in Hand ging und von dem Reformklima und der Aufbruchstimmung der späten 60er und frühen 70er Jahre stark getragen wurde.[13] Davon sind wir heute, in den 80er Jahren, weit entfernt. Theorieskepsis ist weit verbreitet, und zwar nicht nur in der Geschichtswissenschaft. Zweifel an der Planbarkeit von Politik und Fortschrittsskepsis prägen bei uns das intellektuelle Klima. Fin de siecle-Stimmung greift um sich. Man vergleiche die Studentenbewegung von 1968 mit den jugendlichen Protestbewegungen heute. Damals war die anspruchsvolle Debatte über Theorie und Praxis ebenso ein Teil des Protests wie die Demonstration selbst. Die heutigen Signale der Revolte heißen dagegen eher »Leben«, »Angst« und »Bewegung«. Man will Erfahrungen machen, aber nicht unbedingt begrifflich reflektieren. Schließlich steckt in jeder begrifflichen Anstrengung ein Versuch der Bewältigung, der *Über*wältigung, wird mancher sagen, dem die moderne Zivilisation vor allem als zerstörerische und hybride Überforderung erscheint. Das Moment an »Disziplin« und »Herrschaft«, das in der Tat jeder Theorie eigen ist, trägt zur heutigen Theorieskepsis gerade in der jüngsten Generation bei.

Postmodern ist chic, auch in der Geschichtswissenschaft. Inhaltlich zeigt sich das etwa an der sympathisierenden Aufwertung traditionaler Lebenswelten, an der oft unkritischen Hochschätzung für die »Kultur der kleinen Leute« des 18. und 17. Jahrhunderts und für deren »Widerstand« gegen Aufklärung und Reform, auch in der tiefen Skepsis gegenüber der Modernisierung seit dem späten 18. Jahrhundert, gegenüber dem »Projekt der Moderne«.[14] Methodisch sind Theorieskepsis, Naserümpfen über Quantifizierung, Verzicht auf begriffliche Schärfe und der Ruf nach eleganter, eingängiger Erzählung Ausdruck der neuen Stimmung: Aufwertung der Vormoderne mit traditionalen

Mitteln und postmoderner Ideologie, kein vielversprechendes Unternehmen.

Bei manchen Vertretern der »Alltagsgeschichte« läßt sich das beobachten. Da gibt es die Illusion von der theoriefreien »Geschichte von innen und unten«. Danach soll der Historiker Erfahrungen der kleinen Leute rekonstruieren, mit Verständnis und Sympathie. Er soll die damals Lebenden selbst zum Sprechen bringen, statt ihnen die eigene Begrifflichkeit aufzuzwingen. Gegen solche Illusionen ist an die Historismuskritik der letzten Jahrzehnte zu erinnern und auf ihren Ergebnissen zu insistieren. Es gibt keinen direkten wissenschaftlichen Weg zur historischen Wirklichkeit.

3. Das Interesse der Öffentlichkeit an den Werken der Historiker hat nicht nur zugenommen, es hat sich auch in den Akzenten verschoben. Vor einigen Jahren wurden die kritischen und urteilsbildenden Funktionen der Geschichtswissenschaft betont, wenn man sich bemühte, die »gesellschaftliche Relevanz« des in die Enge getriebenen Faches zu erläutern. Heute sind solche Diskussionen seltener geworden, dafür wird aber eine andere Leistung der Geschichte betont, die seinerzeit eher nebenbei erwähnt wurde: nämlich die Stiftung individueller und kollektiver Identität, von der es angeblich zu wenig gibt.[15] In der Konsequenz dieses Arguments liegt dann die Hoffnung, daß *erzählte* Geschichte solche Identität eher sichern kann als eine analytisch-sezierende, argumentierende, nicht-narrative Darstellung. Nicht jeder wird diesem Argument zu folgen und Identitätsangebote um den Preis wissenschaftlicher Genauigkeit und Durchschaubarkeit zu machen bereit sein.

4. Aber man sollte einräumen, daß die Forderung nach mehr Erzählung auch auf einige nicht zu leugnende Defizite in der stärker analytischen Geschichtsschreibung der letzten Jahre hinweist. Insofern sollte man die Kritik aufnehmen und positiv zu verarbeiten suchen. Leider ist nämlich nicht zu bezweifeln, daß theoretisch orientierte, strukturgeschichtliche Darstellungen gerade dem nicht-professionellen Publikum oft spröde erscheinen, schwer zu vermitteln und deshalb wirkungsarm sind. Gerade wer die Praxisrelevanz der Geschichtswissenschaft gern betont, wie manche Vertreter der Historischen Sozialwissenschaft, wird über dieses Problem nicht hinwegsehen können. Dieses Problem ist jetzt drängender als vor einigen Jahren, weil die Öffentlichkeit wieder mehr von der Historie erwartet. Und wer will schon nur für seine Kollegen schreiben! Was ist zu tun?

Man sollte nie mehr theoretischen Aufwand treiben als von der Sache her nötig. Das gilt sicher auch für die Verwendung von Fachsprache. Theorie ist vor allem Mittel zum Zweck. – Vielleicht sollte man überlegen, ob theorieorientierte *Darstellungen* stärker dem innerprofessionellen Verkehr vorbehalten bleiben sollten, während das ans breite Publikum gerichtete Buch sich einfacherer Darstellungsformen bedienen mag. – Schließlich sollte man ernst nehmen, daß Strukturen und Prozesse in Handlungen und Ereignisse »eingehen«, diese beeinflussen und in diesen zur Erscheinung kommen, *wenn auch nicht zur Gänze und nicht ohne Brechung.*[16] Man kann deshalb stärker als bisher versuchen, die Strukturen und Prozesse über Ereignisse und Personen zur Darstellung zu bringen und *insofern* auch zu erzählen. Dies ist eine große Kunst, doch gibt es in der Geschichtsschreibung durchaus Beispiele dafür, daß man Strukturen in Ereignissen zur Anschauung bringen und insofern anschaulich erzählen kann. Man denke an einige Passagen von E. P. Thompsons Arbeitergeschichte, an »Montaillou« von Le Roy Ladurie oder an Carlo Ginzburgs »Der Käse und die Würmer«. Auch Fritz Stern ist es in einigen Kapiteln gelungen, im Zusammenspiel seiner beiden Helden Bismarck und Bleichröder einige Aspekte des Verhältnisses von Politik und Ökonomie im Kaiserreich oder auch den Salon-Antisemitismus in der damaligen deutschen Oberschicht anschaulich zu machen. Allerdings hat die narrative Übersetzbarkeit der Struktur- und Prozeßgeschichte ihre Grenzen, wie man auch an den genannten Werken aufzeigen könnte.[17] Es bleibt eine Spannung zwischen Theorieorientierung und Breitenwirkung der Geschichtswissenschaft. Was ihre Erklärungskraft steigert, schmälert manchmal ihre Eleganz und Verständlichkeit.

5. Kritiker wie Gordon Craig bemängeln, daß die modernen analytischen Historiker »den Menschen« hinter all den Strukturen, Prozessen und Konstellationen aus den Augen verlieren.[18] Diese Kritik kann nicht recht überzeugen. Denn über einen direkten, unbegrifflichen Zugang zu den Menschen vergangener Zeiten verfügen wir als Historiker nicht. Aber der Vorwurf kann trotzdem einen wahren Kern haben, und zwar in folgender Hinsicht: Die Theorien, die in den letzten Jahren von Neuzeithistorikern vor allem benutzt wurden, stammten zumeist aus der Ökonomie, aus der Soziologie, aus der Politikwissenschaft: Theorien des sozialen Protests, Konjunkturtheorien, Modernisierungstheorien usw. Diese Theorien waren so beschaffen, daß sie die Untersuchung von Strukturen und Prozessen erleichterten, die Ver-

knüpfung mit den Handlungen und Erfahrungen aber manchmal erschwerten. Man nehme als Beispiel Theorien des sozialen Protests. Sie haben die Historiker dazu befähigt, den Zusammenhang zwischen verschiedenen Protestformen einerseits, Industrialisierung, Lebensstandard, Urbanisierung und Staatsbildung andererseits zu untersuchen. Sind häufige Streiks und Tumulte Resultate von Entwurzelung der Unterschichten, oder setzen sie eher deren Integration voraus? Solche Fragen wurden verfolgt, auf durchaus interessante Weise.[19] Aber die Hoffnungen und Ängste, Erfahrungen und Haltungen der protestierenden Leute blieben dabei oft merkwürdig am Rande. Strukturen und Prozesse wurden eindringlicher untersucht als Erfahrungen und Handlungen, obwohl doch beides eng zusammenhängt und man nicht sagen kann, man hätte ein historisches Phänomen wirklich begriffen, wenn man eine dieser beiden Dimensionen – gleich welche – vernachlässigt.

Hier liegt auch ein berechtigter Kern der alltagsgeschichtlichen Herausforderung.[20] Wo nötig, wird man strukturgeschichtliche Einseitigkeiten korrigieren. Aber nicht mit einer neuen erfahrungsgeschichtlichen Einseitigkeit. Auf die Verknüpfung der Struktur- und der Handlungsgeschichte, der Prozeß- und der Erfahrungsgeschichte kommt es an. Ohne Theorie wird sie selten gelingen, und »zurück zur Erzählung« ist kein Rezept.

Probleme einer europäischen Geschichte in komparativer Absicht

1. Was heißt »europäische Geschichte in komparativer Absicht«? Es gibt höchst interessante historische Werke, die die Begrenzung der Nationalgeschichte sprengen, über-national vorgehen, europäische Zusammenhänge behandeln – ohne doch eigentlich komparativ zu sein. Zu denken ist an E. J. Hobsbawms »Age of Revolution« oder auch D. Gearys »European Labour Protest«.[1] In solchen Büchern fehlt es zwar nicht am Vergleich, aber sie leben nicht davon. Der Vergleich – also die explizite Beschreibung und Erklärung von Ähnlichkeiten und Unterschieden zwischen Vergleichseinheiten – ist nicht ihr zentrales Strukturprinzip.

Andererseits liegt es ebenfalls auf der Hand, daß nicht jedes komparativ-historische Stück Forschung zur »europäischen Geschichte in komparativer Absicht« rechnet. Wer die Urbanisierung vergleichend an zwei rheinischen Orten untersucht,[2] mag gewichtige, komparative Arbeit leisten, aber man würde doch zögern, dies als Beispiel »europäischer Geschichte in komparativer Absicht« zu bezeichnen.

Europäische Geschichte in komparativer Absicht kann vielmehr, so möchte ich vorschlagen, zweierlei heißen:

a) Zum einen den historischen Vergleich Europas mit anderen (nichteuropäischen) Teilen der Welt. Dabei wird Europa (oder doch größere Teile davon) als Einheit gesehen, mit der andere Einheiten auf Ähnlichkeiten und Unterschiede hin verglichen werden. Es ist klar, daß es sich dabei nur um sehr großzügige, grobflächige Gedankenführungen handeln kann, die aber fundamentalen, intellektuell sehr reizvollen Frageinteressen dienen: Was hat es mit dem okzidentalen Rationalismus auf sich, von dem M. Weber sprach?[3] Warum entwickelten sich Rechtsstaat, Demokratie und kapitalistische Industrialisierung eigenständig nur im Westen? Universalhistorische Fragen dieser Art werden eher von historisch orientierten Sozialwissenschaftlern verfolgt – von M. Weber bis zu I. Wallerstein,[4] weniger von Fachhistorikern. Solch breite Vergleiche setzen ja eine Vogelperspektive und

Grobflächigkeit voraus, die mit dem, was im spezialisierten Alltag der Historiker geschieht, in gewisser Spannung stehen. In der Tat enthalten ja solche Vergleiche große methodische Probleme, etwa wenn man Unternehmensstrukturen in USA und Europa vergleicht, weil dabei der europäischen Szene leicht mehr an Einheitlichkeit unterstellt wird als von der Sache her berechtigt ist.[5] Aber solche Vergleiche haben sicher oft ihre Berechtigung und ihren Reiz, z. B. wenn es darum geht, der Wirkung und Bedeutung nachzuspüren, die gemeineuropäische Traditionen und Institutionen hatten, welche anderswo nicht so vorhanden waren: etwa, im Vergleich zu Nordamerika, der Bedeutung der europäischen Adelstradition[6] oder der Rolle des Christentums im europäisch-japanischen Feudalismus-Vergleich, wie er bei Hintze[7] und Weber angelegt ist. Letztlich wird man um solche Fragen nicht herumkommen, wenn man das historisch zu prüfen versucht, was ja im Ansatz längst besteht: ein gemein-europäisches Bewußtsein.[8] Aber diese Variante europäischer Geschichte in komparativer Absicht erfordert viel Mut, Erfahrung und Kenntnis – eher geeignet für das Alterswerk eines erfahrenen Wissenschaftlers als für ein Dissertationsprojekt.

b) Häufiger ist denn auch eine zweite Variante europäischer Geschichte in komparativer Absicht, nämlich der Vergleich zweier oder mehrerer Einheiten innerhalb Europas. Das muß nicht gleich der Vergleich zwischen ganzen Nationen, Staaten oder national verfaßten Gesellschaften sein. Zu denken ist vielmehr auch an den Vergleich von Regionen verschiedener Länder oder an den Vergleich zweier Schulsysteme oder den Vergleich verschiedener Ausprägungen des Parlamentarismus. Aber es sollten Vergleichseinheiten aus verschiedenen Ländern sein, und der Vergleich sollte die Tatsache, daß das, was er vergleicht, in verschiedenen Ländern liegt, sehr ernst nehmen, denn die nationale Vielgestaltigkeit Europas ist eine so fundamentale, gewichtige Grundtatsache jedenfalls der neueren europäischen Geschichte, daß eine europäische Geschichtsschreibung in vergleichender Absicht daran nicht vorbeigehen kann, letztlich dadurch mit konstituiert wird. Am Beispiel: Der von Werner Berg vorgelegte Vergleich der industrial relations im Kohlenbergbau von Süd-Wales und im Ruhrbergbau, 19. und frühes 20. Jahrhundert, ist zunächst eine regional vergleichende Studie.[9] Aber zum wertvollen Vergleich und zum Beitrag zu einer europäischen Geschichte in komparativer Absicht wurde diese Arbeit erst dadurch, daß sie intensiv einbezog, daß der eine Vergleichspol zu Preußen und zum Deutschen Reich, der andere zum Vereinigten Königreich gehörte, daß also die beiden zu vergleichenden Phänomene geprägt waren von (und in Wechselwirkung standen mit) gesamtgesellschaftlichen, kulturellen, rechtlichen *nationalen* Faktoren, Dimensionen und Prozessen, die in Deutschland und Großbritannien nicht die gleichen waren. Ein Punkt-zu-Punkt-Vergleich ohne Einbeziehung der Systeme, zu denen die Punkte jeweils gehören, wäre dagegen methodisch gefährlich.

2. Welchen Ertrag kann man nun von Vergleichen dieser Art erwarten, welchen Zweck und Sinn haben sie? Mit O. Hintze kann man zunächst zwei Zielsetzungen komparativer Geschichte unterscheiden: »Man kann vergleichen, um ein Allgemeines zu finden, das dem Verglichenen zugrunde liegt; und man kann vergleichen, um den einen der möglichen Gegenstände in seiner Individualität schärfer zu erfassen und von den anderen abzuheben«.[10] Etwas anders als Hintze möchte ich betonen, daß heutige Historiker legitimerweise beides tun (übrigens auch Hintze bereits beides tat).

Wenn die Familie Tilly sozialen Protest in Deutschland, Frankreich und Italien vergleicht, dann zum großen Teil in der Absicht, Ähnlichkeiten herauszuarbeiten und allgemeine Muster zu entdecken.[11] Oder man stelle sich den ausstehenden Vergleich der liberalen Bewegungen und Parteien in verschiedenen europäischen Ländern vor, der mit dem Ziel geschrieben werden könnte, einen Typus »europäischer Liberalismus« zu entwickeln, den man dann allerdings eigentlich mit nichteuropäischen Liberalismen (z. B. USA) vergleichen müßte, um festzustellen, ob es sich wirklich um etwas spezifisch Europäisches oder Allgemeineres handelt.[10a]

Häufiger sind jene historischen Arbeiten, die sich v. a. für Unterschiede zwischen den Vergleichsgegenständen interessieren, durch Vergleich mit dem anderen das eigene Land besser verstehen wollen. Dies gilt auch für Werke, die den Vergleich nicht gründlich ausführen, sondern nur eine vergleichende Perspektive benutzen, z. B. für G. Craigs Buch »Die Deutschen«.[12] Aus der Perspektive eines anderen Landes, eines anderen Erfahrungsbereichs wird manches überhaupt erst als bemerkenswert, als nicht selbstverständlich entdeckt, thematisiert, in Perspektive gerückt. Eine spezifische Mischung zwischen Vertrauthcit und Sichwundern entsteht, die wissenschaftlich sehr produktiv sein kann. Umgekehrt kann man durch das Studium des anderen Landes, wenn es vergleichend geschieht, indirekt das eigene studieren, so etwa durch das Studium der US-amerikanischen Angestellten die deutsche Angestelltengeschichte besser zu verstehen.[13] Aber auch explizit und systematisch vergleichende Arbeiten, wie G. A. Ritters deutsch-britischer Parlamentarismusvergleich[14] oder H.-J. Puhles Vergleich von Agrarbewegungen in den USA, Deutschland und Frankreich[15] waren und sind primär an der Entdeckung von Unterschieden zwischen den Vergleichsgegenständen interessiert – in und außerhalb jenes Erkenntnisinteresses, das mit dem Stichwort »deutscher Sonderweg« jetzt nur angedeutet werden soll.[16]

Neben dem Aufweis von Ähnlichkeiten und Allgemeinem und neben der Erfassung von Unterschieden und Besonderheiten dient der Vergleich einem Dritten, das Hintze nicht eigens erwähnte, aber wohl mitdachte: nämlich der Kausalerklärung, auch der Prüfung von Kausalerklärungen, oft auch der Kritik an Mono-Kausal-Erklärungen. Für eine nicht-experimentelle Wissenschaft, die trotzdem nach Kausalerklärung, nach Ursachenzurechnung und Bedingungsanalyse strebt, ist der Vergleich ein fast unersetzbares Mittel. Durkheim hat schon darauf hingewiesen. Denn wenn man im einen Fall ein Ursachen-Folge-Verhältnis entdeckt zu haben glaubt, so empfiehlt es sich, dies nicht zu schnell als »soziale Logik« oder Logik der Situation auszugeben, wie das heute in der sogenannten Alltagsgeschichte – aber auch anderswo – manchmal geschieht, sondern als Hypothese zu formulieren und an anderen vergleichbaren Fällen zu überprüfen. Dann entdeckt man oft, daß es mit der »sozialen Logik« so eine Sache ist, daß woanders gleiche Ursachen andere Folgen gehabt haben oder ähnliche Phänomene anders bedingt waren. Schon muß man sein Argument ändern. An der Debatte über den Zusammenhang zwischen Kapitalismus und Faschismus ließe sich das zeigen. – Unter diesen Gesichtspunkten ist die Geschichte Europas, die einerseits vielgestaltig, andererseits einheitlich genug ist, um Vergleich zu ermöglichen, ein einzigartiges Laboratorium für Historiker, die erklären wollen.

3. Methodische Schwierigkeiten und einzelne Aspekte des Vergleichs.

a) Im Unterschied zum Vergleich in den nicht-historischen Sozialwissenschaften wird der vergleichende Historiker das, was er vergleicht, nicht zu stark aus seinem historischen Kontext herauslösen dürfen. Wer frühe Gewerkschaften in England und Deutschland vergleicht,[17] wird dies historisch sinnvoll nur tun können, wenn er eine große Vielfalt ökonomischer, sozialer, politischer und kultureller Faktoren bzw. Einflüsse kennt und einbezieht, die in England und Deutschland die frühen Gewerkschaften prägten, teils ähnlich, teils unterschiedlich. Eine intime Kenntnis der zum Vergleich herangezogenen Länder ist nötig, die Argumentation entsprechend komplex. Solche Vergleiche enthalten oft schwierige Übersetzungsübungen, da die Bedeutungen im Lexikon als identisch angegebener Begriffe oftmals differieren. Daraus folgt, daß i. d. R. die Zahl der Vergleichseinheiten nicht zu groß sein darf, zwei, drei Länder – das dürfte die Regel sein. Alles andere ist schon aus arbeitsökonomischen Gründen die Ausnahme.

b) Was sind die angemessenen Vergleichseinheiten? Nationen und national verfaßte Gesellschaften? Regionen? Orte? Das hängt natürlich vom Erkenntnisinteresse und den Fragestellungen ab. Sowohl in der Industrialisierungsgeschichte – man denke an das Werk von S. Pollard – wie in der sogenannten Alltagsgeschichte (Mikrohistorie, Geschichte von Innen und Unten) beobachtet man derzeit einen Trend hin zur kleineren Untersuchungseinheit, zur Region, zur einzelnen Stadt, zur kleinen Gemeinde.[18] Dazu wäre viel zu sagen. Ich beschränke mich auf die Bemerkung, daß m. E. für die neuere Geschichte Nationen, Länder, national verfaßte Gesellschaften sehr brauchbare Vergleichseinheiten sind und daß man, auch wenn man regional oder örtlich vergleicht, von dem gesamtgesellschaftlichen, nationalen Kontext der verglichenen Regionen und Orte nicht absehen, diesen vielmehr expressis verbis einbeziehen sollte. Zwei Gründe sprechen dafür: Zum einen sind doch die meisten Handlungs- und Lebensbereiche, die man in der Region, im einzelnen Dorf oder in der einzelnen Stadt erfassen mag, durch national spezifische gesellschaftliche Strukturen, Sprache, Kultur, Politik, Erfahrungen, Traditionen geprägt. Zum andern schreibt der Historiker für ein Publikum, zu dessen Selbstverständnis die nationale Identifikation weiterhin zentral dazugehört, für ein Publikum, das Interesse für nationale Vergleiche mitbringt und dafür eine Antenne hat. Craigs Buch hätte wohl kaum seinen großen Erfolg gehabt, wenn es statt »Die Deutschen«, »Die Europäer« oder »Die Westfalen« geheißen hätte. Damit ist nichts gegen den Vergleich von Regionen gesagt, sondern nur dafür, Regionen unter Ernstnahme ihres jeweiligen nationalen Kontexts zu vergleichen.

c) Welche Länder man miteinander vergleicht, hängt vom Erkenntnisinteresse, von den Fragestellungen ab – daneben natürlich von Lebenserfahrungen, Sprachkenntnissen, Kontakten usw. Zum Beispiel: Man kann mit guten Gründen davon überzeugt sein, daß die frühe Entstehung öffentlicher Bürokratien in den großen deutschen Einzelstaaten, speziell in Preußen, die bürokratische Tradition, von sehr großer Bedeutung für die Entwicklung der verschiedensten Bereiche in Deutschland gewesen ist, für die Verfassungs- und Parteientwicklung, für das Selbstverständnis der neuen Mittelschichten, das Bildungswesen und die Entwicklung des Arztberufs, für die Arbeiterbewegungskultur, die Organisation der großen Unternehmen usw.[19] Diese weitreichende, synthetisierende Perspektive sollte man in der Debatte um den »deutschen Sonderweg« zentraler rücken als die Argumentation mit den weiterwirkenden ständisch-feudalen Strukturen/Traditionen und die Argumentation mit dem unrevolutionären Übergang in Deutschland. Um jene bürokratiehistorische Perspektive zu überprüfen und der vergleichenden Forschung dienstbar zu machen, empfiehlt sich der Vergleich mit einem Land wie England. Warum? Einerseits ist England hinsichtlich anderer gundlegender Prozesse (z. B. Industrialisierung, Wirkung des Christentums) Deutschland ähnlich genug, im Unterschied etwa zu Indien; jene frühe Herausbildung öffentlicher Bürokratien aus dem Absolutismus fehlt dort dagegen fast ganz, es fehlt also gerade jene Konstellation, deren Wirkung und Gewicht im deutschen Fall untersucht werden soll. Dies bedeutet eine Annäherung an die ideale Experimentalsituation, die allerdings *idealiter* eine *ceteris paribus* – Bedingung voraussetzt, welche leider in der Geschichte so gut wie nie gegeben ist. Unter anderen Fragestellungen könnten andere Vergleichseinheiten sinnvoller sein.[20]

d) Es ist oft nötig, Vergleiche ungleichzeitig, chronologisch versetzt durchzuführen. Wenn man z. B. untersuchen will, welchen Einfluß zünftig-ständische Traditionen auf die frühen Arbeitergewerkschaften gehabt haben und wenn man dies wiederum über den englisch-deutschen Vergleich erforschen will, dann wird man das späte 18. und frühe 19. Jahrhundert in England mit dem zweiten Drittel des 19. Jahrhunderts in Deutschland vergleichen, ausgehend von der Annahme, daß die Entstehung der Gewerkschaften kausal etwas mit Industrialisierung zu tun hatte und in dem Wissen, daß die Industrialisierung beider Länder nicht gleichzeitig stattfand.[21] Grundsätzliche, theoretische Vorüberlegungen sind also nötig, wenn man vermeiden will, Äpfel und Birnen zu vergleichen.

e) Wer vergleicht, braucht klare, scharf definierte Begriffe mittlerer Abstraktionshöhe: Begriffe, die abstrakt genug sind, um die Verschiedenheit des Verglichenen zu überspannen, aber nicht abstrakter als zu diesem Zweck nötig. An einem Beispiel: Wer den Nationalsozialismus ausschließlich als, sagen wir, Hitlerismus faßt und nur als Phänomen *sui generis* begreift, wer die Anwendung generalisierender Begriffe wie Faschismus oder Totalitarismus auf ihn ablehnt, verstellt sich die Möglichkeit, ihn vergleichend zu behandeln. Erst mit Hilfe solcher Begriffe kann man ihn in Vergleichszusammenhänge rücken, und zwar, je nach Wahl des Begriffs, in verschiedene. Mit Hilfe eines differenzierten Faschismusbegriff wird man etwa Ähnlichkeiten und Unterschiede zwischen Nationalsozialismus und italienischem *fascismo* untersuchen können, aber auch der Frage nachgehen, warum in anderen vergleichbaren Ländern faschistische Bewegungen schwach blieben oder fehlten. Mit Hilfe eines differenzierten Totalitarismusbegriffs wird man den Nationalsozialismus mit Diktaturen anderer Art fruchtbar vergleichen, wie es ja durchaus bereits geschehen ist. Beides ist legitim; welches von beidem man tut, hängt vom Erkenntnisinteresse ab, dessen weitere Verankerung und Begründung in außerwissenschaftlichen Bereichen ich jetzt nicht diskutieren muß. Je nach Wahl des Begriffs und damit je nach Wahl des Vergleichszusammenhangs geraten vom Nationalsozialismus jeweils verschiedene Merkmale, verschiedene Grundzüge in den Lichtkegel der Analyse, ins Zentrum der Argumentation: im Fall des Faschismusansatzes stärker die sozialen Bedingungen und Funktionen des Nationalsozialismus, im Totalitarismusansatz stärker Eigenarten des diktatorischen Herrschaftssystems und vielleicht der Ideologie.[22]

Damit wird noch einmal deutlich, daß Vergleichen immer auch etwas Abstrahierendes an sich hat. Die Phänomene, die verglichen werden, gehen nicht in ihrer vollen Totalität in die Vergleichsargumentation ein. Man vergleicht eben immer unter bestimmten Gesichtspunkten, in bestimmten Hinsichten. Der Vergleich hat immer etwas Analytisches an sich.[23] Die ihm angemessene Darstellungsform ist die Argumentation,[24] nicht die elegante Erzählung. Vergleichen heißt Argumentieren, mit scharf definierten Begriffen und mit der Bereitschaft zur Abstraktion mittlerer Höhe. Vergleichen heißt nicht: die Rekonstruktion einer vergangenen Totalität oder Individualität. Deshalb spielt der explizite Vergleich im Historismus keine wichtige Rolle, deshalb kann sich die sogenannte Alltagsgeschichte nicht für den Vergleich erwärmen. Und hier liegt – neben der Aufwendigkeit komparativer Forschung und anderen Schwierigkeiten – der vielleicht wichtigste Grund, warum explizite Vergleiche in der historischen Literatur nicht gar so häufig sind.

Sozialgeschichte zwischen Struktur und Erfahrung

Die Herausforderung der Alltagsgeschichte

»Auf fast geräuschlose, gänzlich unspektakuläre Weise hat sich in der bundesdeutschen Geschichtsforschung ein Perspektivenwechsel vollzogen: Weg aus der dünnen Luft der Kanzleien und Salons, der Haupt- und Staatsaktionen, weg auch von der Analyse globaler gesellschaftlicher Strukturen und Prozesse – hin zu den kleinen Lebenswelten, den Grauzonen und Nischen des alltäglichen Lebens.«[1] Dies ist sicher eine Vereinfachung. Denn weder ist die ältere, politikhistorisch orientierte Geschichtswissenschaft verschwunden,[2] noch kann man – glücklicherweise – sagen, daß gesellschaftliche Strukturen und Prozesse (wie der Aufstieg des Industriekapitalismus oder die Proto-Industrialisierung, Nationalstaatsbildung, Revolutionen und Klassenbildung) von der heutigen Geschichtswissenschaft vernachlässigt würden.[3] Und von »Grauzonen« kann man eben nur auf dem Hintergrund einer Vorstellung von schwarz und weiß sprechen; »Nischen« erkennt man als solche nur, wenn man die Räume und ihre Architektur insgesamt wenigstens ungefähr vermißt; Grauzonen und Nischen für sich zu studieren, ist ein Unding. Doch im Kern beschreibt der zitierte Satz von Volker Ullrich durchaus zutreffend einen Trend der jüngeren Geschichtswissenschaft, den verschiedene Historiker verschieden bewerten und der bereits zu zahlreichen Debatten Anlaß gegeben hat.[4] »Weitgehend unerforschte Territorien geraten bei dieser Entdeckungsreise in den historischen Alltag ins Blickfeld: Wie wohnten die Menschen früher? Wie kleideten und ernährten sie sich? Wie feierten sie ihre Feste, und wie gingen sie mit Geburt, Krankheit und Tod um? Scheinbar banale Fragen, die die Historiker lange Zeit nicht gestellt haben. Jetzt scheuen sie nicht mehr davor zurück, in die Niederungen alltäglicher Verrichtungen hinabzusteigen.«[5]

Es ist reizvoll, im Licht dieser neueren Entwicklungen die grundlegende Schrift eines Vertreters jener Sichtweise wiederzulesen, gegen die sich die heutigen Alltagshistoriker so vehement wenden: Werner Conzes *Strukturgeschichte des technisch-industriellen Zeitalters als Aufgabe für Forschung und Unterricht* von 1957. Dieser Düsseldorfer Akademie-Vortrag liest sich, in der Rückschau, einerseits als diplomatische, vorsichtig und noch unscharf formulierte Programmrede mit dem Ziel der Gründung eines interdisziplinären Forschungsinstituts zur Erforschung der Geschichte des technisch-industriellen Zeitalters vom späten 18. Jahrhundert bis zur Gegenwart. Andererseits wird gerade angesichts der neuen antistrukturgeschichtlichen Strömungen klar, welche große und positive Bedeutung Conzes in den 50er Jahren entwickeltes Programm einer modernen Strukturgeschichte für die weitere Entwicklung der Sozialgeschichte in der Bundesrepublik gehabt hat.[6] Zweifellos handelte es sich dabei um einen der wichtigsten Versuche aus der Frühzeit der Bundesrepublik, die Erfahrungen der Zeitgeschichte zu verarbeiten und aus ihnen Konsequenzen für die Arbeit des Historikers zu ziehen.

Zwar nahm Conze auf die nationalsozialistische Diktatur, den Zweiten Weltkrieg und den Zusammenbruch des deutschen Nationalstaats nicht direkt Bezug. Doch ausdrücklich knüpfte er an einen »mitten in der europäischen Katastrophe unserer Tage« (und sicher nicht ohne diese) formulierten Befund des holländischen Historikers Johan Huizinga an, der eine innere, grundsätzliche »Formveränderung der Geschichte seit der Mitte des 19. Jahrhunderts« konstatierte. Die Geschichte des technisch-industriellen Zeitalters seit dem späten 18. Jahrhundert – so Conze in Fortführung von Huizinga – sei, im Unterschied zur Geschichte früherer Jahrhunderte, nicht mehr als Epos und Drama handelnder Einzelmenschen zu schreiben, auch nicht primär als Geschichte der Staaten; mehr als früher sei die Moderne vielmehr von überindividuellen Bewegungen und Tendenzen bestimmt, vor allem von der Wirtschaft und der technischen Zivilisation. Mit deren Durchsetzung könne man von *einem* weltgeschichtlichen Zusammenhang sprechen. Die Rolle der Massen in der Geschichte habe sich geändert; soziale Bewegungen seien seit der »Emanzipationskrise« um 1800 ganz anders auf die Bühne der Geschichte getreten als in früheren Jahrhunderten; man könne die Massen nicht mehr als bloßen

»Hintergrund« der geschichtlichen Entscheidungen und Handlungen ansehen.

Die neuere Geschichte entziehe sich der Darstellung in erinnerungsstarken Bildern, der bloßen Erzählung auf der Grundlage allein des »gesunden historischen Verstandes«. »Die res gestae im alten Sinn können wohl nur dann mit gutem Gewissen zum Inhalt der Forschung gemacht werden, wenn sie einen strukturgeschichtlich tragenden Grund erhalten haben, der dieser Formverwandlung voll Rechnung trägt.« Die Historiker, so Conze, hätten sich noch nicht zureichend auf diesen für sie neuen Tatbestand eingestellt. Die historische Methode müsse erweitert werden, um die Erkenntnis von Struktur- und Wirkungszusammenhängen zu erleichtern. Conze plädierte dafür, die Methoden, Begriffe und inhaltlichen Ergebnisse der systematischen Wissenschaften »für die Strukturgeschichte umzudeuten, zu kombinieren und anzueignen«. Er plädierte für eine enge Zusammenarbeit mit der Soziologie, der Politikwissenschaft und der Wirtschaftswissenschaft. Er kritisierte die Überspezialisierung der Historiker und trat für Fragestellungen, Themen und Methoden ein, die die Trennung in Politikgeschichte, Sozial- und Wirtschaftsgeschichte, Kultur- und Geistesgeschichte etc. überwinden. Eben diese übergreifende, synthetisierende Aufgabe sollte die »Strukturgeschichte« (manchmal sprach er auch synonym von »Sozialgeschichte«)[7] erfüllen, die die politische Geschichte nicht ausklammern dürfe, vielmehr selbst politische Geschichte sei, »nur daß sie nicht in erster Linie die res gestae, sondern die Strukturen in ihrer Kontinuität und Veränderung ins Auge faßt«. Conze plädierte für die Verknüpfung von typologisierender und individualisierender Methode in der Geschichtswissenschaft. Er brach eine Lanze für den geschichtswissenschaftlichen Gebrauch der Statistik (ohne sie zu überschätzen), während viele um ihn herum – und wiederum heute – wie der konservative Huizinga dachten und denken: »In der Zahl aber geht die Erzählung unter und wird kein Bild geboren.«[8]

Auch und gerade aus der Rückschau nach dreißig Jahren wird man viel an diesem Programm kritisieren: 1. Vermutlich überschätzte es die Tiefe der Formverwandlung vom 18. zum 19. Jahrhundert. Auch in früheren Jahrhunderten waren Strukturen und Prozesse geschichtsmächtig. Auch die frühneuzeitliche Geschichte verkürzt, wer sie primär als Handlungs- und Ereignisgeschichte erzählt. Möglicherweise handelte es sich weniger um eine objektive Veränderung der geschichtlichen Abläufe, wie Conze mit Huizinga meinte, als vielmehr um ein sich veränderndes Verhältnis der Gegenwart des 20. Jahrhunderts zu ihrer Vergangenheit.[9] – 2. Problematisch und verwirrend war und ist die Gleichsetzung von Struktur- und Sozialgeschichte, ich komme darauf zurück. – 3. Außerordentlich wenig erfährt der Leser über die Gründe und die treibenden Kräfte des tiefen Strukturwandels, den Conze universalgeschichtlich konstatiert. Die Kausalfrage wird nur am Rande gestellt. Der wirtschaftliche Strukturwandel wird mehr unterstellt als geklärt; z.B. ist vom Aufstieg der kapitalistischen Marktwirtschaft, ihrer Konflikte und ihrer Dynamik nicht die Rede. Die Hinweise auf die Stufen der Technik und die zunehmende Naturbeherrschung als Faktoren des Fortschritts bleiben undifferenziert; diese selbst wären ja als Momente eines historischen Zusammenhangs erst noch zu klären. – 4. Sehr zurückhaltend bleiben auch die methodischen Konsequenzen, die Conze aus seinen grundsätzlichen Überlegungen zieht, und man stolpert über viele unscharfe, ja widersprüchliche Formulierungen.[10] An Kritik hat es denn auch nicht gefehlt.[11]

Andererseits wird man drei große Leistungen des strukturgeschichtlichen Ansatzes nicht übersehen:

1. Eine genauere Geschichte der Geschichtsschreibung nach 1914 steht noch aus. Sie wird vermutlich zeigen, wie sehr es sich bei dem strukturgeschichtlichen Programm der 50er Jahre um ein innovatives Minderheitsphänomen handelte, das nur allmählich an Resonanz und Breitenwirkung gewann.[12] Daß Conze – wenn auch in geringerem Ausmaß als der von ihm früh zitierte Braudel – zugleich über wissenschaftspolitische Ambitionen und wissenschaftsorganisatorische Fähigkeiten verfügte, erwies sich in dieser Beziehung als wichtig. Auf Conzes Gründung, den »Arbeitskreis für moderne Sozialgeschichte« von 1956/57, ist hier zu verweisen.[13]

2. Das strukturgeschichtliche Programm zog bewußt die Konsequenz aus einer im 19. und 20. Jahrhundert zunehmend unausweichlichen Erfahrung, der Erfahrung von der Macht der Verhältnisse. Daß Intentionen und Ergebnisse menschlicher Handlungen häufig nicht übereinstimmen, daß individuelle Handlungsspielräume von ökonomischen Prozessen, sozialen Bewegungen und politischen Institutionen eng begrenzt sind, daß die Geschichte niemals in dem aufgeht, was Menschen wechselseitig intendieren, daß vieles geschah, was nicht oder nur verzerrt erfahren wurde, daß die Geschichte nicht nur aus Handlungs- und Erfahrungszusammenhängen, sondern aus Wir-

kungs- und Funktionszusammenhängen besteht, die sich auch gegen die Bestrebungen der einzelnen durchsetzen, und zwar ohne diesen notwendig bewußt zu werden – dies war eine realitätsgestützte Erfahrung, die man *spätestens* seit dem Aufstieg des Industriekapitalismus, seit dem Aufbruch der sozialen Bewegungen des 19. Jahrhunderts, seit den großen, meist unverstandenen Krisen der Marktwirtschaft, seit den Weltkriegen und politischen Katastrophen des 20. Jahrhunderts auch in den oberen und mittleren Schichten (denen die Historiker meist angehörten) kaum mehr vermeiden konnte; in den unteren Schichten dürfte diese Erfahrung der relativen Ohnmacht der Einzelnen gegenüber ihren Verhältnissen viel älter gewesen sein. Die antisoziologische, idealistische, handlungs-, personen- und ideenzentrierte Vorstellung vom historischen Wandel, wie sie in der historistisch geprägten Geschichtswissenschaft des 19. und frühen 20. Jahrhunderts tonangebend gewesen war, hatte sich dieser Erfahrung nicht gestellt.

Diese Erfahrung ließ sich theoretisch verschiedenartig begründen und einordnen: so etwa als Verlust der sich in Entäußerung und Aneignung realisierenden Einheit von Produkt und Produzent, als bedrohliche Verselbständigung eines ursprünglich aus menschlichen Handlungen hervorgehenden, aber mittlerweile den handelnden Menschen zwanghaft und bedrohlich gegenübertretenden historischen Prozesses, als Entfremdung, deren Aufhebung unter anderen Produktionsverhältnissen bzw. in vernünftig organisierten Gesellschaften möglich und nach den Kriterien von Aufklärung und Emanzipation anzustreben sei. Dieser hegelianisch-marxistischen Perspektive, an deren Einlösbarkeit man zweifeln mag, stand Conze nicht nahe. Er ging mit Freyer, aber ohne sich auf allzu grundsätzliche philosophische Reflexionen einzulassen, von der Tatsache relativer Ohnmacht der Einzelnen »inmitten technischer Funktionszusammenhänge sekundärer Systeme« aus, von »unüberschaubaren Kreisläufen« und »zwingenden Strukturen«.

Die paradigmatisch-methodische Konsequenz, die Conze mit seiner struktur- und prozeßgeschichtlichen Betrachtungsweise aus jener Erfahrung zog, war so formal und allgemein, daß sie auch für die akzeptabel sein konnte, die jene Erfahrung theoretisch anders begründeten als er: Nicht über die Rekonstruktion von menschlichen Handlungen, Erfahrungen und Ideen, sondern über die Analyse des Strukturwandels mußte man nach Conze zu begreifen versuchen, was die vergangene Wirklichkeit zusammenhielt und in Bewegung setzte. Zweifellos bedeutete das für die Geschichtswissenschaft zunächst einmal einen kräftigen Zuwachs an analytischer Kraft. In der Strukturgeschichte schlug endlich die im Prinzip seit den industriellen und soziopolitischen Revolutionen des späten 18. und frühen 19. Jahrhunderts allgemein zur Verfügung stehende, lange verdrängte Erfahrung von der Geschichtsmächtigkeit überindividueller Kollektivphänomene im Unterschied zu individuellen Entscheidungen und Handlungen, Erfahrungen, Ereignissen und Personen auf die Geschichtswissenschaft durch.[14]

3. In nuce war im strukturgeschichtlichen Programm der 50er Jahre vieles von dem angelegt, was in den 60er und 70er Jahren unter dem Stichwort »Historische Sozialwissenschaft«[15] expliziert und ausprobiert wurde: die Betonung der Strukturen und Prozesse im Geschichtsverlauf; die Forderung, mit verallgemeinernd-typologisierenden, analytischen Zugriffen das traditionell in der historisch geprägten Geschichtswissenschaft vorwiegende hermeneutische Sinnverstehen zu ergänzen; den Aufruf zur engen Zusammenarbeit mit den systematischen Nachbarwissenschaften und das Interesse an deren Methoden, Theorien und Ergebnissen; der Anspruch auf Erkenntnis eines wirtschaftlich-sozial-politisch-kulturellen Gesamtzusammenhangs. Das Trennende wurde allerdings bald stärker empfunden. In zentralen Hinsichten unterschied sich ja in der Tat das spätere Programm der Historischen Sozialwissenschaft vom strukturgeschichtlichen Programm der 50er Jahre: durch sehr viel expliziteren Theoriegebrauch, durch stärkere Betonung sozialökonomischer, sozialstruktureller Kausalfaktoren und ihrer Wirkung auf Politik und Kultur; durch eine Begrifflichkeit, die die moderne Ausdifferenzierung zwischen Gesellschaft und Staat nicht alteuropäisch (durch – letztlich vergebliche – »Überwindung des Trennungsdenkens«) zu negieren versuchte, sondern aufnahm, um gleichwohl nach den Vermittlungen zwischen den ausdifferenzierten Sphären zu fragen; durch offene und reflektierte Bezugnahme auf praktische, gesellschaftlich-politische Ziele wie Emanzipation und Aufklärung, Traditions- und Herrschaftskritik.

Strukturgeschichte, so läßt sich resümieren, meint eine geschichtswissenschaftliche Betrachtungsweise, die auf alle Bereiche geschichtlicher Wirklichkeit angewandt werden kann, also auf den Bereich des Sozialen wie auf den der Politik, auf die ökonomische Entwicklung wie auf das Reich der Ideen und der Kultur.[16] Für diese Betrachtungsweise stehen die »Verhältnisse« und »Zustände«, die überindividuellen

Entwicklungen und Prozesse, weniger die einzelnen Ereignisse und Personen im Vordergrund; sie lenkt den Blick eher auf die Bedingungen, Spielräume und Möglichkeiten menschlicher Erfahrungen und menschlichen Handelns in der Geschichte, als auf individuelle Erfahrungen, Motive, Entscheidungen und Handlungen selber; sie beleuchtet eher Kollektivphänomene als Individualitäten; sie macht Wirklichkeitsbereiche zum Gegenstand der Forschung, die eher durch Beschreibung und Erklärung als durch hermeneutisches Sinnverstehen zu erschließen sind; sie interessiert sich vor allem für die relativ dauerhaften, ›harten‹, nur schwer veränderbaren Phänomene, für Wirklichkeitsschichten mit langsamer Veränderungsgeschwindigkeit, nicht so sehr für Wirklichkeitsbereiche, die sich schnell ändern und Wandlungsanstößen nur geringen Widerstand entgegenstellen. Schließlich zielt diese Betrachtungsweise oft (so bei Conze) auf die Erfassung übergreifender Zusammenhänge: auf den gesamtgeschichtlichen Prozeß in seinem synchronen, wohl aber auch in seinem diachronen Zusammenhang.

Die alltagsgeschichtliche Kritik

Lange Zeit hat man der strukturgeschichtlichen Betrachtungsweise vorgehalten, die Unableitbarkeit einzelner Ereignisse und die Freiheit der handelnden Persönlichkeit nicht zu berücksichtigen. Die Ereignis- und Handlungsgeschichte wurde, durchaus zu Recht, als Alternative, als Widerspruch oder als Ergänzung zur Strukturgeschichte verstanden.[17] In den letzten Jahren hat sich die Front leicht verschoben. Die »Alltagsgeschichte« kritisiert ja an der »modernen Sozialgeschichtsschreibung« nicht, daß sie einzelne Ereignisse vernachlässige und die großen Akteure – wie Bismarck oder Hitler – in ihrer Bedeutung unterschätze, vielmehr formuliert sie andere Einwände: »Gleich ob im Gewande von Modernisierungstheorien oder Systemtheorien – immer blieb ihr [der modernen Sozialgeschichte, J. K.] Blick jedoch gerichtet auf übergreifende gesellschaftliche Strukturen und Prozesse. Die Frage, wie denn diese Strukturen und Prozesse von den Menschen erlebt und verarbeitet wurden, wurde fast vollständig ausgeklammert. In der Kritik an dieser Beschränkung lag ein wichtiger Ansatzpunkt für die [alltagsgeschichtliche] Ausweitung der Perspektive auf die Welt der

Wahrnehmungen und Selbstdeutungen der von der Geschichte Betroffenen.« Die Alltagsgeschichte enthalte auch »eine Absage an ein verkürztes Marxismus-Verständnis, das das Vergangene allein aus dem Wirken übermächtiger ökonomischer Zwänge, den berühmten objektiven Bedingungen, heraus zu erklären suchte. Der alten Logik modernisierungstheoretischer oder politökonomischer Geschichtskonstruktionen sollen die Wärmeströme des subjektiven Faktors beigemischt werden. Anders gesprochen: Es geht darum, den individuellen Menschen mit ihren Wünschen und Versagungen, ihren Leiden und schöpferischen Fähigkeiten wieder Leben und Konturen zu verleihen.«[18]

Wahrnehmungs- und Erfahrungsgeschichte, so läßt sich zusammenfassen, ist aus dieser Sicht das, was die Strukturgeschichte vernachlässigt. Die subjektive Innenseite der vergangenen Wirklichkeit wird angemahnt. In der alltagsgeschichtlichen Herausforderung steckt oft sehr viel mehr als dies.[19] Ich konzentriere mich aber auf diesen zentralen und m. E. produktivsten Aspekt der alltagsgeschichtlichen Kritik an der neueren Sozialgeschichte und nehme dazu in fünf Punkten Stellung.

Grenzen und Verkürzungen

1. Was das strukturgeschichtliche Programm seit den 50er Jahren und das Programm der Historischen Sozialwissenschaft seit den 60er Jahren gegen die herkömmliche handlungs-, entscheidungs- und personengeschichtliche Verengung historistischer Geschichtswissenschaft geltend gemacht haben, gilt in vollem Maße auch gegen etwaige Verabsolutierungen des auf die Vielzahl der ›kleinen Leute‹ bezogenen wahrnehmungs- und erfahrungsgeschichtlichen Ansatzes: Die Geschichte geht nicht in dem auf, was die Menschen wahrnahmen und erfuhren. Die (hermeneutisch-sinnverstehende) Rekonstruktion vergangener Wahrnehmungen und Erfahrungen *allein* kann nicht zur begreifenden Rekonstruktion der Geschichte als ganzer führen. Darüber müßte sich eigentlich, zwischen Historikern verschiedener Richtung, Einverständnis erzielen lassen. An zwei Beispielen läßt sich das verdeutlichen:

Es ist eine Sache, zu verstehen zu versuchen, was die beginnende Heiligenverehrung für die Mitglieder der frühchristlichen Gemeinden des 3. und 4. Jahrhunderts, für ihre Sinnerfahrung und Wirklichkeitssicht bedeutete. Aber um zu begreifen, warum Heiligenverehrung im 3. und 4. Jahrhundert begann, warum diese Praxis unter den ökonomischen, sozialen, politischen und kulturellen Bedingungen der späten römischen Kaiserzeit möglich war, was sie in bezug auf jene Gesellschaft und ihre langfristige Entwicklung ›bedeutete‹ – dies ist eine andere Sache, und dazu reicht die, übrigens sehr schwierige, wohl nur annäherungsweise mögliche Rekonstruktion des Sinns, den die Heiligenverehrung im Erfahrungshorizont der damaligen Gemeindemitglieder hatte, nicht aus. Dazu bedarf es vielmehr ausgreifender strukturgeschichtlicher Überlegungen zur Geschichte von Wirtschaft, Gesellschaft, Politik und Kultur jener Zeit, einschließlich theoretischer Anstrengungen, die in Richtung einer Theorie des politischen Handelns in der antiken Gesellschaft gehen.[20]

Das andere Beispiel soll zeigen, daß Wahrnehmungen und Erfahrungen eben auch ›falsch‹ sein konnten. Man stelle sich vor, ein Historiker wollte die Welle des ländlichen Antisemitismus untersuchen, die in den 1880er Jahren in einigen Gegenden Deutschlands, so z.B. in Oberhessen, auftrat, einige Abgeordnete einer neuen Antisemitenpartei (Boeckel, Ahlwardt) in den Reichstag schwemmte und in den 90er Jahren wieder verebbte. Man stelle sich vor, dieser Historiker würde sich darauf beschränken, die subjektiven Erfahrungen jener hochverschuldeten, bedrängten, von – oft jüdischen – Geldverleihern und Viehhändlern unter Druck gesetzten, meist besten Gewissens antisemitischen Bauern und Kleinbauern Oberhessens zu rekonstruieren. Dies wäre fatal: eine völlig unzureichende, die verzerrten Erfahrungen und Vorurteile der damaligen ›kleinen Leute‹ duplizierende Interpretation wäre die Folge. Erst wenn es dem Historiker gelingt, die Erfahrungen und Einstellungen der damals Betroffenen zwar ernst zu nehmen, aber gleichzeitig aus ihrem (nicht oder nur teilweise erfahrenen) Zusammenhang zu begreifen, wird er jenen Bauern gerecht und nähert er sich der historischen Wahrheit. Dazu aber muß er auf die wirtschaftlichen Konjunktureinbrüche und die beginnende Agrar-Dauerkrise jener Zeit (nebst ihren teils entfernten, etwa mit neuen Möglichkeiten des Seetransports und der landwirtschaftlichen Produktion in Nord-Amerika zusammenhängenden Ursachen) eingehen, auf das damalige Verhältnis von Stadt und Land, auf die Krise des Liberalismus in der Depression der 70er/80er Jahre, auf die viele Jahrhunderte alte Geschichte der Juden im christlichen Europa, ihre ›Einwanderung‹ in die deutsche Gesellschaft seit den Reformen zu Beginn des Jahrhunderts, auf ihre damit zusammenhängende Überrepräsentation in bestimmten, in der Industrialisierung besonders wichtig werdenden Berufen, etc. etc. All dies sind struktur- und prozeßgeschichtliche Analysen, die die erfahrungsgeschichtliche Rekonstruktion des Leidens, der Empörung und des Antisemitismus jener Bauern nicht ersetzen, aber eben auch nicht durch diese ersetzt werden können.[21]

Strukturen und Prozesse[22] sind eben mehr als Summen von Erfahrungen, sie sind oft nicht oder nur verzerrt in den Erfahrungen präsent, wie umgekehrt Erfahrungen nicht vollständig von Strukturen und Prozessen determiniert sind. Zwischen beiden Wirklichkeitsdimensionen besteht keine Kongruenz, sondern ein Hiatus. Sozialgeschichte ohne Erfahrungsgeschichte mag einseitig und unvollständig sein. Umgekehrt geht sie, als Struktur- und Prozeßgeschichte, in Erfahrungsgeschichte nicht auf, ist mehr als diese. Und schon gar nicht kann man erwarten, synthetische Darstellungen erfahrungsgeschichtlich bewerkstelligen zu können. Der erfahrungsgeschichtliche Ansatz stellt keine Alternative zur bisherigen Sozialgeschichte dar, wenn er auch, wie gleich zu erläutern sein wird, zu deren innerer Bereicherung und Umakzentuierung beitragen kann.

2. Oftmals verbinden sich mit der alltagsgeschichtlichen Kritik an der modernen Sozialgeschichte die Forderung nach einer erfahrungsgeschichtlichen und die Forderung nach einer kulturhistorischen Erweiterung bzw. Transformation. Man fordert, die »Kultur« und die »Lebensweise« der »kleinen Leute« zu studieren, und erwartet, auf diese Weise ihre Erfahrungen und Wahrnehmungen, Handlungen und Betroffenheiten besser verstehen zu können.[23] Hier sollte man schärfer auseinanderhalten. Kulturgeschichte und Erfahrungsgeschichte ist nicht ein und dasselbe, und auch die Rekonstruktion vergangener Kultur bedarf des strukturgeschichtlichen Zugriffs.

Wenn man heute die Rekonstruktion der »Volkskultur«, der »Arbeiterkultur«, der »Kultur der kleinen Leute« fordert, dann bedeutet »Kultur« sicherlich nicht (oder doch nicht allein) die Produktion, das Ergebnis und die Aneignung einer mit eigenen Institutionen und spezialisiertem Personal ausgestatteten, als Teilsystem ausdifferenzierten Hochkultur. Vielmehr scheint Kultur im Kontext solcher Forderungen und Neuansätze ein System (ein »Gewebe« oder »Muster«) von Zeichen zu meinen,[24] das für eine größere Zahl von Menschen (eine Berufsgruppe, einen Stand, eine Klasse, eine Religionsgemeinschaft, ein

Dorf, ein Volk, die Mitglieder einer Gesellschaft etc.) Wirklichkeit *sinnvoll deutet* und damit deren soziale Beziehungen (Kommunikation, Zusammengehörigkeit und Abgrenzung) ebenso erst ermöglicht wie deren Verhältnis zu sich selbst und zu ihrer Umgebung (einschließlich der Natur). Solche Deutungen erhalten Informationen über wahr und falsch, gut und böse (gerecht und ungerecht), schön und häßlich. Sie bestimmen darüber mit, in welchen Zusammenhängen die Menschen ihre Wirklichkeit wahrnehmen und einordnen, wie sie Tatbestände, Handlungen, Innovationen moralisch bewerten und zu welchen ästhetischen Einstellungen sie gelangen. Solche Deutungen prägen die sich nur langsam verändernden Mentalitäten, die Handlungsdispositionen, die Lebensweise der Menschen mit. Zum Ausdruck gebracht werden solche bedeutungsvollen, sinndeutenden Zeichensysteme durch eine Vielzahl von Phänomenen – durch solche, die, wie bestimmte Texte, Normenkataloge, Symbole, Kunstwerke, mündliche Überlieferungen, religiöse Akte, Rituale, Bräuche, Gesten etc., vornehmlich diesem Zweck dienen; zum Ausdruck gebracht werden sie aber auch in solchen Vollzügen und Produkten, die primär anderen Zwecken dienen (etwa der Befriedigung sonstiger Bedürfnisse, der Arbeit, der Machtausübung, der argumentativen Überzeugung, der Reproduktion). *Insofern* können viele andere Lebensäußerungen, Handlungen oder Produkte – ein handwerklicher Vollzug, eine parlamentarische Rede, ein Liebesverhältnis, eine Bestrafung, ein industrielles Produkt im Museum, eine Vereinssatzung – *zugleich auch* als Momente eines kulturellen Zusammenhangs interpretiert werden. »Kultur« in diesem Sinn verändert sich in der Zeit, aber sie unterliegt nicht dem schnellen Wandel; vielmehr besitzt sie genügend relative Konstanz und Eigengewichtigkeit, daß sie trotz des Wechsels der Individuen, deren Erfahrungen und Handlungen sie mit steuert und durch deren Erfahrungen und Handlungen sie ausgedrückt und immer neu reproduziert wird, mit sich identisch bleibt und – etwa von Individuum zu Individuum, von Generation zu Generation – tradiert werden kann.[25]

Zweifellos führt die Analyse der Kultur in diesem Sinn nah an die alltäglichen Wahrnehmungen, Erfahrungen, Aneignungen, Handlungen und Betroffenheiten der Zeitgenossen heran. Was die allmähliche Durchsetzung der Marktwirtschaft und dann der großbetrieblichen Produktion für die damit in Berührung kommenden Handwerksgesellen der 1840er Jahre bedeutete, wie diese Prozesse (oder strukturellen

Veränderungen) von ihnen erfahren wurden, warum sie so und nicht anders dazu Stellung nahmen und sich so und nicht anders dazu verhielten – das entschlüsselt man erst, wenn man ihre Kultur im gerade definierten Sinn, ihre davon bestimmten Mentalitäten und gewöhnlichen Lebensweisen kennt und in die Argumentation einbezieht. Kultur in diesem Sinn färbt, prägt und steuert die Wahrnehmungen der Wirklichkeit, die Erfahrungen der Veränderungen, die daraus entstehenden Betroffenheiten und Aktivitäten. Aber: Während die einzelnen sinnmachenden »Zeichen«, kulturelle Manifestationen also (eine Märchenerzählung, die demonstrative Entfaltung einer Fahne, eine Katzenmusik, eine Messe), von den Zeitgenossen als bedeutungsvoll erfahren und als sinnvoll verstanden werden konnten und – falls wirksam – auch wurden, gilt das nicht notwendig für das »Gewebe« der Zeichen, also die Kultur, deren Teile jene einzelnen Zeichen oder Manifestationen waren. Die zeitliche Erstreckung dieses »Gewebes« übertraf die zeitliche Erstreckung der Erfahrungen einzelner Menschen. Um den übergreifenden »Sinn« jenes Gewebes zu entschlüsseln (je nach Fragestellung des Forschers, versteht sich, in je verschiedener Weise, und deshalb soll man das Reden von ihrer »sozialen Logik« besser vermeiden), bedarf es mehr als der Rekonstruktion der Erfahrungen, in denen jener Sinn nur zum Teil und vielleicht nur verzerrt präsent war. Es bedarf vielmehr der Entschlüsselung einer kulturellen Struktur, die immer nur partiell in den Erfahrungen einzelner zu erfassen ist. »Kultur« und »Struktur« sind weder Gegensätze noch Begriffe in Spannung. Kulturgeschichte und Erfahrungsgeschichte sind nicht identisch.[26] Kulturgeschichte, richtig betrieben, hat zweifellos ihre erfahrungsgeschichtliche Komponente; sie führt eng an die Wahrnehmungen, Erfahrungen und Handlungen der Zeitgenossen heran. Darauf, so scheint es, beruht ihre gegenwärtige Attraktivität. Aber sie braucht auch strukturgeschichtliche Zugriffe und – in diesem Zusammenhang – natürlich auch Theorien. Sie führt nicht unbedingt zur Rekonstruktion von Alltagserfahrungen, und schon gar nicht ›von innen‹. Man wird die Erfahrungen der Zeitgenossen sicher ohne Berücksichtigung ihrer kulturellen Deutungsmuster nicht rekonstruieren können, aber durch die hermeneutisch-verstehende Rekonstruktion ihrer Erfahrungen begreift man noch lange nicht ihre Kultur.

3. Weder die sozialgeschichtliche Betrachtungsweise im Sinne Conzes noch das Programm der Historischen Sozialwissenschaft noch der größte Teil der sozialgeschichtlichen Literatur der letzten drei Jahr-

zehnte hat die Wahrnehmungen und Erfahrungen der betroffenen, verarbeitenden, sich verhaltenden Menschen am Fuße der sozialen Pyramide und weiter oben gänzlich vernachlässigt. Man soll keinen Pappkameraden aufbauen. Conze z.B. hat von Anfang an vor einer Verabsolutierung der strukturgeschichtlichen Betrachtungsweise gewarnt; in fast irritierendem Konservatismus bestand er darauf, quellennah zu arbeiten, »die Geschichte in unmittelbaren Zeugnissen auf sich wirken zu lassen, die Begriffe aus den Quellen zu entwickeln oder zu präzisieren und stets die allgemeinen Probleme in der jeweiligen historischen Situation zur konkreten Anschauung zu bringen«. Er empfahl (mikrohistorische) Stadt- und Dorfstudien zur Einlösung des strukturgeschichtlichen Programmes und forderte neben der Statistik die begriffshistorische Methode und den biographischen Zugang.[27]. Im Programm der Historischen Sozialwissenschaft wurde immer wieder auf die Notwendigkeit verwiesen, »analytische und hermeneutische Zugriffe« zu verknüpfen.[28] Und man mag sich doch die dem Programm einer Historischen Sozialwissenschaft nahestehenden Darstellungen einmal ansehen, um zu entdecken, wie sehr sie – trotz allen Interesses für Strukturen und Prozesse – auch die Erfahrungen in den jeweils untersuchten Sozialgruppen ernst nehmen und, mit größerem oder geringerem Erfolg, zu begreifen versuchen.[29]

Wie die strukturgeschichtliche Betrachtungsweise kein Monopol der Sozialgeschichte ist, so geht diese in aller Regel nicht in der Strukturgeschichte auf, die Untersuchung sozialer Handlungen und Erfahrungen gehört vielmehr auch zu ihren Aufgaben.[30] Wer sich auf struktur- und prozeßgeschichtliche Analysen *beschränkte,* würde hinter die fundamentale Erkenntnis zurückfallen, daß historische Strukturen vor allem in der Phase ihrer Entstehung aus individuellen und kollektiven, erfahrungsgeleiteten und zielmotivierten Handlungen hervorgehen und von solchen immer wieder beeinflußt, verstetigt oder verändert werden – sosehr sie zugleich ihre Eigendynamik entwickeln, sosehr sie ihrerseits Erfahrungen und Handlungen prägen und sowenig sie mit den intendierten Handlungszielen der Menschen oder mit ihren Erfahrungen deckungsgleich zu sein pflegen. Es geht darum, den *Zusammenhang* von Strukturen und Prozessen einerseits, von Handlungen und Erfahrungen andererseits als ein historisch variables Verhältnis der Brechung und Nicht-Kongruenz zu begreifen, nicht aber darum, diesen Zusammenhang zu leugnen oder zu vernachlässigen. Ihn zu vernachlässigen, hieße methodisch, entweder die historische Wirklichkeit objektivistisch auf Strukturen und Prozesse zu verkürzen oder sie subjektivistisch als Handlungs- und Erfahrungszusammenhang zu verkennen. Daß sie dieses werde, mag man utopisch wollen. So zu tun, als ob sie es sei, wäre fatal.

Die Notwendigkeit der Verknüpfung

4. Aber es ist einzuräumen, daß die Sozialgeschichte der letzten zwei Jahrzehnte sich stark auf die Erfassung von Strukturen und Prozessen konzentriert hat, die Einstellungen und Erfahrungen, die Verarbeitung der Erfahrungen und die Handlungen der Zeitgenossen oft eher am Rande einbezog und die Verknüpfung von Strukturen und Erfahrungen, Prozessen und Handlungen nicht immer leistete. Die in der Sozialgeschichte bzw. in der Sozial- und Wirtschaftsgeschichte benutzten Theorien waren so beschaffen, daß sie die Untersuchung von Strukturen und Prozessen erleichterten, die Verknüpfung mit den Handlungen und Erfahrungen aber erschwerten. Man nehme als Beispiel Theorien des sozialen Protests. Sie haben die Historiker dazu befähigt, den Zusammenhang zwischen verschiedenen Protestformen einerseits, Industrialisierung, Lebensstandard, Urbanisierung und Staatsbildung andererseits zu untersuchen. Sind häufige Streiks und Tumulte Resultate von Entwurzelung der Unterschichten, oder setzen sie eher deren Integration voraus? Solche Fragen wurden verfolgt, auf durchaus interessante Weise.[31] Aber die Hoffnungen und Ängste, Erfahrungen und Haltungen der protestierenden Leute blieben dabei oft merkwürdig am Rande. Viele andere Beispiele ließen sich anführen.

Die alltagshistorische Kritik ist in dieser Hinsicht produktiv. Sie insistiert auf der an sich nicht bestreitbaren, aber nicht immer voll beachteten Notwendigkeit, die Erfahrungen, Haltungen und Handlungen der Menschen früherer Zeiten ernst zu nehmen und zu rekonstruieren. Sie wirkt darauf hin, eine manchmal vernachlässigte, aber im Grunde in ihrer Wichtigkeit nicht bestrittene Dimension innerhalb der Sozialgeschichte stärker zu ihrem Recht kommen zu lassen. Damit erschließt sich nicht nur eine Vielzahl neuer, traditionell wenig berücksichtigter Themen und Wirklichkeitsbereiche. Damit werden nicht nur neue Motive zur Beschäftigung mit Geschichte aktiviert. Daraus können sich auch Differenzierungen und Umakzentuierungen des Gesamtbildes eines historischen Phänomens und einer historischen Epoche entwickeln, die bis dahin primär unter struktur- und prozeßgeschichtlichen Gesichtspunkten diskutiert und eingeordnet wurden.[32]

5. Aber entscheidend ist, daß eine angemessene Verknüpfung zwischen den Erfahrungen, Wahrnehmungen, Einstellungen und Handlungen einerseits, den Strukturen und Prozessen andererseits gelingt. Denn pure Erfahrungsgeschichte ist im Grunde eine noch viel einseitigere Abstraktion als reine Strukturgeschichte. In der Verknüpfung beider liegen die spannenden Probleme, die – weiterhin – praktisch angegangen und – erneut – theoretisch diskutiert werden sollten.[33]

Von den Alltagshistorikern ist da wenig zu erwarten: Mit ihrer Neigung zum mikrohistorischen Klein-Klein, in ihrem Mißtrauen gegenüber Strukturen und Prozessen und oft auch gegenüber der professionellen Geschichts- und Sozialwissenschaft, mit ihrer meist begriffsarmen Vorliebe für die sympathisierende Nachzeichnung von Erfahrungen, wenn möglich über mitgeteilte Erinnerungen, wird sie wohl fortfahren, Nischen zu entdecken und auszuleuchten. Das ist zwar durchaus wichtig, irritierend und produktiv. Die Analyse des Zusammenhangs zwischen den Erfahrungen und den Strukturen wird sie jedoch vermutlich weiterhin anderen überlassen, oder sie wird diesen Zusammenhang weiterhin negativ plakatieren und damit verzeichnen: die Nischen als Heimat eigensinniger Subjektivität und sich zurückziehender Nichtangepaßtheit, in Absetzung von und vielleicht in Widerständigkeit gegenüber den großen, als lebensfeindlich unterstellten Prozessen der Modernisierung. Aber selbst soweit sich Alltagshistoriker von dieser sie (und andere) belastenden zivilisationskritischen Stimmung mit ihren irrationalistischen Elementen befreien können (und dies ist zunehmend der Fall), läßt sich nicht recht sehen, wie sich aus der Wahrnehmungs-, Erfahrungs- und Handlungsgeschichte heraus synthetisierende Begriffe, Zugriffe, Theorien bilden lassen, die eine Rekonstruktion der Geschichte in ihren wesentlichen Grundzügen und im Zusammenhang erlauben sollen. Diese Möglichkeit – Synthese via Erfahrungs- und Handlungsgeschichte – ist verstellt, solange jene säkulare und realitätsabgestützte Erfahrung von der Macht der Verhältnisse prägend ist, wie sie im strukturgeschichtlichen Ansatz der 50er Jahre erstmals formuliert wurde.[34] Und wer wollte Anzeichen dafür sehen, daß jene Erfahrung jetzt, Ende des 20. Jahrhunderts, überholt ist? Wer könnte denn vernünftigerweise argumentieren, daß unsere Geschichte wirklich dabei sei, sich aus Wirkungs- in Handlungszusammenhänge, aus Systemen in Lebenswelten zu verwandeln? Nichts deutet darauf hin.

Nein, die Verknüpfung wird schon eher von der Struktur- und Prozeßgeschichte her zu leisten sein. Da gibt es verschiedene Möglichkeiten, ältere und hoffentlich auch neue. Die Frage danach, wie die analysierten Strukturen und Prozesse von den damals Lebenden wahrgenommen, erfahren, verarbeitet, akzeptiert oder abgelehnt wurden, läßt sich in struktur- und prozeßgeschichtliche Ansätze einfügen, wenn man stärker als bisher die kulturellen Strukturen und Prozesse in die Untersuchung einbezieht. Dabei wird man Hilfeleistungen der Volkskunde, der Ethnologie und Sozialanthropologie verwerten können, deren Bedeutung für die Sozialgeschichte zunimmt.[35] Die Frage nach den Ursachen von Struktur*wandlungen* führt häufig auf handlungsgeschichtliche Zusammenhänge und deren Auswirkungen auf die ›kleinen Leute‹. An der Geschichte der frühneuzeitlichen Protestbewegungen und ihrer Auswirkungen auf die Herrschaftsträger ist dies demonstriert worden.[36] Man kann versuchen, in der Erzählung von Handlungen, Ereignisfolgen und Lebenserfahrungen übergreifende Strukturen und Prozesse zu veranschaulichen; denn – in gewissen Grenzen und mit gewissen Brechungen – sind historische Strukturen und Prozesse in Erfahrungen und Handlungen immer präsent und somit durch diese hindurch darstellbar.[37] Dies ist eine Kunst, die nur gelingt, wenn man struktur- und prozeßgeschichtliche Einsichten besitzt und in ihrem Licht das erfahrungs-, handlungs- oder alltagsgeschichtliche Phänomen interpretiert. Man wird nach Theorien bzw. Theoriekombinationen suchen, die system- und lebensweltgeschichtlich greifen.[38] Sozialgeschichte jedenfalls ist beides: Struktur- und Erfahrungsgeschichte zugleich. Erst in deren Verknüpfung läßt sie sich voll realisieren.

Kontroversen um Frauengeschichte

Annette Kuhn veröffentlicht im Heft 3/1981 von »Geschichtsdidaktik« einen Brief, in dem ich gegen den Ausschluß von Männern durch die Veranstalterinnen einer wissenschaftlichen Tagung zur Frauengeschichte an der Universität Bielefeld im April 1981 protestierte. Sie kritisiert meinen Brief als verletzenden und alarmierenden Ausdruck von Anti-Feminismus. Sie scheint jenen Ausschluß von Männern für berechtigt zu halten, da es »nicht ungewöhnlich« sei, »bei wissenschaftlichen Veranstaltungen nur einen bestimmten Teilnehmer(innen)kreis zuzulassen«. Sie kritisiert die allgemeine Sozialgeschichte als »männlich« und sieht darin das Recht und die Notwendigkeit begründet, jedenfalls auf absehbare Zeit Frauengeschichte als »eigenständige sozialwissenschaftliche Disziplin« zu betreiben, als »autonome«, also wohl allein durch Frauen zu tragende Forschung. Sie fürchtet, daß anders die spezifischen Erfahrungsweisen von Frauen nicht in die Forschung eingebracht werden können. Von Annette Kuhns Bemerkungen überzeugt mich vor allem eine: die, daß es ihr schwerfalle, auf meinen Protestbrief vernünftig zu reagieren. In der Tat, ihre emotionale Polemik ist reich an Mißverständnissen. Aber die Mißverständnisse, denen sie aufsitzt, und die Mythen, an denen sie strickt, sind nicht nur die ihren, und so dürfte es richtig sein, sich mit ihnen öffentlich auseinanderzusetzen.

Es ist klar, daß soziale und politische Strukturen und Prozesse, vorwissenschaftliche Interessen und lebensweltliche Erfahrungen auf den wissenschaftlichen Prozeß und insbesondere auf die Geschichtswissenschaft durch viele Kanäle und Mechanismen einwirken. Darin liegt nicht nur eine Belastung, sondern auch eine Chance. Denn indem neue, oder neu entdeckte oder doch neu artikulierte Erfahrungen und Interessen auf die geschichtswissenschaftliche Forschung, Diskussion und Lehre einwirken, können sie neue, bisher vernachlässigte Fragestellungen hervorbringen und bisher unterbelichteten Wirklichkeitsdimensionen zur Beachtung verhelfen. Sicher geht ein Teil des wissenschaftlichen Fortschritts in unserem Fach so vonstatten. So wirkten die

Reformbewegungen der 60er Jahre auf den Aufschwung der Sozialgeschichte ein. So erhält die Sozialgeschichte heute wichtige Anstöße von einigen Strömungen in der Frauenbewegung. Erfahrungen und Interessen, die dort – durchaus uneinheitlich – formuliert werden, beeinflussen Erkenntnisinteressen und Fragestellungen, mit denen bisher nicht genug berücksichtigte (wenn auch keineswegs ganz vernachlässigte) Wirklichkeitsdimensionen historisch thematisiert werden können. Eine Sensibilisierung für früher weniger beachtete Dimensionen historischer Wirklichkeit findet statt (z.B. für die vielfältigen sozialen Unterschiede zwischen Männern und Frauen), und bis dato Selbstverständliches wird zum Problem. Neue Forschungsbereiche werden so erschlossen (z.B. Geschichte der Mutterliebe), und die herkömmliche Sicht mancher anderer Bereiche mag sich allmählich modifizieren (soziale Ungleichheit, Verhältnis von Familie und Arbeitswelt, private Voraussetzungen öffentlicher Wirksamkeit etc.). Von außerhalb der Wissenschaft kommende Anstöße können so zum wissenschaftlichen Fortschritt beitragen. Natürlich geht es dabei ohne Kritik, Kontroversen, Auseinandersetzungen von »Schulen« und andere Konflikte nicht ab, u.a. (nicht nur) weil es teilweise entgegengesetzte Interessen und Erfahrungen sind, die da auf die Wissenschaft Einfluß nehmen.

Unbeschadet dieser Einsicht in die außerwissenschaftliche Bedingtheit der Wissenschaft ist es richtig und notwendig, die qualitative Differenz zwischen sozialen bzw. politischen Auseinandersetzungen und wissenschaftlichem Prozeß sowie dessen relative Autonomie gegenüber anderen gesellschaftlichen Teilbereichen zu betonen. Diese wird, theoretisch-methodologisch gesehen, durch bestimmte Prinzipien konstituiert, deren Erfüllung zugleich Voraussetzung der Teilnahme am wissenschaftlichen Prozeß ist. Zu diesen Prinzipien gehört kritische Rationalität in einem weiten Sinn: u.a. die Bereitschaft, Vorverständnisse und bisherige Ergebnisse empirisch und argumentativ zu prüfen, zu modifizieren und zu revidieren, wenn neue Evidenz und überzeugende Argumente dies verlangen; die Bereitschaft, konkurrierende Fragestellungen, Methoden und Interpretationen nicht nur zuzulassen, sondern darüber hinaus zu fordern und zu begrüßen; die Bereitschaft, Evidenz und Argumente zu prüfen, zu akzeptieren oder zu verwerfen, ganz gleich welchen Geschlechts, welcher Herkunft, welcher Nation, welchen Glaubens und welcher politischen Orientierung jene sind, die sie vorbringen; das Ziel, in der Forschung Prozesse zu realisieren und Ergebnisse hervorzubringen, die – in diesem gruppenübergreifenden Sinn – universalistischen Geltungsanspruch haben; die Bereitschaft, die Teilnahme am wissenschaftlichen Prozeß von der Akzeptanz dieser Prinzipien, von Qualifikation und von Interesse abhängig zu machen, nicht aber von Kriterien wie Geschlechtszugehörigkeit, Nationalität, Abstammung, Glauben, politischer Orientierung und dergleichen.

Es kommt darauf an, die oben erwähnten vorwissenschaftlichen Interessen und Erfahrungen so in die Wissenschaft einzubeziehen, daß diese Prinzipien nicht verletzt werden. Dies ist, ein Stück weit, möglich, wie die erfolgreiche Kooperation sehr verschiedenartiger Wissenschaftler mit sehr verschiedenartigen, ja entgegengesetzten Erfahrungs- und Interessen-Hintergründen in den verschiedensten Wissenschaften immer neu beweist. Gelingt das nicht, entweder weil die vorwissenschaftlichen Erfahrungs- und Interessenzusammenhänge zu antagonistisch oder zu verschieden und gleichzeitig zu determinierend sind, oder weil jene wissenschaftlichen Grundprinzipien nicht recht verstanden und vertreten werden, dann kommt es zu einem Verlust innerwissenschaftlicher Rationalität mit nachteiligen Folgen für die gesellschaftliche Praxis: zur Blockierung des Diskurses, zur Immunisierung von »autonomen« Wissenschaftlerkreisen gegen alternative Deutungen und Kritik, im Endeffekt zum unwissenschaftlichen Dogmatismus.

Unter Berufung auf die Prinzipien wissenschaftlicher Rationalität können auch aus der Frauenbewegung kommende, an Fragestellungen historischer Frauenforschung orientierte Historikerinnen ihr Recht einfordern, innerhalb des geschichtswissenschaftlichen Diskussionsprozesses Raum zu erhalten, soweit sie gleichzeitig den Grundregeln und Funktionsvoraussetzungen dieses wissenschaftlichen Diskussionsprozesses Rechnung tragen; dies geschieht ja auch zunehmend. Unter Berufung auf jene Prinzipien können sie fordern, daß die institutionalisierte Geschichtswissenschaft offen und wandlungsfähig genug ist, ihren Fragestellungen, Themen und Interpretations-Angeboten jedenfalls eine faire Chance zu geben. Auch dies ist zunehmend der Fall, wenn es sicher im einzelnen auch Dissens über das Maß, den Stellenwert, die Geltungskraft, die Relevanz konkurrierender Schwerpunkte, Fragestellungen, Ergebnisse und Sichtweisen gibt und geben wird (wie immer in unserem Fach).

Unter Berufung auf dieselben Prinzipien kann und muß man aber auch als unwissenschaftlich und wissenschaftsfeindlich zurückweisen, daß teilnahmewillige Personen eingestandenermaßen aufgrund ihres Geschlechts von einer wissenschaftlichen Veranstaltung ausgeschlossen werden, wie es in dem oben erwähnten, ansonsten öffentlichen Bielefelder Historikerinnen-Treffen der Fall war (wobei ich weiterhin davon ausgehe, daß dieses sich als *wissenschaftliche* Veranstaltung verstand). Natürlich braucht nicht jede wissenschaftliche Veranstaltung öffentlich zu sein, und sicherlich ist es nicht ungewöhnlich, den Kreis der Teilnehmer und Teilnehmerinnen auf unmittelbar Eingeladene zu beschränken. Aber etwas ganz anderes ist es doch, eine wissenschaftliche Tagung öffentlich zu machen und dann die Öffentlichkeit durch Ausschaltung aller Männer zu halbieren. Damit wird das Geschlecht zum Zulassungskriterium, und das schlägt wissenschaftlichen Grundsätzen ins Gesicht. Es überrascht, daß eine etablierte Wissenschaftlerin wie A. Kuhn diesen Unterschied offenbar nicht erkennt.

Aufgrund derselben Grundprinzipien von Wissenschaft ist eine »autonome« Frauengeschichte strikt abzulehnen, wenn damit eine von Frauen für Frauen, vielleicht gar mit besonderen Methoden (welchen?) und losgelöst vom übergreifenden organisatorischen und diskursiven Zusammenhang des Faches betriebene Geschichte der Frauen gemeint ist. Frauengeschichte wird, wenn sie ernst genommen werden will, nicht in geschützten Nischen und separaten Abteilungen betrieben werden dürfen, als Wissenschaft von Frauen über Frauen für Frauen, als subkulturelles Unternehmen, das sich sein gutes Gewissen durch totalen Ideologieverdacht gegen die »etablierte» Geschichtswissenschaft zu verschaffen versucht. Sie wird sich vielmehr der Konkurrenz der Argumente und dem Wettbewerb um Aufmerksamkeit, Mittel, intellektuellen Einfluß und Chancen aller Art stellen müssen wie jeder andere Ansatz auch – als einer unter anderen.

Dafür stehen die Aussichten auch gar nicht schlecht. Denn: Weder ist das Fach so »männlich« geprägt, daß es sich überzeugenden frauengeschichtlichen Ansätzen nicht öffnen würde, noch sind alle Vertreterinnen und Vertreter frauengeschichtlicher Ansätze so argumentations- und kompetenzschwach, daß sie in den fachwissenschaftlichen Diskussionen häufiger den kürzeren zögen als andere und einen vor rationaler Kritik abgeschotteten Schonraum bräuchten, um überhaupt das Wort zu nehmen.

Gesellschaftliche Konflikte schlagen selten voll auf den wissenschaftlichen Prozeß durch; das liegt an der methodisch und auch institutionell begründeten *relativen* Distanz zwischen Wissenschaft und gesellschaftlicher Praxis, an der *relativen* Autonomie des wissenschaftlichen Teilsystems. Deshalb können sich auch oft Wissenschaftler entgegengesetzter politischer und ideologischer Herkunft als Wissenschaftler miteinander verständigen, während zwischen ihren politisch-ideologischen Lagern Feindschaft und Verständnislosigkeit herrschen mögen. Erst recht aber gilt, daß das gesellschaftliche Spannungsverhältnis zwischen Männern und Frauen, zwischen männlichen und weiblichen Erfahrungen und Interessen den gemeinsamen wissenschaftlichen Diskurs *nicht* sprengt. Denn dieses ist nur ein Spannungsverhältnis neben anderen, gemildert von so manchen geschlechtsübergreifenden Gemeinsamkeiten. Meist ist es viel schwächer ausgeprägt als das zwischen Klassen und Nationalitäten, ethnischen Gruppen oder Religionsgemeinschaften.[1] Frauen und Männer können vieles zusammen betreiben, u.a. auch Wissenschaft.

Mir ist bewußt, daß Diskriminierungs- und Ausschließungsmechanismen traditionell eher gegen Frauen gewirkt haben und auch heute noch wirken, wenn auch in abnehmender Intensität. Das gilt auch und gerade für den wissenschaftlich-akademischen Bereich und hier für die Geschichtswissenschaft.[2] Sicherlich hängen gewisse Einseitigkeiten der herkömmlichen Geschichtswissenschaft mit dieser scharfen Unterrepräsentation von Frauen zusammen. Diese ist heute weniger ein Resultat vorurteilsgeführter, frauenfeindlicher oder frauenskeptischer Entscheidungen durch jene Personen und Institutionen, die über die Rekrutierung und Beförderung des wissenschaftlichen Personals entscheiden, obwohl vielleicht auch solche *direkte* Diskriminierung manchmal nicht ganz fehlt. Viel gewichtiger unter den Ursachen jener Unterrepräsentation sind vielmehr Mechanismen, die tief in wirtschaftlichen und sozialen Strukturen, in kulturellen Traditionen, verbreiteten Mentalitäten und eingeschliffenen Handlungsmustern verankert sind, die im voruniversitären Bereich (in Familie, früher Erziehung, herrschenden Formen der gesamtgesellschaftlichen Arbeitsteilung, gängigen Verkehrsformen etc. etc.) viel stärker zu beobachten sind als im universitären Bereich selbst, auf diesen aber *indirekt* einwirken, u.a. indem sie jene Unterrepräsentation so schwer abbaubar machen.

Gegen Fälle der genannten *direkten* Diskriminierung wird man ebenso direkt argumentieren und vorgehen können, unter Berufung auf mittlerweile weit akzeptierte, z.T. gesetzlich artikulierte Normen der Chancengleichheit und realen Gleichberechtigung. Auch die Korrektur der *indirekt* wirkenden, gewissermaßen strukturellen Mechanismen ist meines Erachtens auf dem Weg. Jeder einzelne hat dazu seine, je nach Stellung und Funktion verschiedenen, sicher immer sehr begrenzten Möglichkeiten, die von symbolischen Kleinaktionen bis zur Berücksichtigung der Dimension bei Personalentscheidungen (jedoch ohne Verletzung anderer Kriterien wie Leistungskriterien) reichen mögen. Schnell geht diese, auch im wissenschaftlichen Interesse liegende, Korrektur sicherlich nicht. Aber Diskriminierungen mit umgekehrtem Vorzeichen und Ausflüchte in das Ghetto einer sogenannten autonomen Frauengeschichte tragen gewiß nicht dazu bei.

Wie gesagt: Wenn sich »autonome« Frauengeschichte von der allgemeinen Sozialgeschichte dadurch abgrenzen will, daß sie nur *durch Frauen betrieben* wird, widerspricht sie wissenschaftlichen Grundsätzen. So wenig es zutrifft, daß amerikanische Geschichte nur von Amerikanern, Geschichte der SPD nur von Sozialdemokraten und Unternehmergeschichte nur von Unternehmern angemessen bearbeitet werden kann, so unsinnig ist die Vorstellung, daß Geschichte der Frauen nur – oder doch angemessener – von Frauen selbst erforscht werden kann. Ähnlich absurd wäre es zu meinen, weibliche Historiker könnten (oder sollten) nur (oder vornehmlich) Frauengeschichte treiben – ein aus der Forderung nach »autonomer« Frauengeschichte folgender Umkehrschluß, dessen Problematik gerade den an Frauengeschichte und Frauenbewegung interessierten Historikerinnen nicht entgehen dürfte!

Zweifellos ist es aber auch äußerst problematisch, Frauengeschichte *inhaltlich* von der sonstigen Geschichte abzugrenzen und derart als »eigenständige sozialwissenschaftliche Disziplin« (A. Kuhn) zu begründen. Denn man kann Frauen nicht außerhalb ihrer Klassen- und Schichtzugehörigkeit, ihrer gesellschaftlichen, politischen und kulturellen Situation historisch analysieren, und d. h., man kann Frauengeschichte nur begrenzt außerhalb der allgemeinen Wirtschafts-, Gesellschafts-, Politik- und Kulturgeschichte betreiben.[3] Frauengeschichte kann deshalb höchstens eine Interessenrichtung oder fachinterne Spezialisierung sein, ähnlich wie Arbeitergeschichte oder Familiengeschichte, die man auch nur als Teil der allgemeinen Sozial- und Wirtschaftsgeschichte richtig bearbeiten kann und nicht isolieren darf.

Schließlich sehe ich nicht, daß man Frauengeschichte *methodisch* als eigenständige Disziplin von der allgemeinen Sozialgeschichte abgrenzen könnte. Denn die in ernstzunehmenden frauengeschichtlichen Studien verwandten Methoden (z.B. Textinterpretation oder »Oral History«) finden sich durchweg auch in anderen Bereichen der Sozialgeschichte; jedenfalls auf einige erprobte Methoden der Geschichtswissenschaft (z.B. Quellenkritik, Quantifizierung) können frauengeschichtliche Studien sicher nicht verzichten, wenn sie wissenschaftliche Geltung beanspruchen wollen; sollten in frauengeschichtlichen Arbeiten aber neue erfolgversprechende Methoden gefunden oder entwikkelt werden (was ich bisher nicht sehe), wird man sie auch dankbar in anderen Bereichen der Sozialgeschichte zur Kenntnis nehmen und erproben.

Wie aber sonst ließe sich eine Forschungs- und Studienrichtung als »eigenständige Disziplin« begründen, wenn nicht durch ihre spezifischen Inhalte und/oder spezifischen Methoden? Doch nicht durch besondere Erkenntnisinteressen und Vorverständnisse, denn Differenzen in diesen Hinsichten schließen keineswegs aus, zu ein und derselben Wissenschaftlergemeinschaft zu gehören! Vielmehr lebt die Geschichtswissenschaft teilweise geradezu davon, daß verschiedene Erkenntnisinteressen und Vorverständnisse in sie eingebracht werden.[4]

Es ist andererseits auch nicht nötig, daß frauengeschichtliche Studien außerhalb der allgemeinen Sozialgeschichte betrieben werden. Diese hat viele Strömungen und Schattierungen. Sie ist breit oder doch dehnbar genug, sich durch frauengeschichtliche Fragestellungen, Forschungen und Ergebnisse stärker als bisher anzureichern. Einen Paradigmawechsel braucht man dazu nicht, wohl aber überzeugende frauengeschichtliche Studien.

Wie wichtig war und ist der Unterschied zwischen Männern und Frauen im Vergleich zum Unterschied zwischen Klassen und Schichten bzw. sozialökonomischen Unterschieden überhaupt, was die Verteilung der Lebenschancen und -risiken, die Prägung von Erfahrungen und Bewußtsein, die Strukturierung kollektiven Handelns etc. angeht? A.Kuhn ist wie andere Fürsprecherinnen einer »autonomen« Frauengeschichtsforschung von der Übergewichtigkeit des Geschlechterunterschieds überzeugt. Ich halte diesen nur für einen sozial relevanten Unterschied, für eine Dimension sozialer Ungleichheit, für ein Spannungsverhältnis neben anderen, meist weniger gewichtig als sozialökonomische, nationale oder auch konfessionelle Trennungslinien. Aber das ist keine Frage des Glaubens und auch nicht nur eine Frage der persönlichen Erfahrung (durch die wir uns unterscheiden mögen), sondern auch eine empirisch diskutierbare und insofern lösbare Frage, auf die es überdies in verschiedenen historischen Situationen verschieden nuancierte Antworten geben dürfte. Man kann sich Forschungen vorstellen, die mit Bezug auf eine bestimmte Zeit und bestimmte Wirklichkeitsbereiche dieser Frage nachgehen, und man sollte solche Forschungen stärker betreiben, wie es auch A. Kuhn will. Man kann sie aber nur betreiben, wenn man die Geschlechterdifferenz nicht aus dem Zusammenhang der allgemeinen Sozialgeschichte herauslöst, sondern als Teil von dieser untersucht. Am Beispiel: Wie wichtig 1850–1900 der Mann-Frau-Unterschied für Situation, Leben, Erfahrungen, Bewußtsein, kollektives Verhalten etc. der Menschen in Deutschland war, kann man empirisch nur untersuchen, wenn man zugleich mitprüft, wie prägend der Unterschied zwischen Lohnarbeitern und Bürgern für Situation, Leben, Erfahrung, Bewußtsein, kollektives Verhalten etc. war. Durch solche Forschungen kann die allgemeine Sozialgeschichte nur gewinnen, und natürlich ist in ihr für solche Forschungen Platz. Wenn dagegen die Bedeutung des Geschlechterunterschieds zum Gegenstand einer eigenständigen (»autonomen«) Disziplin (»historische Frauenforschung«) gemacht wird, kann das *relative* Gewicht dieses Unterschieds nicht hinreichend bestimmt werden. Seine Übergewichtigkeit würde dann vorweg unterstellt statt empirisch überprüft.

Tradition und Emanzipation

Die frühe deutsche Arbeiterbewegung

Tradition und Moderne

Seit einigen Jahren wird das Verhältnis von Tradition und Moderne intensiv diskutiert und allmählich neu bestimmt. In dem Maß, in dem Modernisierungskritik und Fortschrittsskepsis das intellektuelle Klima prägten, fand oftmals eine gewisse Aufwertung der Tradition statt. Je mehr die Deutungen der Gegenwart vom Eindruck des schnellen, sich beschleunigenden und bedrohlich verselbständigenden Wandels getragen wurden, desto häufiger kam es zur Suche nach Widerlagern. Sie meint man in der Besinnung auf die Tradition zu finden. Spricht man über den Nutzen der Historie für das Leben (oder die gesellschaftlichen Funktionen der Geschichtswissenschaft), so steht gegenwärtig ihre identitätsstärkende, identitätsbildende Leistung obenan, während andere ihrer Möglichkeiten – Aufklärung, Kritik, Beiträge zur Emanzipation – eher beiläufig Erwähnung finden, ganz anders als vor ein bis zwei Jahrzehnten. Das »Projekt der Moderne« findet sich vielfach in Zweifel gezogen, und das führt nicht nur zum Interesse an einer wie immer im einzelnen zu beschreibenden »Postmoderne«, sondern auch zum freundlicheren Blick auf die Tradition.[1]

Hier ist nicht der Ort, um diesen allgemeinen Eindruck, wie eigentlich nötig, zu differenzieren. Auch kann hier nicht die angedeutete Veränderung des »Zeitgeistes« auf Ursachen und Folgen, Berechtigung, Blindstellen und Gefahren hin diskutiert werden. Es ist hier noch nicht einmal möglich, die vielfältigen Auswirkungen dieser Änderung in der intellektuellen Großwetterlage auf die Geschichtswissenschaft allgemein zu diskutieren, obwohl es viele solcher Auswirkungen gibt: von der alltagsgeschichtlichen Hochschätzung vorindustrieller Volkskultur und der Interpretation der Modernisierung im Sinne von Verlust und Disziplinierung bis hin zur großen Skepsis gegenüber lange akzeptierten Versuchen, spezifische Probleme der jüngeren deutschen Geschichte (z.B. Strukturprobleme des Kaiserreichs oder Aufstiegsbedingungen des Nationalsozialismus) dem zähen Weiterleben vorindustrieller Traditionen, Strukturen, Machtgruppen und Werte zuzurechnen.[2]

Vielmehr geht es im folgenden um einige Veränderungen unseres Bildes von der frühen deutschen Arbeiterbewegung, die sich im Zusammenhang der angedeuteten intellektuellen Akzentverschiebungen, aber auch als Folge neuer empirischer Ergebnisse vollziehen. An diesem Beispiel sollte es möglich sein zu zeigen, daß auch diesmal grundsätzliche Akzentverschiebungen im Bewußtsein, in den Vorurteilen und in den Erkenntnisinteressen der Gegenwart neue Fragen an die Vergangenheit provozieren und damit wissenschaftlichen Fortschritt ermöglichen. Andererseits wird sich zeigen, daß der Gegenstand – die frühe Arbeiterbewegung – sich gegen eine wirklich radikale Umdeutung unter den neuen modernisierungskritischen Fragestellungen sperrt. Ob dies auch auf Grenzen der derzeit weitverbreiteten zivilisationskritischen, modernisierungsskeptischen Sichtweisen verweist, kann hier nicht weiter untersucht werden.

Auf diesem hier nur angedeuteten, grundsätzlichen Hintergrund geht es im folgenden zum einen um die Bedeutung bestimmter vorindustrieller gewerblicher Traditionen (vor allem des Handwerks) für die frühe Arbeiterbewegung und damit um die Frage nach Kontinuität und Diskontinuität zwischen der vorindustriellen Zeit und der Epoche der Industrialisierung. Zum andern geht es um das Verhältnis der frühen Arbeiterbewegung zur Modernisierung. Drückte sie, ohne es zu sagen und vielleicht gar zu wissen, letztlich den Protest der im Modernisierungsprozeß Unterliegenden, also der Opfer, aus? Oder war sie vielmehr ein Teil der sich gegen Widerstand durchsetzenden Moderne, und trug sie also bei, die traditionale Lebenswelt mit ihren Werten und Institutionen im Namen des Fortschritts und seiner Rationalität zu zerstören oder doch zu verändern? Und wie schätzt man das ein? Der Blick ist gerichtet auf den Zeitraum vom späten 18. Jahrhundert bis zur Mitte der 1870er Jahre als eine erste Phase der Industrialisierung in Deutschland zu einem gewissen Abschluß gekommen, die industrielle Entwicklung auf Dauer gestellt und eine, wenn auch noch sehr kleine, Arbeiterbewegung – als Gewerkschaftsbewegung und Arbeiterpartei – entstanden war.

Diese Fragen sollen im Hinblick auf das Verhältnis von handwerklicher Tradition und entstehender Arbeiterbewegung geklärt werden.[3] Daneben wird das Verhältnis von gewerblicher Heimarbeitstradition und Arbeiterbewegung gestreift. Auf andere Traditionen der frühen Arbeiterbewegung, etwa auf bäuerliche, konfessionelle oder landsmannschaftliche, wird nicht eingegangen, so wichtig diese auch sein mögen. Es sprechen mindestens drei Gründe dafür, das Verhältnis zwischen altem Handwerk (und Heimgewerbe) und entstehender Arbeiterbewegung besonders zu untersuchen, wenn man deren Ort im Rahmen der anfangs angedeuteten Grundsatzproblematik bestimmen will.

1. Zum Handwerk – Warenproduktion primär für den lokalen Markt, in relativ kleinen Betrieben ohne Maschinen und ohne viel Arbeitsteilung, unter Leitung des selbständigen Eigentümers, des Meisters, der selbst qualifizierte Handarbeit leistet, meist allein und manchmal zusammen mit wenigen, ihm im Rahmen von Recht und Gewohnheit weisungsunterworfenen Gesellen und Lehrlingen, meist in enger Verknüpfung mit Haushalt und Familie –, zum Handwerk in diesem Sinn[4] gehörten in der vorindustriellen Zeit des 18. Jahrhunderts mehr als die Hälfte der überhaupt gewerblich Beschäftigten. Etwas weniger als die Hälfte rechnet man als verlagsmäßig oder ähnlich abhängige Heimarbeiter. Dabei kann man diese wohl am ehesten durch ihre vielfältige Abhängigkeit vom Kaufmann-Verleger und damit durch ihre Einbindung in überlokale, überregionale, z. T. internationale Märkte von den Handwerkern im Vollsinn abgrenzen, so fließend die Übergänge mit fortschreitender Zeit wurden, da der (nicht genau bekannte) Anteil der zunftmäßigen Handwerker an allen Handwerkern rückläufig war, die verlagsmäßigen Abhängigkeiten schrittweise in große Handwerkerberufe (Schneider, Schuster z. B.) eindrangen und damit ein Teil der Handwerker den verlagsabhängigen Heimarbeitern ähnlicher wurde.[5] Zweifellos arbeitete noch um 1800 nur eine kleine Minderheit der überhaupt gewerblich Beschäftigten in den wenigen (zentralisierten) Manufakturen, frühen Fabriken oder Bergwerken.[6] Fragt man also nach vorindustriellen Traditionen im Gewerbe und nach ihrer Wirkung auf die entstehende Arbeiterbewegung, dann muß man schon aus quantitativen Gründen vor allem auf das Handwerk und daneben auf das Heimgewerbe blicken.

Dafür spricht auch die folgende Überlegung: Die große Mehrzahl der städtischen Handwerker und eine Minderheit der ländlichen gehörte in Deutschland jedenfalls bis zum Ende des 18. Jahrhunderts Zünften an. Vor allem das zünftige, aber in abgeschwächter Form auch das unzünftige Handwerk stellte mehr als nur eine kleingewerbliche Betriebsform dar. Es repräsentierte ein zeittypisches, ausstrahlungskräftiges Ensemble von Arbeits- und Lebensformen, von Bräuchen und Normen, von genossenschaftlichen Solidarstrukturen und spezifischen Konfliktformen im Rahmen rechtlich fixierter und traditional legitimierter Muster sozialer Ungleichheit – trotz vieler Erosionserscheinungen durchaus ein Teil der ständischen Welt ohne scharfe Ausdifferenzierung von Ökonomie und Familie, Moral und Politik, in klarem Unterschied zur Welt des Marktes, des Wachstums, der Klassen und der Staatsbürgergesellschaft späterer Jahrzehnte. Das alte Handwerk war ein ökonomisch-sozial-kulturelles Teilsystem, in dem man die vor-moderne Lebenswirklichkeit der »kleinen Leute« mindestens ebensogut, wenn natürlich auch anders, zu fassen bekommt wie in der häufiger studierten bäuerlich-kleinbäuerlichen Volkskultur.[7] Auch das vor allem im Textilbereich verbreitete und hier dominierende Heimgewerbe stellte mehr als eine Betriebsform dar. Obwohl in aller Regel unzünftig und also ohne rechtlich-ständische Abstützung, gehörten zum meist ländlichen (»protoindustriellen«) Heimgewerbe häufig auch bestimmte Familienformen und Lebensweisen, Mentalitäten und Protestformen, die es möglich erscheinen lassen, auch hierbei von einem ökonomisch-sozial-kulturellen Teilsystem zu sprechen, wenn auch in deutlich schwächerer Ausprägung als im Falle des Handwerks.[8]

2. Diese Traditionen ragten mitten in die Periode der entstehenden Arbeiterbewegung hinein, wenn auch allmählich abgeschwächt und sich allmählich ändernd. Bekanntlich hat die seit den 1840er Jahren richtig einsetzende Industrialisierung mit ihren Eisenbahnen, Dampfmaschinen und Fabriken, ihrem beschleunigten Wachstum und der beginnenden Verstädterung das Handwerk – einige Branchen ausgenommen – weder zerrieben noch allgemein zum Abstieg verurteilt. Zwar wurde die Abgrenzung zwischen Handwerk und sonstigen Gewerben schwieriger, zwar kam es zu gravierenden Verschiebungen innerhalb des Handwerks und zu neuen Abhängigkeiten vieler Handwerker von größeren Betrieben, Handelshäusern und neuen Formen des Verlags; zwar wuchs die Zahl der Handwerker langsamer als die

Zahl der großgewerblich Beschäftigten; aber sie wuchs eben und schrumpfte nicht. Um 1860 gab es in Preußen gut eine halbe Million Handwerksgesellen, ungefähr ebensoviel wie Fabrik- und Bergarbeiter zusammen. Die Zahl der Handwerksmeister, meistens Alleinmeister, war nur wenig kleiner. Anfang der 70er Jahre übertraf die Zahl der Arbeiter in Groß- und Mittelbetrieben (mit fünf Beschäftigten und mehr) die Zahl der in Kleinbetrieben tätigen Gesellen im Deutschen Reich nur etwa um ein Drittel.[9] Und was das verlagsmäßig organisierte Heimgewerbe betrifft, so gerieten große Teile davon (vor allem im Textilbereich) zwar spätestens in den 40er Jahren in eine schwere Krise, die vor allem aus der Überbevölkerung und der – zunächst ausländischen – Fabrikkonkurrenz resultierte; aber die Zahl und der Anteil der im Heimgewerbe Beschäftigten ging insgesamt vor 1850 nicht zurück. Und in Sachsen, dem Land mit dem höchsten gewerblichen Anteil und bald mit der am stärksten entwickelten Arbeiterbewegung, wuchs der Heimarbeiteranteil an allen Erwerbstätigen auch noch 1850, auf jeden Fall bis in die 60er, vielleicht bis in die 70er Jahre.[10]

Aber auch von den älteren Arbeits- und Lebensformen, den Einstellungen und Institutionen überlebte so manches, und zwar im deutschen Bereich – was das Handwerk betrifft – länger und anders als in England und Frankreich. Die korporativ-genossenschaftliche Zunfttradition, die Meister und Gesellen gegenüber den Kräften des Marktes ein Stück weit abfederte und ihr Verhältnis vom Lohnarbeitsverhältnis auf freier Vertragsbasis unterschied, dieses vor-kapitalistische, ständische Grundverhältnis war am Ende des 18. Jahrhunderts im durchkommerzialisierten England längst verschwunden. In Frankreich zerbrach es spätestens unter den Schlägen der Revolution.[11] Aber in großen Teilen Deutschlands bestand es fort, bzw. wurde es nach Abzug der napoleonischen Besatzung restauriert. Zwar wurde es verändert, geschwächt und vor allem obrigkeitsstaatlich überformt, aber das zünftige Handwerksrecht wich endgültig der Gewerbefreiheit erst in den 60er Jahren. Das gilt nicht für die linksrheinischen Gebiete und nur wenig für das wirtschaftsliberale Preußen (das gleichwohl 1845 und 1849, zuletzt als Antwort auf die Forderungen der Handwerker in der Revolution, wieder gewisse zünftische Elemente in seiner Gewerbeordnung verankerte), doch es galt für die meisten anderen deutschen Staaten, u. a. für die süddeutschen, für Sachsen und für Hamburg.[12] Im Unterschied zu England und Frankreich überlebte damit ein Stück der ständisch-feudalen Welt – und zwar auch im Gewerbe, nicht nur in der Landwirtschaft, auch institutionell, nicht nur in den Mentalitäten – bis auf den Höhepunkt der Industriellen Revolution und bis in die Gründungsphase der Arbeiterbewegung. Dies dürfte die wichtigste Ursache dafür sein, daß die Unterscheidung zwischen »Handwerk« und »Industrie« in Deutschland im Grunde bis heute sprachlich überdauert hat und ein Stück Realität auch in rechtlicher und verbandlicher Hinsicht geblieben ist, anders als jedenfalls in England und USA, anders wohl auch als in Frankreich.

Schließlich der dritte Grund für das besondere Interesse an der Handwerkstradition (und in zweiter Linie an der heimgewerblichen Tradition) im hier interessierenden Zusammenhang: Die Arbeiterbewegung, wie sie sich bis zur Mitte der 70er Jahre in ihrer Grundstruktur herausbildete, war ihrem *Anspruch* und ihren Bemühungen nach eine Klassenbewegung, in dem Sinn, daß sie zumindest und vor allem – die kleinen Meister und die kleinen Gehaltsempfänger sind ein Sonder- und Randproblem – alle lohnabhängigen Handarbeiter zu erreichen, zu mobilisieren und zu repräsentieren versuchte, einschließlich der großen Masse der ungelernten Tagelöhner und Handarbeiter, der landwirtschaftlichen Arbeiter und des Gesindes.[13] Zusammengefaßt und repräsentiert werden sollten alle, die als Lohnempfänger ohne (größeren) Produktionsmittelbesitz ihre Arbeitskraft marktmäßig zu verwerten hatten, wobei man unterstellte, daß eben diese gemeinsame Situation der Lohnabhängigkeit im Gegensatz zum Produktionsmittelbesitz im Prinzip und trotz vieler anderweitiger Unterschiede gemeinsame Interessen und langfristig wohl auch gemeinsame Erfahrungen und Einstellungen begründete.[14]

Faktisch aber war die Arbeiterbewegung des 19. Jahrhunderts eine Bewegung *gewerblicher* Arbeiter. Und in der Minderheit gewerblicher Arbeiter, die sich überhaupt für die Arbeiterbewegung in der einen oder anderen Form engagierten, stellten Handwerksgesellen und andere handwerklich geprägte Arbeiter die große Mehrheit. Ganz eindeutig galt das für die Bildungs-, Unterstützungs- und Auslandsvereine des Vormärz wie für die 1848 gegründete »Allgemeine Deutsche Arbeiterverbrüderung« und die vielen Proteste der Revolutionsjahre. Immer wieder werden Buchdrucker und Schriftsetzer, Schneider und Schuster, Tischler, Zimmerleute, Maurer und Textilhandwerker, zunehmend auch Metallhandwerker in den Quellen genannt.[15] Das gilt auch für die 50er und 60er Jahre.[16] In den Arbeiterparteien, Gewerkschaften und Streiks der 70er Jahre spielten neben den Arbeitern aus kleinen Betrieben bereits Arbeiter aus den Fabriken und dem Großgewerbe überhaupt eine beträchtliche, wenn auch immer noch minderheitliche Rolle; aber auch unter diesen dominierten meist die gelernten, handwerklich geprägten Arbeiter. Die Unterschiede verflossen ohnehin angesichts des häufigen Wechsels zwischen Handwerksbetrieb und Fabrik. Und die große Mehrzahl eines Querschnitts von Aktivmitgliedern und Führern der Gewerkschaften, Arbeitervereine und Arbeiterparteien der 60er und 70er Jahre stammten, ihrer sozialen Herkunft nach, aus dem Handwerksmilieu, daneben aus Familien kleiner Händler, Angestellten und Beamten, kaum aber aus dem bäuerlich-unterbäuerlich-landwirtschaftlichen Milieu (stark überproportional aus größeren Städten, stark unterproportional vom Land). Arbeiter landwirtschaftlich-ländlicher Herkunft stellten in den 70er Jahren weit mehr als die Hälfte der gewerblichen Arbeiterschaft – meist unter den Ungelernten –, aber nur einen verschwindenden Anteil unter den faßbaren Aktivmitgliedern der damaligen Arbeiterbewegung.[17] Dagegen ragten handwerkliche Traditionen unübersehbar in die frühe Arbeiterbewegung hinein.

Die herkömmliche Sicht: Diskontinuität

Trotzdem sind die Forschungen und vor allem die überblicksartigen Darstellungen zur Geschichte der Arbeiterbewegung lange Zeit von der Überzeugung eines tiefen Spalts, eines qualitativen Sprungs zwischen Handwerkertradition und Heimgewerbetradition einerseits, der Entwicklung von Arbeiterklasse und Arbeiterbewegung andererseits geprägt gewesen. Am deutlichsten war und ist das in der Geschichte der *Arbeiterparteien,* ihrer Programme, Ideologien und Politik. Nicht zu Unrecht wurde und wird betont, daß sich die radikal-oppositionelle Stoßrichtung der frühen sozialdemokratischen Arbeiterparteien – der Allgemeinen Deutschen Arbeiterverbrüderung, des Allgemeinen Deutschen Arbeitervereins (ADAV) und der Sozialdemokratischen Arbeiterpartei (SDAP) – nicht nur gegen den sich durchsetzenden Kapitalismus und gegen Aspekte der bürgerlichen Gesellschaft wandte, sondern auch gegen jede Restauration ständisch-zünftiger Verhältnisse. Diese Sichtweise entspricht dem Selbstverständnis der sozialdemokratischen Arbeiterbewegung spätestens seit den 1860er

Jahren, die sich bei aller Kritik am Kapitalismus doch nie gegen die Industrie, die Technik und die Industrialisierung als solche wandte. Weil sie sich für eine berufsübergreifende Lohnarbeitersolidarität einsetzte, wandte sie sich gegen den Berufspartikularismus und, wie es hieß, »verzopften« Berufsegoismus der alten Gesellenschaften und Zünfte. Man setzte sich für eine Überwindung der Handwerkstradition ein, zum Nutzen einer nachhandwerklichen Arbeiterbewegung.[18] Eine ähnliche Abwertung des nicht-zünftigen Heimgewerbes drückte sich in der frühen Arbeiterbewegung nicht aus, doch je eindeutiger sich diese auf den besitzlosen Lohnarbeiter mit Klassensolidarität stiftenden Arbeitserfahrungen einstellte, desto weniger konnte sie die vereinzelt arbeitenden, eigene Werkzeuge besitzenden, sich sehr oft als »Handwerker« fühlenden Heimarbeiter als ihre Hauptzielgruppe verstehen, erst recht nicht in späteren Jahrzehnten, als die Heimarbeiter tatsächlich zur Randerscheinung wurden und die Arbeiterbewegung im großen und ganzen zur Fabrikarbeiterbewegung. Diese Sichtweisen prägen den größten Teil der Geschichtsschreibung über die politische Arbeiterbewegung bis heute.[19]

Etwas weniger eindeutig ist das Bild, wenn man auf die ältere Historiographie zur frühen *Gewerkschaftsbewegung* blickt. Denn hier war ja nicht zu übersehen, daß die frühen Gewerkschaften aus *Berufs*verbänden bestanden, wie die älteren Gesellenorganisationen auch. Die meist von gewerkschaftsnahen Autoren geschriebenen Einzelgewerkschaftsgeschichten, die zahlreich nach 1900 entstanden, ließen die Frühgeschichte ihrer Verbände nicht selten in der Zunftgeschichte des jeweiligen Berufs beginnen. Aber durchweg betonten sie dann als Entwicklungsbruch und fortschrittlichen Neuanfang, was in der Regel in den 60er und 70er Jahren geschah: die Gründung der eigentlichen Gewerkschaften unter neuen rechtlichen Bedingungen und oft auch unter dem Einfluß der Arbeiterparteien. Die Literatur betonte, was die neuen Gewerkschaften seit den 60er Jahren von den alten Gesellenschaften unterschied: ihre Nähe zu den politischen Parteien und deren Programmen sowie die frühe Gliederung der Gewerkschaftsbewegung nach parteipolitischen Sympathien oder Zugehörigkeiten; das Fehlen eines organisatorischen Zusammenhangs mit Meister- oder Arbeitgeberverbänden, wohingegen die Gesellenschaften ja meist Teile der Zünfte gewesen waren; die nunmehr freiwillige Mitgliedschaft. Man betonte, und das entsprach wohl dem Selbstverständnis der Gewerkschaften, je später desto klarer, was Handwerkstradition und Gewerkschaftsbewegung trennte. Auch zur Geschichte der Heimgewerbe hielt die Gewerkschaftsgeschichte Distanz, aus ähnlichen Gründen wie die Geschichtsschreibung über Arbeiterparteien und vielleicht auch, weil die dezentralisiert arbeitenden Heimarbeiter nicht zu Unrecht als gewerkschaftlich schwer organisierbar galten.[20]

Überhaupt ist die Arbeitergeschichte herkömmlicherweise eher getrennt von der Handwerksgeschichte betrieben worden. Wie den Zeitgenossen des zweiten Jahrhundertdrittels die zunächst gar nicht so zahlreichen Fabriken als das eigentlich Kennzeichnende und Neue der Industrialisierung erschienen, so sah Karl Marx das entstehende *Industrie*proletariat, sozial wie politisch, als den Kern der entstehenden Arbeiterklasse an, so klein dieses Industrieproletariat im Vergleich zu den kleinbetrieblich arbeitenden Gesellen, den Heimarbeitern und den vielen Tagelöhnern auch war.[21] »Die moderne Arbeiterklasse ist das Produkt der Maschine«, schrieb Jürgen Kuczynski. Die DDR-marxistische Arbeitergeschichte ist dieser Sicht lange im großen und ganzen gefolgt.[22] Die sozialen Charaktere des Handwerksmeisters und des -gesellen sind in dieser Sichtweise transitorische Randphänomene, die vor allem dann bemüht werden, wenn erklärt werden soll, warum die entstehende Arbeiterschaft sich nicht klassenbewußter, nicht radikaler verhielt, als sie es tat. Die nicht-marxistische Arbeitergeschichte zeigte zwar mehr Aufmerksamkeit für die Übergänge zwischen Gesellen und Lohnarbeitern, doch auch sie interessierte sich mehr für den durch Industrialisierung, großbetriebliche Arbeitsteilung, Maschinen und Marktabhängigkeit geprägten Fabrikarbeiter (kaum aber für den Übergang vom Kleinmeister oder vom Heimgewerbetreibenden zum Lohnarbeiter). Wie sich seit 1848, spätestens aber seit den 1860er Jahren, Handwerkerbewegung und Arbeiterbewegung getrennt voneinander entwickelten und, begriffsgeschichtlich, »Handwerker« und »Arbeiter« auseinanderdrifteten, so spielte es sich in der Praxis der Forschung ein, daß Handwerkergeschichte und Arbeitergeschichte in der Regel in die Zuständigkeit verschiedener Wissenschaftler, Wissenschaftlergruppen und Förderungsinstitutionen fielen.[23]

Doch die Situation ist dabei, sich zu ändern, die Sichtweisen verschieben sich z.T. als Folge der anfangs zitierten Akzentverlagerungen im intellektuellen Klima. Mit dem vorindustriellen »Volk«, mit den »kleinen Leuten« der Vor-Moderne, wird auch das alte Handwerk erneut interessant. Seine Traditionen und Bräuche stoßen auf wachsende Aufmerksamkeit, seine vormarktwirtschaftliche Ehrbarkeit und Subsistenzmentalität, seine vor-kapitalistische »moral economy« (E. P. Thompson), die noch keine scharfe Trennung zwischen moralischen Normen und wirtschaftlicher Rationalität zu akzeptieren bereit war und z.B. fluktuierende Marktpreise im Namen einer Vorstellung vom »gerechten Preis« kritisierte.[24] Was manche Historiker noch vor einigen Jahren als »rückwärtsgewandt« qualifizierten, findet heute verständnisvolles Interesse und wird auf seine »innere Logik« abgeklopft. Die Analyse symbolischer Handlungen ist für die Sozial- und Kulturgeschichte neu entdeckt und auch auf die Rituale der Gesellen angewandt worden.[25] Während sich die wirtschafts- und sozialhistorische Forschung häufig auf die Industrialisierung, die Frühindustrialisierung und die Industrielle Revolution konzentrierte, findet seit einigen Jahren die Durchsetzung des vor-fabrikindustriellen Kapitalismus die ihm zustehende Aufmerksamkeit, die ihm übrigens bereits von Klassikern wie Marx und Weber, Schmoller und Sombart entgegengebracht worden war. Die noch anhaltende Diskussion über Proto-Industrialisierung hat dazu ebenso beigetragen wie die unter Wirtschaftshistorikern kurzlebige Debatte über »property rights«.[26] Vorindustriell-industrielle Kontinuitäten werden gesucht. Arbeiter- und Handwerkergeschichte rücken näher zusammen, z. T. unter dem Einfluß westeuropäischer – französischer und englischer – Forschungen.

So hat man für Frankreich gezeigt, wie eng Handwerkstradition und früher Sozialismus zusammenhingen. Es läßt sich im einzelnen nachweisen, daß vorkapitalistische, ständische Orientierungen – z.B. die Forderung nach dem »gerechten Preis« für das Produkt der eigenen Arbeit; der Anspruch auf Regelung der Arbeitsvorgänge nicht primär nach ökonomischen Rentabilitätserwägungen, sondern zumindest auch nach moralischen, von Herkommen und Übereinkunft bestimmten Kriterien; der Wunsch nach kollektiver Organisation des Arbeitsmarktes im Sinne der älteren Bruderschaften (compagnonnages) –, daß Einstellungen, Erwartungen und Normen dieser Art bei den französischen Gesellen und Gesellen-Arbeitern bis weit ins 19. Jahrhundert hinein eine große Rolle spielten, obwohl ja in Frankreich das alte zünftige Handwerk mit Revolution und Napoleon gründlicher untergegangen war als zu Beginn des 19. Jahrhunderts in Deutschland. Man hat gezeigt, wie sich diese an Handwerkstraditionen orientierten Bestrebungen französischer Gesellen und Arbeiter mit egalitär-emanzipatorischen Zielvorstellungen vermischten, die als Erbschaft der Revolution verbreitet waren und 1830 wie 1848 aktualisiert wurden. Und man hat herausgearbeitet, wie sich die sozialistische, insbesondere die genossenschaftssozialistische Kapitalismuskritik der von Gesellen-Arbeitern getragenen frühen französischen Arbeiterbewegung ideologie- und sprachgeschichtlich aus diesen beiden Wurzeln – handwerkliche Tradition und revolutionäres Erbe – speiste.[27]

Nun dürfte sich das alles diesseits des Rheins etwas anders abgespielt haben. Nicht nur fehlte es hier an der fortwirkenden Rhetorik und ideologischen Hinterlassenschaft einer großen Revolution, sondern die deutsche Zunfttradition war auch anders geprägt, stärker von den Meistern besetzt und obrigkeitsstaatlich überformt, deshalb und aus anderen Gründen für Gesellen und Arbeiter weniger attraktiv. Darauf ist noch zurückzukommen. Trotzdem kann man aus den genannten Forschungen über die französische Entwicklung ersehen, wie eng vorkapitalistisch-handwerklich geprägte Kapitalismuskritik und sozialistische Kapitalismuskritik im Gemenge liegen *konnten.* Offensichtlich war jedenfalls in den ersten Jahrzehnten des Industrialisierungszeitalters die »rückwärtsgewandte« Orientierung an der in Frage gestellten Tradition mit radikaler Zeitkritik und utopischer Zukunftserwartung durchaus zu vereinbaren.

Aus dieser Perspektive wird sehr begreiflich, warum noch ständisch geprägte, aber mit neuen, herausfordernden Erfahrungen konfrontierte Gesellen in den 30er und 40er Jahren den frühen Sozialismus und Kommunismus in den verschiedensten, teils auch christlich-messianischen Varianten attraktiv finden konnten.[28] Aus dieser Perspektive wird es auch nicht überraschen, wenn man entdeckt, daß die sozialistischen Parteien der 1860er und frühen 70er Jahre zunächst und vor allem bei eher herkömmlichen Arbeitertypen Fuß faßten, die sich in ihren herkömmlichen Lebens- und Arbeitsformen, Einstellungen und Werten durch neue Entwicklungen herausgefordert sahen. Dazu gehörten bekanntlich *zum einen* Gesellen solcher Sparten, die durch technischen Wandel, die Konkurrenz der Fabrik, die sich verschiebende Nachfrage und andere Veränderungen betroffen waren; sie befanden sich im Prozeß der Wandlung vom korporativ eingebundenen Handwerker zum kapitalistisch freigesetzten Lohnarbeiter, erlebten diesen Prozeß als Herausforderung und besaßen genügend Kraft, um sich gegen ihn zu artikulieren.[29] Als Gesellen-Arbeiter hat man diese Übergangsform zutreffend bezeichnet.[30] Dazu gehören *zum andern* auch formal selbständige, aber real abhängige Gewerbetreibende verschiedener Art: kleine Meister des städtischen Schneider- und Schuhmachergewerbes z. B., die in neue Formen des Verlags einbezogen wurden, in Abhängigkeit von »Magazinen« und Konfektionshäusern gerieten und dagegen – wie gegen ihre armseligen Verdienst- und Lebensverhältnisse – protestierten.[31] Aber auch die Heimarbeiter in gewerblich verdichteten ländlichen (»proto-industriellen«) Gewerben gehörten zum Rekrutierungsfeld der frühen Sozialdemokratie, soweit sie klar handwerklich geprägt waren und nicht (mehr) allzu stark in die agrarisch-ländliche Arbeits- und Lebenswelt eingefügt waren: also eher die Weber und Strumpfwirker um Glauchau-Meerane in Sachsen oder die dezentralisiert arbeitenden, verlagsmäßig organisierten Metallhandwerker in Solingen und Umgebung, weniger dagegen die teils Landwirtschaft treibenden, teils spinnenden und webenden Heuerlinge in den Dörfern um Bielefeld – um nur drei gut erforschte Beispiele zu nennen.[32] Es ist jüngst zu Recht wieder darauf hingewiesen worden, daß die entstehenden Arbeiterparteien in ihren ersten Jahren vor allem in alten, aber jetzt gefährdeten »protoindustriellen« Gebieten Resonanz fanden, so vor allem der ADAV im Bergischen Land und die Sächsische Volkspartei/SDAP in den sächsischen Textilgebieten.[33] »In den drei Wahlkreisen, wo Liebknecht, Bebel und Schraps [im Februar 1867 für den Norddeutschen Reichstag] kandidierten, rang die Hausindustrie ihren entsetzlichen Todeskampf mit der Maschinenarbeit.«[34]

Kein Zweifel, neben den noch wenig zahlreichen Arbeitern in Fabriken und großen städtischen Werkstätten stellten solche älteren, aber unter Druck geratenen bzw. in Wandlung befindlichen Kategorien von Arbeitern und Gewerbetreibenden den größten Teil der Anhängerschaft der frühen Sozialdemokratie. Zweifellos war jene frühe Arbeiterbewegung noch nicht, was sie später vor allem wurde: Fabrikarbeiterbewegung. Allerdings sind die Berufsbezeichnungen (etwa »Weber«) in den zeitgenössischen Mitglieder- und Delegiertenlisten oder in anderen Mitgliedschafts-, Wähler- und Sympathisantenbeschreibungen meist nicht trennscharf genug, um zu entscheiden, um welche Kategorie es sich handelte: um einen meisterabhängigen Handwerksgesellen, einen teilweise auf eigene Rechnung arbeitenden »selbständigen Gesellen«, einen handwerklich qualifizierten Arbeiter in einer frühen Fabrik, einen im Familienverband arbeitenden, verlagsabhängigen Heimweber oder einen unabhängigen Handwerksmeister, der vielleicht selbst Gesellen beschäftigte.

Geht man von diesem Sozialprofil der frühen Arbeiterbewegung aus und stellt man in Rechnung, daß jene Mischung von (handwerklicher, heimgewerblicher) Traditionsorientierung, radikaler Zeitkritik und utopischer Zukunftserwartung keineswegs selten war, dann ergibt sich auch eine angemessenere Interpretation der damaligen Produktivassoziationen. 1848/49 gab es in Deutschland wohl 50–100 und in den 1850er/60er Jahren mindestens 300 Produktivgenossenschaften, z.T. in enger Verbindung zur »Allgemeinen Deutschen Arbeiterverbrüderung« in der Revolution und dann zu den frühen Gewerkschaften und Arbeiterparteien, die erst seit den 70er Jahren ihre deutliche Skepsis gegenüber dieser Art genossenschaftlicher Selbsthilfe entwikkelten. In der Forschung ist dieser Zweig der frühen Arbeiterbewegung zumeist nicht besonders ernst genommen worden. Teils ist er als Ausdruck mangelnder Reife, teils als fehlgeleitetes, harmonistisches Alternativangebot von liberaler Seite mißverstanden worden. Die angedeutete Perspektivveränderung kann den Blick für die Tatsache öffnen, daß die Produktivgenossenschaften von den Meisterorganisationen zwar in der Regel abgelehnt wurden, aber für einen bestimmten, in der frühen Sozialdemokratie stark vertretenen Arbeitertypus zwischen Vollhandwerker und Lebenszeit-Lohnarbeiter – also für Gesellen, Kleinmeister, verlegte Handwerker und Heimarbeiter – sehr attraktiv gewesen sein müssen, attraktiver als reine Gewerkschaften, die schließlich auf der (mindestens mittelfristigen) Anerkennung des Lohnarbeiterstatus als Regelfall fußten. Produktivassoziationen – ganz im Einklang mit der zeitgenössischen Begeisterung für das Prinzip der »Assoziation« – boten den Mitgliedern engste Kooperation und gleichzeitig Vermeidung von Lohnabhängigkeit. Sie versprachen ihnen den »vollen Arbeitsertrag« und enthielten mitunter radikal-utopische, sozialreformerische Perspektiven, vor allem 1848/49. Wenn die Produktivgenossenschaft sicherlich auch nie eine leistungskräftige und überlebensfähige Langzeitalternative zur privatkapitalistischen Organisation der Industrialisierung gewesen ist, so gilt es doch, ein für zweieinhalb Jahrzehnte eminent wichtiges Phänomen genauer zu erforschen, das zeigt, wie sehr die frühe Arbeiterbewegung noch zwischen Handwerkstradition und Lohnarbeiterperspektive oszillierte.[35]

Schließlich liegt es nahe, das Marxsche Programm und seine gewisse Attraktivität in der frühen Arbeiterbewegung unter solchen Gesichtspunkten zu interpretieren. Denn zwar war Marx weit davon entfernt, die »große Industrie« als solche zu kritisieren und zu handwerklichen Arbeitsweisen zurückkehren zu wollen. Er setzte auf den technisch-industriellen Fortschritt, zunehmende Naturbeherrschung und dadurch ermöglichte Emanzipation. Seine Theorien haben insofern viel mit Modernisierungstheorien gemeinsam. Aber hinter seiner Kritik an Kapitalismus und entfremdeter Arbeit, an der »unsichtbaren Hand« des Marktes und an der Verselbständigung des ökonomischen Teilsystems aus moralisch-politischen Bindungen stehen vielleicht in höherem Maße, als man sich üblicherweise klar macht, vorindustriekapitalistische Maßstäbe und Ideale, Ideale nicht-entfremdeter Arbeit ohne Marktvermittlung, Vorstellungen einer »moral economy«, politisch gewendet.[36]

Anders stellt sich der Zusammenhang zwischen Handwerkstradition und Arbeiterbewegung in der Frühgeschichte der Gewerkschaften dar, nachdem die jüngere Forschung zutage gefördert hat, daß die Gewerkschaften der 60er Jahre doch wohl in geringerem Maße Schöpfungen der Parteien waren, als eine parteizentrierte Geschichtsschreibung es lange annahm.[37] In einigen Fällen – und vielleicht entdeckt man noch weitere – ist bekannt geworden, daß Berufsgewerkschaften der 60er Jahre direkt aus Gesellenorganisationen hervorgingen, die behördlich geduldet worden waren. In solchen Fällen wurden aus den Laden, den Wander- und Krankenkassen der Gesellen gewerkschaftliche Unterstützungs- und Streikkassen. Die Herberge wurde zum Gewerkschaftslokal. Mit den Fahnen und Zeichen der Gesellen wurden ihre Geselligkeitsformen in die Gewerkschaft übernommen – ein ganz fließender Übergang, der vor allem für das industriearme Hamburg nachgewiesen wurde, das die Zünfte und Gesellenbrüderschaften bis 1864 gesetzlich festschrieb.[38]

Meist allerdings eigneten sich die Gesellenorganisationen, falls sie in den 60er Jahren überhaupt noch bestanden, nicht zur Umwandlung in eine streikbereite Gewerkschaft mit offener Mitgliedschaft. Zu eng waren oft ihre Zuständigkeiten beschnitten und auf die Wahrnehmung von Kassenfunktionen beschränkt, zu klar wurden sie oft von den Kommunalbehörden und vor allem von den Meisterorganisationen kontrolliert. Lokale Gewerkschaften entstanden deshalb oft neben ihnen: sie unterwanderten bestehende Kassenorganisationen und traten mit ihnen in Konkurrenz, fanden sich behindert durch die Existenz dieser behördlich kontrollierten Kassen. Doch auch dann stellten die vorhandenen Gesellenorganisationen manchmal Kommunikationsbeziehungen und Solidaritätspotentiale bereit, die die Gründung der neuen Organisationen – auf beruflicher Basis natürlich – erleichterten. Anreisende Gewerkschaftsagitatoren mochten zunächst an den Altgesellen schreiben und versuchen, sein Adressenbuch zur Einberufung einer ersten Versammlung zu benutzen.[39]

Aber auch wenn man, wie meistens, nicht auf die Unterstützung bestehender Gesellenorganisationen rechnen konnte; wenn sie der staatlichen Unterdrückungspolitik zu Beginn des Jahrhunderts, im Vormärz und wieder in den 50er Jahren zum Opfer gefallen waren; wenn sie dem Markt- und Bevölkerungsdruck nicht standgehalten hatten; wenn also die Organisationen der neu entstehenden Arbeiterbewegung – und das war wohl die Regel – überhaupt nicht auf Gesellenorganisationen aufbauen konnten, weil es keine gab oder weil sie von der staatlichen Obrigkeit und den Zünften effektiv kontrolliert bzw. auf Krankenkassenfunktionen beschränkt wurden, selbst dann erwiesen sich häufig handwerkliche Traditionen als hilfreich für die Entstehung der Arbeiterbewegung. Denn auch ohne formelle Organisation hielten sich unter den Zimmerern und Maurern, den Schneidern und Schustern gemeinsame Erfahrungen und Normen, die durch ähnliche Arbeit, bei Gelegenheit des Wanderns und auf den Herbergen immer neu befestigt wurden. Es waren Vorstellungen von ehrbarer Arbeit und auskömmlicher Nahrung, wenig arbeitsteiliger Tätigkeit und herkömmlichen Rechten, Vorstellungen also, die zunehmend in Konflikt mit den Realitäten und Anforderungen der sich durchsetzenden Marktwirtschaft, der Industrialisierung und der sich intensivierenden staatlichen Herrschaft gerieten. Man denke an die Abneigung der wandernden Gesellen gegen Wanderpässe und obrigkeitliche Kontrollen anderer Art, an die Abwehrhaltung der Weber, Schneider und Schuster gegenüber den Kaufleuten, Verlegern und Magazinen, von denen sie – in diesem Fall Gesellen und Meister zusammen – zunehmend abhängig wurden. Man denke an die Verteidigung des »blauen

Montags« gegen verschärfte Zeitdisziplin oder an die vielfach bezeugte Abneigung von Gesellen, arbeitsteilig, zusammen mit Ungelernten oder Frauen in Fabrikwerkstätten zu arbeiten und sich neuen Lohnformen anzubequemen.[40]

Nimmt man all dies zusammen: die Verknüpfung von Traditionsorientierung, Zeitkritik und radikalen Zukunftserwartungen in den Produktivassoziationen, im frühen Sozialismus, im Marxismus und anderswo; die herkömmlich-modern durchmischte soziale Basis der frühen Sozialdemokratie, in der dekorporierte Handwerksgesellen, Kleinmeister und Heimgewerbetreibende unter Druck eine sehr große Rolle spielten; schließlich die vielfältigen Verbindungen zwischen Handwerkstradition und entstehenden Gewerkschaften – dann verändert sich das Bild der frühen Arbeiterbewegung: Es war offenbar nicht nur, ja vielleicht nicht einmal vornehmlich der Gegensatz zwischen Kapital und Arbeit, wie Marx ihn analysierte und wie man ihn in der Arbeiterbewegung beschwor, sondern ebensosehr der Zusammenprall zwischen herkömmlich-handwerklicher bzw. herkömmlich-heimgewerblicher Lebenswelt und der entstehenden Welt des Kapitalismus, der Industrialisierung und der Bürokratien, also der Zusammenprall zwischen Tradition und Modernisierung, aus dem Reibungen, Enttäuschungen und Protestpotentiale hervorgingen, die zur Entstehung der frühen Arbeiterbewegung beitrugen. Handwerkergeschichte und Arbeiterbewegungsgeschichte rücken damit enger aneinander. Herkömmlicherweise wurde der Spalt, die Diskontinuität zwischen Handwerkstradition und Arbeiterbewegung betont und die Arbeiterbewegung als vorwärtsgerichtete Emanzipationsbewegung, ob revolutionär oder nicht, als Teil des von ihr miterkämpften Fortschritts verstanden. Im Licht der hier vorgetragenen Ergebnisse wird die Kontinuität zwischen Handwerkstradition und Arbeiterbewegung betont, und im Endeffekt erscheint dann die frühe Arbeiterbewegung als eine wesentlich defensive, aus dem Widerstand gegen die Modernisierung lebende Protestbewegung. Das paßt in die anfangs skizzierte Stimmungslage hinein. Es rückt die frühe Arbeiterbewegung, strukturell gesehen, in die Nähe späterer Mittelstandsbewegungen, die oft als antimodernistische Protestbewegungen analysiert worden sind.[41] Diese standen allerdings politisch meist unter »rechtem« Vorzeichen. Aber warum soll sich eine wesentlich defensive Protesthaltung nicht auch hinter politisch »linken« Denk- und Sprechfiguren verstecken können?[42] Rückwärts gewandte Traditionsbindung kann offenbar unter den besonderen Bedingungen einer dazu geeigneten Herausforderung geradezu radikale, in die Zukunft weisende Bewegungsenergien erzeugen oder doch deren Mobilisierung befördern. Sicherlich werden im Licht der vorgetragenen Argumente und geschilderten Beispiele Triebkräfte der frühen Arbeiterbewegung sichtbar, die ihr selbst kaum bewußt waren, ihrem Selbstverständnis nicht entsprachen und in der Literatur oft vernachlässigt worden sind.

Grenzen der Revision

Aber das Argument läßt sich schnell übertreiben. Es kann nur eine ergänzende Stellung beanspruchen. Denn es gab auch gewichtige Spannungen und Brüche zwischen Handwerkstradition und Arbeiterbewegung. Und diese war von Anfang an sehr viel mehr als eine defensive Protestbewegung gegen bedrohliche Modernisierung. Im folgenden seien einige Überlegungen und Belege zusammengestellt, die dies erläutern.

1. Soweit sich die Führer der frühen Arbeiterbewegung als Repräsentanten und Initiatoren einer entstehenden *Klassen*bewegung fühlten, hatten sie durchaus Grund, mißtrauisch auf die handwerklichen Identifikationen der von ihnen umworbenen Gesellen-Arbeiter, Heimgewerbetreibenden, gelernten Fabrikarbeiter und ggf. auch Kleinmeister zu blicken. Abschätzig sprachen sie von »Zünftelei« und vermieden sogar zunächst das Wort »Gewerkschaft«, da es zu berufsbezogen, zünftig verzopft und partikularistisch klang.[43]

Zweifellos waren die herkömmlichen, handwerklichen Loyalitäten primär berufsbezogen und konkurrierten insofern mit überberuflichen Klassenloyalitäten. Die Beispiele sind Legion, die zeigen, daß das beruflich-berufsständische Selbstverständnis von Buchdruckern, Messerschleifern, Schiffszimmerern etc. zwar ihren Zusammenhalt und ihre Protestfähigkeit im engeren Rahmen ihres jeweiligen Berufs stärkte, aber sie zugleich in der Zusammenarbeit mit anderen gelernten und ungelernten Arbeitern hinderte. Und die Autonomiebestrebungen handwerklich geprägter Arbeiter wandten sich nicht nur – zwecks selbstbestimmter Kontrolle über die Arbeitsvollzüge – gegen die Herrschafts- und Rationalisierungsansprüche der Unternehmer, sondern eben auch – exklusiv-monopolisierend – gegen andere Arbeiter, Ungelernte und Frauen zumal. Soweit die Arbeitsmärkte noch eindeutig beruflich strukturiert und großbetriebliche Arbeitsverhältnisse noch selten waren, mochte solch eine berufspartikulare Interessenpolitik durchaus zum Nutzen der spezifischen Berufsgruppe ausschlagen, wie an den bis ins frühe 20. Jahrhundert zu verzeichnenden Erfolgen der Solinger Messerschleifer und ihrer zunftartigen »Gewerkschaften« kürzlich gezeigt worden ist und sicher auch an anderen Beispielen in Deutschland und vor allem in England gezeigt werden kann. Aber natürlich entsprach solche Partikularpolitik nicht übergreifenden Klasseninteressen, wie sie von den Sprechern der Arbeiterparteien oder Vertretern berufsübergreifender Gewerkschaften seit Beginn der Arbeiterbewegung formuliert worden sind.[44]

Und unmittelbar kontraproduktiv, auch für die so organisierte Berufsgruppe, konnten der handwerklich geprägte Berufsstolz und die daraus folgende exklusive Kohäsion im beruflichen Rahmen werden, wenn sie in großbetrieblichen Arbeitssituationen und auf überberuflich ausgeweiteten Arbeitsmärkten (Substitutionsmöglichkeiten, besonders nach der Zerlegung von Arbeitsvorgängen!) fortlebten. Agitatoren der frühen Arbeiterbewegung bemühten gern das Beispiel der Wagenfabrik, die neben Radmachern auch Schmiede, Schlosser, Lederarbeiter, Klempner, Lackierer usw. beschäftigte, um die Überholtheit rein beruflicher Interessenvertretung zu beweisen. »Im Fall die einen die Arbeit einstellen, können die andern nicht weiterarbeiten.«[45] Um 1870, in einer im übrigen noch vorwiegend handwerklich-kleinbetrieblich-heimgewerblich strukturierten Arbeitswelt, entsprach dieses Argument noch kaum den Arbeits- und Konflikterfahrungen der vielen. Überberufliche Solidarität war in jener frühen Zeit eher mit Appellen an die gemeinsamen Erfahrungen der Unterprivilegierung, Unterdrückung, Armut, Leistung und Abhängigkeit, wohl auch mit politischen und ideologischen Redefiguren zu wecken als mit einem instrumentell-zweckrationalen Argument der angeführten Art. Aber, je großbetrieblicher die Arbeitswelt wurde, desto mehr traf es zu. Hilflos und selbstzerstörerisch verhielten sich die hochqualifizierten und traditionsreichen Schiffszimmerer mit ihren berufsexklusiven Spezialgewerkschaften und ihrem hohen Organisationsgrad auf den zunehmend überberuflich strukturierten, zunehmend rationalisierenden Hamburger Werften im späten 19. Jahrhundert.[46] Auf dem starken Berufspartikularismus der Handwerker konnte die Arbeiterbewegung also nicht gebaut werden, *diese* Tradition mußte sie wenigstens zu modifizieren versuchen, wenn sie denn Arbeiterbewegung und nicht eine Summe von Berufsbewegungen sein wollte.

2. Obwohl modifizierte Reste der Zunfttradition in Deutschland länger und sichtbarer, rechtlich verfestigter und institutionell abgestützter weiterlebten als jedenfalls in Westeuropa (und natürlich auch als in den USA), konnten die entstehenden Gewerkschaften an diese Tradition kaum anknüpfen. Sie waren im Effekt weniger zunftähnlich als die englischen »trade unions«, als diese von deutschen Beobachtern um 1870 in Deutschland bekannt gemacht wurden. Zunftähnliche Praktiken der Arbeitsmarktkontrolle via Einfluß auf Lehre, Lehrlingszahl und Stellenvermittlung sowie mit Hilfe der Verpflichtung der Mitglieder auf bestimmte Arbeitsvollzüge bei Ablehnung anderer durch Mechanisierung und Zerlegung geforderter Tätigkeiten – all das spielte bei den deutschen Gewerkschaften im Unterschied zu den englischen nur ganz vereinzelt eine gewisse Rolle. Die enge Berufsbezogenheit der Organisationen war in England deutlicher ausgeprägt als in Deutschland.[47] Sicher lag dies zunächst einfach daran, daß die deutschen Gewerkschaften in jener Zeit – und auch später – unvergleichbar viel schwächer waren als die englischen.[48] Aber eben darin spiegelt sich zugleich der abruptere Traditionsbruch wider, der die deutsche Gewerkschaftsentwicklung von der älteren Zunft- und Gesellengeschichte viel deutlicher trennte, als dies in England der Fall war. Um dies zu verstehen, muß man bedenken, daß die zünftische Tradition in den meisten deutschen Staaten in asymmetrischer, die Meister vor den Gesellen privilegierender Form überlebte. Letztlich resultierte dies aus einseitigen obrigkeitsstaatlichen Eingriffen:

Seit dem mittleren 18. Jahrhundert trafen die Regulierungsanstrengungen der ihre Macht auch nach innen erweiternden monarchisch-bürokratischen Staaten die Brüderschaften (und die Freiheiten) der Gesellen viel härter als die Zünfte der Meister. Diese überlebten – als Innungen – die Reformen des frühen 19. Jahrhunderts oder wurden nach dem Ende der »Franzosenzeit« restituiert, wenn auch in modifizierter, in den Kompetenzen stark eingeschränkter, die Industrialisierung unter kapitalistischem Vorzeichen nicht allzu sehr behindernder Form – mit behördlicher Hilfe auch gegen die Kräfte des Marktes und der Überbevölkerung. Anders im Fall der Gesellenorganisationen. Hier verstärkten behördliche Disziplinierungsmaßnahmen jene Wirkungen, die ohnehin von der mit der Bevölkerung zunehmenden Unterbeschäftigung und der sich durchsetzenden Marktwirtschaft ausgingen und die Kassen, die Durchsetzungskraft und schließlich die Existenz der Gesellenschaften gefährdeten. Dies begann schon im 18. Jahrhundert. Im Vormärz und in der Reaktionszeit kamen dann wirtschaftsliberale Vorstellungen und politische Befürchtungen der Regierungen und ihrer Beamten dazu und führten entweder zur Unterdrückung oder zur engsten Kontrolle weiterlebender Gesellenschaften, wobei diese tunlichst auf Kassenfunktionen beschränkt werden sollten. Behördliche Überwachung traf die Gesellschaften viel effektiver als die einzelnen Gesellen, und auch die hatten in Deutschland ein in England undenkbares Maß an behördlicher Überwachung, zunehmend als Schikanen empfunden, zu ertragen (Visitationen, Wanderbücher etc.). Mit den Koalitionsverboten verschärfte sich diese Situation zwischen den 1840er und den 1860er Jahren. Der Obrigkeitsstaat half kräftig mit, den Gesellen kollektiv das Rückgrat zu brechen.[49]

Sicherlich variierte die Situation von Staat zu Staat; Hamburgs Gesetze erlaubten mehr Kontinuität als die preußischen. Auch von Beruf zu Beruf stellte sich die Situation anders dar: Bei den Buchdruckern, die sich traditionell als »freie Künstler« verstanden, spielten Gesellenorganisationen offenbar eine größere Rolle als bei klassischen Zunftberufen wie den Schneidern oder den Bäckern. Weitere Forschungen mögen Neues zutage fördern, z. B. mit Bezug auf die »geheimen Brüderschaften« des Vormärz. Behördliche Verbote, das ist bekannt, erwiesen sich damals sehr oft als ineffektiv. Aber sicher ist doch, daß die Gesellenschaften, soweit sie denn noch oder wieder in der Konstituierungsphase der Arbeiterbewegung von den 1840er bis in die 1870er Jahre existierten, äußerst schwache, funktionsarme, fremdbestimmte Gebilde waren, ohne die so zentralen Mittel zur Arbeitsmarktkontrolle wie Arbeitsnachweise, Lehrlingsausbildung und Tariffähigkeit. Trotz punktueller Streiks und Proteste, die es noch genauer zu untersuchen gilt, waren sie zu effektiven Boykotten längst nicht mehr in der Lage. Da war nicht viel, was die neuen Gewerkschaften hätten fortführen und woran sie hätten anknüpfen können. Und mit den Organisationen der Gesellen hatten auch ihre berufsspezifischen Traditionen gelitten. Immerhin fühlte sich Jacob Grimm schon 1813 bemüßigt, eine »recht genaue und sorgfältige Sammlung der Sprache, Lieder und Gewohnheiten der Handwerker« zu veröffentlichen, nachdem »das meiste davon aus dem eigentlichen Leben ausgetrieben worden ist«.[50]

Die Innungen überlebten, die Gesellenschaften nicht oder nur in verkrüppelter Form. Das hing auch mit dem staatlich gesetzten Handwerksrecht zusammen. Bei allen Variationen von Staat zu Staat räumte es doch generell den Meistern entscheidende Vorteile ein und privilegierte sie vor den Gesellen: bei der Kündigung z. B. Es übertrug ihnen die Organisation und Kontrolle der Arbeitsvermittlung (Arbeitsnachweise) und Lehrlingsausbildung. Es gewährte ihnen wichtige Aufsichts- und Kontrollbefugnisse: den einzelnen Meistern über die noch in ihrem Haushalt lebenden Lehrlinge und Gesellen, aber auch den Meisterzünften und -innungen über die Kassen der Gesellen und ihre Herbergen. Im Grunde verdankten die Zünfte ihren Fortbestand ebendiesen ihren Polizeifunktionen, auf die die Obrigkeiten in jenen zunehmend angespannten Jahrzehnten vor und nach der Revolution 1848/49 nicht verzichten zu können glaubten.[51] Unter solchen Bedingungen ist verständlich, daß sich die Sehnsucht der Gesellen nach Aufrechterhaltung oder gar Wiederverstärkung ständisch-zünftiger Regeln in Grenzen hielt. Sie waren zwar keine glühenden Bewunderer der sich durchsetzenden liberalkapitalistischen Marktwirtschaft, aber eben auch keine entschiedenen Verteidiger des alten vorkapitalistisch-vorindustriellen Systems, dessen Schattenseiten gerade sie nur allzu gut kannten. Eine nostalgische Idyllisierung der »guten, alten Zeit« lag ihnen vermutlich fern. Die »Dekorporierung« dürften die meisten von ihnen stärker als Emanzipation denn als Verlust erfahren haben.[52] Die ständisch-zünftige Tradition war in Deutschland stärker von den Meistern besetzt und hierarchisch durchformt als in Frankreich oder in England. Vor allem die Meister setzten sich für ihre Erhaltung oder Wiederverstärkung ein, wie sich spätestens 1848 in aller Öffentlichkeit zeigte.[53] So erweist sich die anti-zünftige, anti-ständische Stoßrichtung der entstehenden Arbeiterbewegung als sozialgeschichtlich durchaus konsequent.

Die rechtliche Fixierung sozialer Unterschiede war ein charakteristisches Merkmal der ständischen Gesellschaft Alteuropas gewesen. Dazu hatte die bis ins einzelne gehende rechtliche Fixierung des sozialen, ökonomischen und in der Lebensführung sich niederschlagenden Unterschieds zwischen Handwerksmeistern und -gesellen gehört. In Deutschland überlebte das zünftig geprägte Handwerksrecht das Ancien régime, wenn auch in modifizierter Form. Auch im 19. Jahrhundert war der Unterschied zwischen Meistern und Gesellen gleichzeitig ein rechtlicher. Entsprechend scharf war er markiert, viel schärfer als in England und viel schärfer, als es allein aufgrund verschiedenartiger ökonomischer Interessen und unterschiedlicher sozialer Erfahrungen zu erwarten gewesen wäre. Gegen allzu enge Kooperation von Meistern und Gesellen wurde behördlich Stellung genommen. Es gehe nicht an, so der Berliner Magistrat in einer Mahnung an die Schneiderinnung der Stadt 1854, »daß der Unterschied zwischen Meistern und Gesellen beseitigt [werde] und nur der Arbeiter zur Geltung komme, Gesellenschaft und Meisterschaft aber nicht mehr getrennt dastehen. Ein solches sociales Streben ist mit den gesetzlichen Bestimmungen unvereinbar ...«.[54] Die obrigkeitsstaatlich überformte, in gesetzlich festgeschriebener Form fortlebende ständische Tradition half also mit, den Unterschied zwischen formal selbständigen und formal unselbständigen Handwerkern zu zementieren und damit die sich herausbildende »Klassenlinie« zu verschärfen.[55]

So erklärt sich, daß ein kluger Beobachter wie der Statistiker und Sozialwissenschaftler Victor Böhmert 1858 feststellte, daß Klassenspannungen vor allem in »Gegenden mit alten Zunfteinrichtungen« anwüchsen.[56] So erklärt sich, daß Gesellen und Meister spätestens seit 1848 zu getrennten Organisationen tendierten, wobei die »itio in partes« auf dem Frankfurter Handwerkerkongreß im Sommer 1848 nur der spektakulärste und bestbekannte Einzelfall war.[57] Auch begriffsgeschichtlich schlug sich der Tatbestand nieder. Zwar gab es sprachliche Unsicherheiten, wenn die alten Begriffe nicht mehr auf die neue Wirklichkeit paßten.[58] Aber während im Englischen das Begriffspaar »master and men« auf die Unterscheidung zwischen größeren Meistern und Unternehmern als Arbeitgebern einerseits und Gesellen plus kleine, wenn auch formal selbständige Gewerbetreibende andererseits abhob, blieb es in Deutschland die Regel, sprachlich und kategorial (in Verordnungen, Statistiken, sozialtopographischen Beschreibungen etc.) alle Meister (einschließlich der keine Gesellen oder Gehilfen beschäftigenden Klein- oder Alleinmeister) zusammen mit Fabrikanten und Kaufleuten auf der einen Seite, die Gesellen aber, ggf. zusammen mit »Gehülfen« und Fabrikarbeitern, auf der anderen Seite einzuordnen.[59] Sicherlich spiegelt die soziale Begrifflichkeit Wahrnehmungsweisen und Deutungsmuster der Zeit; sie gibt Auskunft darüber, wie sich die soziale Welt in den Köpfen der Zeitgenossen abbildete.[60] Vermutlich indiziert der angedeutete Befund, daß sich viele der so zahlreichen Kleinmeister als von den auch formal unselbständigen Gesellen unterschieden verstanden (und umgekehrt). Zwar haben neue Forschungen überzeugend gezeigt, wie ähnlich die Situation der Kleinmeister und Gesellen im 19. Jahrhundert oft war. Ihr Einkommen war ungefähr gleich gering, ihr Lebensstandard ähnlich prekär, sie wohnten in denselben Quartieren und unter ähnlichen Wohnungsverhältnissen, sie glichen sich in ihren Arbeitserfahrungen, ihrer Herkunft und ihrem Lebenszuschnitt. Gemeinsam mochten Kleinmeister und Gesellen des Schneider-, Schreiner- und Schuhmachergewerbes schon im zweiten Drittel des 19. Jahrhunderts in den mittleren und größeren Städten auf das »Confectionsunwesen« schimpfen und ihre gemeinsame Abhängigkeit vom kapitalstarken »Magazin« beklagen. Auch mochten sie 1848/49 und in den 1860er Jahren gemeinsam den lokalen Demokratischen Verein unterstützen.[61]

Wenn dennoch die kleinen Meister, die den Statuten nach in der Regel Mitglieder der frühen Gewerkschaften werden konnten, diesen – abgesehen von einer sich verringernden kleinen Minderheit – meistens fernblieben, so hing dies außer mit sozialökonomischen Interessendivergenzen, die sich vor allem in Streiksituationen zeigten, auch mit jenem Unterschiedsbewußtsein zusammen, das an der Linie zwischen Gesellen und Meistern (nicht primär zwischen kapitalistischen Arbeitgebern und Gesellen/Kleinmeistern) differenzierte und letztlich ein Resultat ständischen Überhangs war. Wie es ein gewerkschaftlich engagierter Schuhmacher aus Berlin 1875 ausdrückte, als es um das Verhältnis von Kleinmeistern und Gesellen in diesem Gewerbe und um die lohndrückende Abhängigkeit der Handwerker von »Bazaren« und »Fabriken« ging: »... würden die Herren Kleinmeister mit den Gesellen Hand in Hand gehen, so wäre es überhaupt gar nicht möglich, daß die Großfabrikanten so viel Gesellen beschäftigen. Aber die Kleinmeister haben einen zu großen Dünkel auf dem Titel ›Meister‹, denn es wäre ja eine Schande, sich so weit herabzulassen, um mit den Gesellen gemeinschaftlich die Lage des Gewerbes zu besprechen.«[62]

In der Konsequenz entwickelten sich die deutschen Gewerkschaften relativ früh und schnell auf reine Arbeitnehmerorganisationen zu (wenn auch in den folgenden Jahrzehnten in den Sparten mit Kleinbetrieben immer auch ein Anteil Selbständiger unter den Mitgliedern zu finden war, oft ehemalige Gesellen und Arbeiter, die selbständig geworden waren und ihre Mitgliedschaft beibehalten hatten). Wiederum gilt: Die Art, in der die Zunfttradition in Deutschland fortexistierte, erschwerte den Anschluß der frühen Gewerkschaften an die Handwerkstradition.

3. Wie sehr sich schon die frühe Arbeiterbewegung aus der älteren Handwerkstradition gelöst hatte, zeigt sich recht eindrucksvoll, wenn man die sehr häufigen Handwerksgesellen-»Aufstände« des 18. Jahrhunderts mit den noch viel häufigeren Streiks gewerblicher Arbeiter in der Industriellen Revolution vergleicht. Den folgenden Ausführungen liegen systematische Erhebungen zu etwa 260 Gesellenaufständen in den letzten Jahrzehnten des 18. Jahrhunderts und zu etwa 1150 Streiks 1871–78 zugrunde.[63] Die älteren Gesellenaufstände und die neueren Streiks unterschieden sich nicht darin, daß diese rationaler geplant, weniger spontan, stärker mit Organisationen verknüpft und in der Regel erfolgreicher waren als jene. Auch die lokale Erstreckung der Konflikte nahm nicht eindeutig zu. Das stellt manche akzeptierte Aussage der historischen Protestforschung in Frage, doch ist dies hier nicht weiter zu verfolgen.[64] Nach Größe und Dauer, Form und Verteilung unterschieden sich die älteren Gesellenaufstände und die Streiks der ersten Industrialisierungsphase dagegen sehr, doch soll hier nur auf drei wesentliche Unterschiede verwiesen werden:

Zum einen unterschieden sich ältere Gesellenaufstände und spätere Streiks in dem Maß, in dem sie zu Regelverletzungen führten und die Obrigkeit involvierten. Während jeder fünfte oder sechste Gesellenaufstand zur Anwendung von Gewalt auf seiten der Gesellen führte, spielte Gewalt seitens der Streikenden in den 70er Jahren kaum eine Rolle. Bei den Konflikten des 18. Jahrhunderts kam es häufig zu Militäreinsätzen und Verhaftungen, in den 1860er/70er Jahren waren sie selten geworden. Jeder vierte Gesellenprotest des 18. Jahrhunderts richtete sich zumindestens auch gegen die Obrigkeit, in der Regel gegen den Magistrat. Als Konfliktgegner von Anfang an spielten die Behörden in den 70er Jahren dagegen kaum noch eine Rolle – kaum mehr und noch nicht wieder.

Vordergründig war dieser Wandel auf die Legalisierung von Gewerkschaften und Streiks in den 60er Jahren zurückzuführen.[65] Die Handwerksgesellenaufstände des späten 18. Jahrhunderts waren zwar häufig, aber verboten. Prinzipieller gewendet, reflektiert dieser Wandel im Charakter der Proteste die zunehmende Ausdifferenzierung der Teilsysteme Wirtschaft, Gesellschaft und Politik. Um 1870 waren Aktionen in einem dieser Bereiche möglich, ohne daß der andere sofort und direkt mit einbezogen wurde. Dagegen war ständisch-feudale

Wirklichkeit durch die relative Ungeschiedenheit ökonomischer, sozialer, kultureller und politischer Dimensionen definiert.[66] Vielleicht verweist diese Veränderung des Protestverhaltens aber auch auf einen sich ändernden Stellenwert von Gewalt. Die seinerzeit so häufige kleine Gewalt des Alltags – die blutigen Ausschreitungen, die gewalttätigen Spiele, die öffentliche Prügelstrafe, das Beobachten des Henkers – wurde seltener, die Gewaltschwelle rückte höher – dank sich durchsetzender Staatsbildung und veränderter Psychologie.

Der zweite grundsätzliche Unterschied zwischen den älteren Gesellenaufständen und den späteren Arbeiterstreiks: Nur in 2 % aller Fälle waren im 18. Jahrhundert Gesellen verschiedener Berufszugehörigkeit gemeinsam in den Ausstand getreten. In den 1870er Jahren stieg dieser Anteil immerhin auf 10 %, vor allem dank überberuflich zusammengesetzter Fabrikarbeiterstreiks. Im 18. Jahrhundert wurde Unterstützung für Streikende aus anderen Gewerben in 13 % der Fälle dokumentiert; dagegen fand in den 1870er Jahren jeder dritte Streik Unterstützung durch Organisationen, die – wie der ADAV und die SDAP – ihrerseits überberuflich strukturiert waren. Umgekehrt: Während wenigstens 16 % der Gesellenaufstände im 18. Jahrhundert von Meistern und ihren Zünften unterstützt worden waren, fanden die Streiks der 1870er Jahre nur im Ausnahmefall Unterstützung durch Arbeitgeber. Denn in den 1870er Jahren konzentrierten sich die Konflikte viel stärker als im 18. Jahrhundert auf Fragen, die mit Notwendigkeit zwischen Arbeitgebern und Arbeitnehmern kontrovers waren: vor allem auf marktbezogene Verteilungsfragen (Löhne und Arbeitszeit) und in zweiter Linie auf Herrschaftskonflikte (Kontrollen und Arbeitsordnungen in den Werkstätten z. B.). Dagegen konnten in Fragen der Ehre, der Sitten und der zünftigen Privilegien, die im 18. Jahrhundert häufig Gegenstand der Auseinandersetzungen waren, oft Gesellen und Meister derselben Meinung sein und an einem Strick ziehen.

Systematisch gewendet, verweist diese Veränderung im Charakter der Proteste auf ein gewisses Voranschreiten des Klassenbildungsprozesses: Die überberufliche Zusammenarbeit von Lohnabhängigen wurde häufiger, und die »Klassenlinie« strukturierte die Proteste nun klarer als zuvor. Dies ist ein Befund, der – allerdings nur der Tendenz nach und innerhalb enger Grenzen – auf die Arbeiterbewegung jener Jahre insgesamt zutrifft.[67] Hier zeigt sich ein zentraler Unterschied zwischen der entstehenden Arbeiterbewegung und dem alten Handwerk mit seiner streng berufsständischen Struktur und seinen stärker vertikalen, Gesellen und Meister verbindenden Loyalitäten. Die Gründe für diesen fundamentalen Strukturwandlungsprozeß, der die Arbeiterbewegung erst möglich machte, lassen sich kaum in wenigen Worten resümieren. Da spielten Veränderungen der immer öfter überberuflich strukturierten Arbeitsverhältnisse eine Rolle, die wachsende Arbeitsteilung und berufliche Differenzierung, am Rande auch die Maschinisierung, aber auch die sehr erfahrbare Herrschaft von Unternehmern und Kapitalbesitzern wie auch die Erfahrung der zunehmenden, lohnarbeitertypischen Abhängigkeit vom Markt und seinen Unsicherheiten. Fluktuation und Wanderungen nahmen zu, auf dem Hintergrund eines sich weiter beschleunigenden Bevölkerungswachstums. Manche staatlichen Eingriffe – z.B. die Einrichtung überberuflicher Kassen, als schikanös empfundene Kontrollen oder die Unterdrückung von Vereinen und kollektiven Aktionen – schwächten überkommene berufliche Identitäten und boten sicherlich ungewollt Gelegenheit zu überberuflichen, klassenspezifischen Erfahrungen.[68] Daß ständisch-zünftige Überhänge Klassenunterschiede verschärfen konnten, wurde oben erwähnt. All dies trug dazu bei, daß – der Tendenz nach – die gemeinsame Lohnabhängigkeit, relativ zur Berufszugehörigkeit, objektiv und subjektiv an Bedeutung gewann.

Schließlich unterschieden sich die älteren Gesellenproteste und die späteren Arbeiterstreiks in bezug auf die Forderungen der Streikenden, ihre manifesten Streikziele.[69] Nur ein Aspekt sei hervorgehoben: Die Aufstände des 18. Jahrhunderts hatten, soweit erkennbar, fast durchweg defensiven Charakter. Es ging den protestierenden Gesellen – vermutlich nicht nur rhetorisch, sondern als Sache der Überzeugung aus ihrer Perspektive – fast durchweg um die Wiederherstellung alter Rechte, um die Wiedergewinnung verlorenen Bodens, um Widerstand gegen Veränderungen, die von oben oder außen kamen, von den Behörden, der Inflation, den Kaufleuten, den Verlegern, den Meistern. Auch in den ländlich-landwirtschaftlichen Protesten (»Bauernunruhen«) des 17. und 18. Jahrhunderts herrschte diese subjektiv defensive Grundstimmung vor, wenn sie auch objektiv dynamisierend wirken konnten.[70] In den Jahren 1871 bis 1873 bezweckten dagegen – nach den erklärten Streikzielen zu urteilen – acht von zehn Streiks Verbesserungen der Löhne und Arbeitsverhältnisse oder erstrebten neue, z.B. gewerkschaftliche, Rechte. Selbst in den Krisenjahren 1874/75 war noch jeder zweite Streik in diesem Sinn offensiv.

Hier zeigt sich ein fundamentaler Unterschied zwischen der alten Handwerks- und Volkskultur einerseits, der entstehenden Lohnarbeiterklasse und ihrer Bewegung andererseits. Gesellen im Ausstand, empörte, sich zusammenrottende Bauern, Kleinbauern und Heimarbeiter, die Träger von frühneuzeitlichen Volksprotesten überhaupt, dürften in aller Regel von der Gerechtigkeit ihrer Sache zutiefst überzeugt gewesen sein. Fast immer war es eine Sache der Verteidigung, des Widerstands, der Zurückweisung neuer Zumutungen, jedenfalls subjektiv. Letztlich konservativ und traditionsgebunden wehrte man sich gegen eine Verschärfung der Frondienste, eine Erhöhung der Abgaben, die Individualisierung bisher kommunaler Besitz- und Verfügungsrechte, gegen die Einstellung unzünftiger Arbeiter durch einen innovationsfreudigen Meister, gegen die Erhöhung von Preisen oder die Beschneidung der Bruderschaftsautonomie. Die Initiative lag bei den andern: den Behörden, den Unternehmern, den Herren. Diese im Kern reaktiven Protestformen[71] lebten im 19. Jahrhundert weiter, auch noch sehr deutlich in der Arbeiterbewegung der 60er und 70er Jahre; vielerlei Mischformen tauchten auf.[72] Aber zwischen dem späten 18. Jahrhundert und den 1870er Jahren lernten Teile der Unterschicht, und vor allem eine Minderheit qualifizierter gewerblicher Arbeiter, Vorteile und Rechte zu fordern, die sie nie vorher gehabt hatten und auch nie vorher gehabt zu haben glaubten – wiederum besten Gewissens und mit dem Gefühl, für eine gerechte Sache einzutreten, vielleicht mit Berufung aufs Menschenrecht.[73] Diese neue Haltung prägte die Forderungen, die Programme und Aktionen der jungen Arbeiterbewegung mit, die sich damit von einer jahrhundertealten Tradition zu lösen begann. Sie war insofern keine defensive Protestbewegung, sondern eine offensive Emanzipationsbewegung, die den Fortschritt nicht bekämpfte, sondern ihren Teil daran einforderte und damit zu ihm beitrug. Allerdings stellte sie wohl eine kleine Insel im Meer einer vornehmlich traditional orientierten Unterschicht dar, besonders wenn man deren ländlichen Teil einschließt.[74]

Dieser Wandel reflektierte den Beginn einer Revolution der Ansprüche, die wie die meisten wichtigen Revolutionen schrittweise gekommen und zunächst auf eine Minderheit beschränkt war. Schon in den 1790er Jahren und in den ersten Jahren des 19. Jahrhunderts waren vereinzelt Ansätze dieses Bewußtseinswandels erkennbar, so in den gut untersuchten Bremer Gesellenaufständen und in den schlesischen Massenbewegungen der Zeit: Fernwirkungen der Großen Französischen Revolution, hohe Erwartungen im Anschluß an die Reformversprechen der Regierungen, erste Ansätze zur Politisierung.[75] Der Vormärz seit 1830 und die Revolution von 1848/49 brachten schnelle Schritte vorwärts auf diesem Weg.[76] Das Reichsgründungsjahrzehnt trieb die Politisierung des Volkes mit inhaltlich anderen Schwerpunkten voran.

Fortschrittsüberzeugungen verbreiteten sich aus dem Bürgertum in Teile der qualifizierten, vor allem städtischen Unterschicht hinein, über Bildungsvereine und Literatur vermittelt, über Kontakte mit Intellektuellen und absteigenden Absolventen der reformierten Universität, auf Wanderungen und Reisen teilweise ins Ausland, vielleicht sogar über die öffentlichen Volks- und Gewerbeschulen.[77] Gewichtig war die Rolle einiger Journalisten und Lehrer, der linken Bildungsbürger und kritischen Intellektuellen, des Linkshegelianismus und überhaupt der Geschichtsphilosophie in diesem Unterschichten-Bildungsprozeß, in dem die Momente der Emanzipation die der Disziplinierung überwogen: späte Folgen der Aufklärung in ihrer neuhumanistischen Form. Die »Kontaktstellen« zwischen Bürgern und Arbeitern müßten systematisch untersucht werden, um diesen Prozeß genauer zu begreifen.[78]

Diese oftmals radikalen, bürgerlichen Propagandisten des Fortschritts hätten jedoch Schiffbuch erlitten, wenn sie nicht an Fortschritts*erfahrungen* der Adressaten, der Gesellen und Arbeiter, hätten anknüpfen können. Sie sind noch schwerer zu rekonstruieren. Immerhin, der Wandel und die Wandelbarkeit der Verhältnisse, die häufigen Ab- und Aufstiege, Neuerungen unerhörter Art waren für jeden sichtbar und erfahrbar: von der partiellen Entmachtung der kirchlichen Institutionen und ihrer Vertreter zu Beginn des Jahrhunderts bis zur Entstehung des Reiches 1870/71, von den die Landschaft und das Zeitgefühl verändernden Eisenbahnen bis zur neuen Werkzeugmaschine, der sich der Fabrikarbeiter mit einer Mischung aus Mißtrauen und Interesse, Ablehnung und Stolz nähern mochte. Auch waren, als die Arbeiterbewegung endgültig entstand, die Jahre der allergrößten Not vorbei. Mit den Löhnen ging es allmählich aufwärts, bei riesiger und wohl zunehmender Ungleichheit. Bekanntlich waren es ja auch nie die Allerärmsten, die in der Arbeiterbewegung aktiv wurden, so sehr die Erfahrung realer und drohender Armut ein gemeinsames Merkmal der damaligen proletarischen Situation darstellte und Arbeiter verschiedenen Berufs zusammengeführt haben mag.[79]

Im Ergebnis: Es ist zweifellos wichtig, die traditionellen Wurzeln der modernen Arbeiterbewegung und ihre Kontinuität zum alten Handwerk und zu den Gesellen- und Volksbewegungen der vorindustriellen Zeit ernst zu nehmen. Hier hat die jüngere Forschung Fortschritte gemacht. Doch falsch wäre es, diese Neubewertung der Tradition zu übertreiben. Die deutsche Arbeiterbewegung entstand nicht primär als Fortsetzerin der hier behandelten Traditionen, sondern vor allem aus der Distanzierung zu ihnen. Auch in der hier allein behandelten frühen Phase stellte die Arbeiterbewegung nur zum kleinen Teil eine defensive Protestbewegung gegen Markt, Industrie und bürokratischen Staat dar. Vor allem war sie eine Bewegung der Emanzipation und des Kampfes für Fortschritt, wie sie ihn verstand, ein Produkt der Moderne, offensiv, anti-traditionalistisch und weit von zivilisationskritischer Verklärung der Vergangenheit entfernt. Zweifellos geriet sie damit in Distanz zu einigen populären Traditionen, herkömmlichen Einstellungen und verbreiteten Abwehrhaltungen der »kleinen Leute«: Weder verteidigte sie den »blauen Montag« noch den Maschinensturm, noch die gewaltsamen Tumulte gegen Bierpreiserhöhungen in süddeutschen Städten 1873.[80] Aber gleichzeitig muß sie verbreiteten Erfahrungen und Erwartungen der von ihr vertretenen Arbeiter entsprochen haben. Sonst wäre sie nicht zu der langfristig wachsenden, stabilen Massenbewegung geworden, die sie 1875 allerdings nur als Möglichkeit war.

Das Problem der Nation in der deutschen Geschichte 1870–1945

Fragestellung

James Sheehan hat in einem anregenden Artikel dazu aufgefordert, die Geschichte der Deutschen aus ihrer kleindeutsch-nationalstaatlichen Verengung zu befreien. Wenn im folgenden trotzdem vor allem über die politische Integration der Deutschen im Deutschen Reiche gesprochen wird, so mindestens aus zwei Gründen:

Erstens scheint Sheehans Vorschlag eher für die Zeit vor 1870 gedacht als für die Zeit seitdem. Denn zwischen 1870 und heute ist die Geschichte der deutschen Nation, wie immer man sie definiert, stark und zunehmend durch Erfahrungen geprägt, die mit ihrer Verstaatlichung in verschiedenen Staaten zu tun haben. Leicht hätte überdies eine Geschichte der Deutschen, die den Zeitraum 1870 bis 1945 behandelt und über Nationalstaatsgrenzen hinweg eine deutsche Kulturnation oder eine deutsche Sprachgemeinschaft zu ihrem Gegenstand machte, großdeutsche Implikationen, über deren Wünschbarkeit noch nachzudenken bleibt. Überdies: Wie würde man den Gegenstand einer solchen überstaatlichen Geschichte der Deutschen abgrenzen? Wer würde dazugehören und wer nicht: die Deutsch-Österreicher sicherlich, aber auch die Deutsch-Schweizer? – die Sudetendeutschen zweifellos, aber auch die Deutsch-Amerikaner?

Zweitens sollte man bedenken, daß die Aktualität des Generalthemas (»Die Rolle der Nation in der deutschen Geschichte«), unter dem auch die Ausführungen des folgenden Beitrages stehen, mit einer wiederbelebten politisch-publizistischen Diskussion über Nation, nationale Einheit und manchmal auch Wiedervereinigung zusammenhängt. In dieser Diskussion schwingt meist weiterhin der deutsche Nationalstaat kleindeutscher Prägung – in welchen Grenzen auch immer – als Maßstab und Perspektive mit. Wenn man als Historiker zu dieser Diskussion indirekt beitragen will, kann es weiterhin sinnvoll sein, über diesen Nationalstaat zu sprechen, ohne die nicht im Reich lebenden Deutschen ganz aus dem Auge zu verlieren.

Das Deutsche Reich von 1871 ist oft als unvollendeter Nationalstaat bezeichnet worden. Ohne daß die ganze Problematik, die hinter dieser Sprechweise liegt, jetzt aufgenommen werden könnte, möchte ich dem Satz für die Zeit unmittelbar nach der Reichsgründung zustimmen. Dieses Reich wies eine Reihe gravierender Unvollkommenheiten auf; man kann auch sagen: seine nationalstaatliche Integration wies eine Reihe von ins Gewicht fallenden Grenzen auf, die aus der Art seiner Entstehung resultierten. Vier davon sollen knapp aufgezählt werden:

1. Das Reich entstand als Zusammenfassung vorher existierender Einzelstaaten, die den inneren Staatsbildungsprozeß bereits vor ihrer Zusammenfassung weit vorangetrieben hatten. Damit hing zusammen, daß das Reich als Verwaltungseinheit Anfang der 70er Jahre so gut wie nicht existierte. Aber Verwaltung ist der Alltag der Politik. In Beziehung darauf war das Reich zunächst mehr eine gut vorbereitete Möglichkeit, aber noch kaum Realität.

2. Weite Kreise der Bevölkerung waren Anfang der 70er Jahre noch nicht in den reichsdeutschen Nationalstaat einbezogen. Was ihr tägliches Leben und ihr Selbstverständnis betraf, befanden sie sich noch weitgehend außerhalb, nicht weil sie entschieden gegen den neuen Nationalstaat eingestellt gewesen wären, sondern weil er für sie relativ unwichtig war, relativ zu ihrer Familie, ihrem Dorf, ihrer Gemeinde, ihrem Pfarrer, ihrer Region. Vorpolitische, kleinräumige, lokale, regionale, einzelstaatliche Identifikationen und Lebenswelten dominierten – trotz der verbindenden Erfahrung des kriegerischen Einigungsprozesses. Natürlich traf dies für verschiedene soziale Schichten in verschiedenem Maße zu: für die Unterschichten am meisten, aber auch für viele Adlige, manche Beamte und zahlreiche Bürger der »home towns« (Mack Walker).

3. Aus der vornationalen Machtstaatspolitik Preußens einerseits und dem kleindeutsch-preußischen Charakter der Reichsbildung andererseits resultierte, daß in erheblichem Umfang nicht-deutsche Nationalitäten zum »deutschen Volk« im Sinne der Reichsverfassung von 1871 gehörten – im Osten, im Norden und im Westen –, während andererseits Millionen von Deutschen außerhalb des neuen Reiches lebten – eine Inkongruenz von Sprach- und Kulturnation einerseits, Staatsnation andererseits, die dem Nationalstaatsprinzip nicht recht entsprach.

4. Es gab im Reich große, bedeutende Minderheiten deutscher Nationalität, die dem deutschen Nationalstaat ablehnend gegenüberstanden: neben anderen vor allem das katholische Deutschland und die politische Linke, das heißt: viele Demokraten und die entstehende Arbeiterbewegung. Die Spannung des neuen Nationalstaats mit dem Katholizismus resultierte aus dem konfessionell gemischten Charakter der deutschen Nation vor der Reichsgründung, aus der preußisch-protestantischen Prägung des neuen Reiches und aus dem fundamentalen Gegensatz zwischen Nationalstaat und vornationaler, übernationaler Kirche, die es beide auf die Seelen der Menschen abgesehen hatten, aber auf extrem verschiedenen Geltungsgrundlagen ruhten. Der Gegensatz zur Linken, speziell zur Arbeiterbewegung, resultierte nicht primär aus deren Internationalismus – mit dem war es nicht weit her –, sondern aus Eigenarten des deutschen Nationalstaatsgedankens und wiederum aus der spezifischen Art dieser Reichsgründung: Diese war »von oben« durchgesetzt worden, nicht gegen die alten Gewalten, sondern teilweise unter deren Regie, und vor allem zeitgleich mit der Entscheidung in der Verfassungsfrage und zeitgleich mit der Entstehung der Arbeiterbewegung.

Wie erging es diesen vier Begrenzungen der nationalstaatlichen Integration in den folgenden Jahrzehnten? Wurden sie vertieft und verschärft oder zurückgedrängt und relativiert? Machte die politische Integration des Deutschen Reiches Fortschritte? Blicken wir zunächst und vor allem auf das Kaiserreich.

Behördenausbau und innere Staatsbildung

Zweifellos war ein staatlicher Behördenausbau und Funktionszuwachs auf Reichsebene durch die Entscheidung von 1870/71 und die Verfassung vorgezeichnet. Einmal auf die Spur gesetzt, entwickelte der Nationalstaat seine eigene Dynamik. Es kam denn auch sofort zur Einrichtung neuer Reichsämter. Es entstand das Reichseisenbahnamt, das Reichspostamt, das Reichsjustizamt, das Statistische Reichsamt, das Reichsschatzamt, vor allem auch das Reichsamt des Innern, das 1880 aus der Reichskanzlei ausschied.

Ein zweiter Antrieb kam hinzu. Der Behördenausbau und die Vermehrung der staatlichen Funktionen auf Reichsebene machten in den folgenden Jahren die bedeutendsten Fortschritte auf dem Gebiet der Sozialpolitik, der Wirtschaftspolitik, der Wissenschaftsförderung und bei der Regelung der Kolonial-, Marine- und Außenwirtschaftspolitik. Man denke zum Beispiel an die zollpolitische Grundsatzentscheidung Ende der 70er Jahre, die zum Abbau der konservativen Skepsis gegenüber dem neuen Reich kräftig beitrug; an das Sozialistengesetz 1878; vor allem an die Sozialversicherung der 80er Jahre, die 1913 mehr als 20000 Beamte und Angestellte beschäftigte; an die Gründung von Forschungsinstituten seit den 1880er Jahren, an die Verselbständigung des Reichskolonialamts (1907) wie auch an die wirtschaftspolitischen Abteilungen im Reichsinnenamt, nach deren organisatorischer Verselbständigung allerdings schon Bismarck vergeblich gestrebt hatte. Ganz offensichtlich kam der inneren Staatsbildung auf Reichsebene zugute, daß sie relativ zur Chronologie der Industrialisierung erst in dieser Phase stattfand, das heißt: nicht in vorindustrieller Zeit und auch nicht in der wirtschaftsliberalen ersten Industrialisierungsphase. Vielmehr fiel sie mit der zweiten Phase der Industrialisierung ab 1873 zusammen, in der wirtschaftliche Wachstumsstörungen, soziale Spannungen und Koordinationsbedürfnisse anderer Art zu interventionsstaatlichen Eingriffen drängten und den allmählichen Übergang von einer beschränkten Ordnungs- zu einer sich ausdehnenden Leistungsverwaltung bedingten. Es scheint, daß diese frühen interventionsstaatlichen Tendenzen sich vor allem als Zugewinn auf der Zentralebene niederschlugen. Einer Nationalstaatsbildung in vorindustrieller Zeit hätte dieses Vehikel nicht zur Verfügung gestanden. Das bedeutet allerdings auch, daß der staatliche Behörden- und Aufgabenausbau im Reich seit den 70er Jahren in engster Verknüpfung mit ökonomischen und sozialen Tagesfragen stand, gewissermaßen ständig mit ökonomischen und sozialen Nahkämpfen konfrontiert war, von daher besonders leicht der Kritik verschiedener sozialer Gruppen ausgesetzt sein mußte und schnell überfordert sein konnte, allerdings auch das Bewußtsein der Menschen besonders tief prägte. Wahrscheinlich war dies ein Grund für den tiefen Eindruck, den dieser nur so kurz bestehende Nationalstaat im Bewußtsein der Deutschen hinterließ. Dieser moderne Verstaatlichungsprozeß unterstrich und vermehrte das, was die Reichsdeutschen von den Deutschen außerhalb des Reiches unterschied.

Der Aufstieg des Interventionsstaats führte nicht nur zum Ausbau der staatlichen Bürokratie im Reich, sondern auch zu Einflußgewinnen für den Reichstag. Dessen entscheidende Mitwirkung an der Sozialversicherungsgesetzgebung wäre ein Beispiel. So begrenzt der Einfluß des Reichstags auf die »große Politik« in diesem föderalistischen, vorparlamentarischen System war und so falsch mir die Rede von einer stillen Parlamentarisierung vor 1914 erscheint, so wichtig war diese Institution für die Vermittlung einzelner Interessen hinein in die gesamtstaatliche Willensbildung, und zwar um so mehr, je stärker sich diese mit der Regelung ökonomischer und sozialer Prozesse befaßte. Der nach allgemeinem Männer-Wahlrecht zusammengesetzte Reichstag diente überdies als zentrale Bühne für Regierung und Parteien zur Einwirkung auf eine reichsweite Öffentlichkeit. Von dieser Bühne gingen wichtige Anstöße aus, die Parteien und die großen Interessenverbände reichsweit auszubauen und schrittweise zu zentralisieren.

Schließlich ist wohl unbestreitbar, daß die von Bismarck bis zu Hindenburg und Ludendorff immer wieder auftretenden plebiszitär-demagogischen Politikansätze – ein Drittes neben Behördenausbau und Parlamentseinfluß – ebenfalls reichsweit auftraten und insofern zur Nationalisierung der Politik beitrugen.

Insgesamt wird man sagen dürfen, daß der Ausbau staatlicher Institutionen und Funktionen seit den 70er Jahren rasche Fortschritte machte und zu einer allmählichen Gewichtverschiebung von der lokalen, regionalen und einzelstaatlichen Ebene auf die nationalstaatliche führte. *Diese* Grenze nationalstaatlicher Integration trat also allmählich zurück, wenn natürlich, schon angesichts der föderalistischen Verfassungsstruktur, nur tendenziell.

Mobilisierung und Entregionalisierung

Fragt man nun im nächsten Schritt, ob sich politische Integration auch mit Bezug auf die lokalistischen, regionalistischen, partikularistischen und zum Teil vorpolitischen Identifikationen und Lebensweisen der Bevölkerung durchsetzte, so ist zwischen drei Bedeutungsebenen im Begriff »politische Integration« zu unterscheiden, zwischen »Einbeziehung«, »Homogenisierung« und »Konsensstiftung«.

Integration im Sinne von Einbeziehung meint einen Prozeß, im Laufe dessen Nation und Nationalstaat für die in ihm Lebenden bedeutsam und wichtig werden, im Laufe dessen sie mit dem Staat und mit den anderen in ihm lebenden Menschen etwas zu tun bekommen – negativ oder positiv. Es geht um Kommunikationsherstellung, Mobilisierung und Politisierung auf nationalstaatlicher Ebene.

Integration heißt zum anderen soviel wie Reduzierung und Abbau von Unterschieden, Reduktion von Heterogenität, Homogenisierung von einerseits regionalen Differenzen, andererseits von Unterschieden zwischen sozialen Schichten, Gruppen und Klassen.

Schließlich wird bei »Integration« oft »Konfliktreduzierung« assoziiert. Integration in diesem Sinn führt zum Ausgleich von Spannungen, zur Entschärfung von Konflikten, zum Konsens.

Diese drei Dimensionen politischer Integration laufen nicht notwendig Hand in Hand. Es kann kein Zweifel daran bestehen, daß die Integration im Sinne von Einbeziehung, Mobilisierung und Politisierung bis dahin kaum einbezogener, vor allem kleinbürgerlicher und unterer Schichten in Stadt und Land im Kaiserreich bedeutende Fortschritte machte. Das zeigt sich am deutlichsten an der steigenden Wahlbeteiligung. Den Reichstag von 1871 wählten nur 51 % der dazu Wahlberechtigten, den von 1912 dagegen 84 %. Ein sprunghafter, nicht mehr revidierter Anstieg der Wahlbeteiligung ist vor allem in den späten 80er Jahren zu verzeichnen. Seitdem kam es überdies zur Gründung von reichsweit ausgedehnten, massenpolitisch wirksamen Interessenverbänden neuen Typs. Schlagkräftig, durchorganisiert, von Berufspolitikern geleitet, widmeten sie sich der Agitation und der Öffentlichkeitsbearbeitung mit ganz anderer Intensität, als es die älteren Verbände noch von der Art des Centralverbands Deutscher Industrieller getan hatten. Zu denken ist vor allem an den Bund der Landwirte von 1893 (mit bald über 300000 Mitgliedern), den Deutschnationalen Handlungsgehilfen-Verband vom selben Jahr und die seit 1887 entstehenden nationalen Kampf- und Agitationsverbände, die Deutsche Kolonialgesellschaft von 1887, den Alldeutschen Verband (1891), den Deutschen Ostmarkenverein (1894), den Deutschen Flottenverein von 1898 und andere. Vor allem seit 1890 kam es andererseits zum Ausbau der Gewerkschaften als Massenorganisationen und zu immer neuen Stimmgewinnen der SPD, zum Teil auf Kosten der Liberalen und des Zentrums, zum großen Teil durch Mobilisierung bisher wahlenthaltsamer Schichten. Ungleichmäßig und zunächst sehr unvollkommen, aber unübersehbar, veränderten sich die Parteien vom Typus der lokal fragmentierten Honoratioren- zur immer stärker zentralisierten Massenpartei. Am wenigsten gelang das den Liberalen.

Die SPD war das Modell. Die Konservativen imitierten es mit Hilfe des Bundes der Landwirte und veränderten sich damit, indem sie populistische, extrem nationalistische und manchmal auch antisemitische Elemente in sich aufnahmen. Dem Zentrum gelang massenhafte Mobilisierung im Grunde am frühesten, und zwar im Kulturkampf der 70er Jahre, wenn auch begrenzt auf den katholischen Bevölkerungsteil und seit den 1880er Jahren trotz des »Volksvereins« ein wenig rückläufig.

Es müßte möglich sein, diese Prozesse überlokaler und überregionaler Mobilisierung auch an anderen Symptomen zu verdeutlichen: an der Zunahme und Verbreitung einschlägigen Schrifttums in einer Zeit, in der die Analphabetenrate gegen Null tendierte; an den steigenden Zahlen von Teilnehmern an nationalen Aufmärschen und Festen, zunehmend organisiert; an der Zunahme überregionaler und überlokaler Nation-bezogener Inhalte im öffentlichen Bildungswesen, vor allem in den Volksschulen, die für mehr als 90 % der Heranwachsenden die einzige Schulerfahrung darstellten. Daß selbst in den katholischen Teilen Bayerns nach 1870 die Pflege deutsch-nationaler Ideale und Sichtweisen im Volksschulunterricht an die Seite der einzelstaatlichen Traditionspflege und der Erziehung zur Heimatliebe trat, hat kürzlich Werner Blessing gezeigt: der Kaiserkult trat neben das Königslob, der Krieg von »70/71« wurde als heilige Feuertaufe der Nation stilisiert, nationalliberale Schullehrer setzten sich durch. Erst recht galt das für den Geschichtsunterricht, der 1872 in Preußen obligatorisch wurde.

Vermutlich wurden im Zuge dieser Einbeziehungsprozesse die regionalen und lokalen Differenzierungen ein Stück weit abgeschliffen. Zwar ist bekannt, daß die regionale Ungleichheit, soweit sie an Einkommen und Vermögen, Industrialisierungsgrad, Ärztedichte und dergleichen gemessen wird, bis 1914 nicht abnahm, vielmehr vielleicht sogar zunahm, wenn auch auf insgesamt steigendem Niveau. Es ist auch klar, daß regionale und landschaftliche Unterschiede *in politicis,* in der Sprache, in den Nahrungsgewohnheiten, in den demographischen Trends weiterbestanden. Regionales historisches Bewußtsein scheint seit Ende des 19. Jahrhunderts sogar neu belebt worden zu sein, wenn man die Begründung regionaler Historischer Kommissionen und die Betonung von heimatlich-landschaftlichen Traditionen in der Zeitschriftenliteratur als Indizien nennt. Heinz Gollwitzer hat darauf hingewiesen. Hier ist noch viel zu erforschen.

Aber in anderen Hinsichten wurden ausgeprägte regionale und lokale Fragmentierungen etwas aufgeschüttet, traten die regionalistischen und lokalistischen Dimensionen des Lebens zugunsten der reichsweiten, der nationalen Dimensionen ein Stück weit zurück. Darauf verweist vor allem die zunehmend reichsweite Organisation von Parteien und Verbänden. Auch die nationalen Agitationsverbände mobilisierten reichsweit, sie übersprangen die Stadt-Land-Begrenzung und umfaßten verschiedene Berufe, wenn auch nicht alle Klassen gleichmäßig und zudem ausschließlich Männer. Diese Nationalisierung der Politik signalisiert überlokale, regionübergreifende Erfahrungs- und Interessenlagen, die durch eben diese Politik nicht nur manifest gemacht, sondern auch verstärkt wurden. Sprachgeschichtliche Befunde weisen in dieselbe Richtung. Sprachhistoriker glauben nicht nur, eine allmähliche Erweiterung der sozialen Trägerschichten der Literatursprache festzustellen, sondern auch die Integration von lokal eng begrenzten Mundarten in weiträumiger verstandene Umgangssprachen, die allerdings weiterhin regional differierten und mundartlich eingefärbt blieben. Fachsprachen verschiedener Art drangen vor – und wenn, dann überregional. Normierungsversuche von oben kamen hinzu. Der erste Duden erschien 1872. 1885 gründete man den »Allgemeinen Deutschen Sprachverein«. Sicher gibt es andere Indizien und Belege für die partielle Entregionalisierung und insofern Nationalisierung des Lebens im Kaiserreich.

Mobilisierung und Entregionalisierung gingen also Hand in Hand, beförderten sich gegenseitig und resultierten überdies aus denselben Antrieben: einerseits aus den Einwirkungen eines an Bedeutung für das Leben der einzelnen Bürger wachsenden Staates, wozu oben das Nötigste angedeutet wurde; andererseits aus der Durchstrukturierung überregionaler Arbeitsmärkte im Zuge der kapitalistischen Industrialisierung, aus den Wanderungsströmen – seit 1870 zunehmend als Fernwanderung –, aus der Urbanisierung und dem rasanten Ausbau des Verkehrs- und Nachrichtenwesens. Dies ist nicht der Ort, Zahlen vorzutragen über Eisenbahnpassagiere, Briefe, Telegramme und Ferngespräche pro Jahr, über die Zunahme von Urlaubsreisen und Kuraufenthalten im Wilhelminischen Reich, über die sprunghafte Zunahme der mit der Post vertriebenen, also vermutlich überlokal gelesenen Zeitungs- und Zeitschriftenexemplare. Auch erspare ich mir die an sich möglichen Informationen über Wanderungsfrequenzen und Distanzen, über Karrierewanderungen in den überlokal sich etablierenden Großunternehmen und über die geographische Ausweitung von Heiratskreisen. Es soll nur betont werden, daß viele dieser Prozesse ihren größten Umfang und ihre höchste Geschwindigkeit im Wilhelminischen Reich und im Ersten Weltkrieg erreichten, sich danach aber wieder leicht verlangsamten – so die Wanderungen, die Verstädterung, das Wachstum der großen Unternehmen, der Ausbau des Eisenbahnwesens (natürlich nicht des Kraftwagenverkehrs). In vielen Hinsichten veränderte sich die Wilhelminische Gesellschaft schneller als die der Weimarer Republik und die des Dritten Reichs; und die hier nur angedeuteten beschleunigten Veränderungen – Wanderungen, Verkehrs- und Nachrichtenrevolution etc. – waren, zusammen mit den interventionsstaatlichen Eingriffen, dafür verantwortlich, daß herkömmliche, kleinräumige Bindungen der Menschen gelockert oder sie aus diesen herausgelöst wurden, daß sie überlokal und überregional miteinander zu tun bekamen, daß sie bereit gemacht und freigesetzt wurden für neue Identifikationen überlokaler, überregionaler, nicht-traditionaler Art, also etwa für nationale Identifikationen, und zwar bis tief hinein in die untere Mittelschicht und in die Unterschicht.

Sozialer Ausgleich und soziale Konflikte im Nationalstaat

Bedeutete das alles auch politische Integration in der dritten der genannten Bedeutungen, im Sinn von Konsensstiftung?

Man wird in Rechnung stellen müssen, daß die Industrialisierung und der sich mit ihr durchsetzende Kapitalismus sowie die damit verbundenen Erneuerungen, Verschiebungen und Zerstörungen die sozialen Spannungen und Konflikte bedeutend anschwellen ließen. Die Ungleichheit der Einkommen, Vermögen und Lebenschancen nahm mindestens bis 1900 zu, wenn auch auf insgesamt steigendem Niveau. Der Gegensatz zwischen gewerblicher Arbeiterschaft und Unternehmern, zwischen proletarischer Bewegung und bürgerlicher Gesellschaft bezeichnete nur eine der vielen Fronten, die die Gesellschaft des Kaiserreichs durchfurchten, wenn auch sicher die wichtigste. Die Infragestellung älterer Lebensformen führte zu sozialen Abstiegsprozessen und Abwehrversuchen, die Zerstörung älterer Bindungen zu unbefriedigtem Orientierungsbedarf und Angst. Konnte der Nationalstaat Solidarität und Zustimmung stiften, die diesen sozialen Spannungen und Konflikten entgegenwirkten?

Sicherlich gingen vom deutschen Nationalstaat solche Wirkungen aus. Die allmähliche Einbindung der katholischen Minderheit wäre ein Beispiel. Es besteht auch kein Zweifel, daß die Leistungen der staatlichen Sozialversicherung zur Besserung der Lage vieler Arbeiter beitrugen; und es ist hochwahrscheinlich, daß sie mithalfen, die Legitimitätsbasis des Reiches in der arbeitenden Bevölkerung zu erhöhen. Wie der fast voll durchgesetzte Volksschulunterricht auf die vielen wirkte, ist schwer zu erschließen: sicher verschiedenartig und oft nicht sehr tief, aber es ist auch nicht auszuschließen, daß er eine gewisse und unbewußte Nationalisierung der ländlichen und städtischen Unterschichten beförderte, wie Guenther Roth meinte. Die drei-, später zweijährige Dienstzeit, mit der etwas mehr als 50 % aller jungen Männer Bekanntschaft machten, funktionierte wohl kaum als »Schule der Nation«, als Erziehung zur Vaterlandsliebe und zum Anti-Sozialismus. Die von ihr ausgehenden Disziplinierungsaspekte sind gleichwohl schwer abzuschätzen; sicherlich bedeutete der Militärdienst für die jungen Männer nicht nur eine abstoßende, sondern auch eine neuartige Erfahrung und Blickerweiterung, an die man später nicht ungern zurückdachte.

Auch was die Inszenierungen des Nationalstaats angeht, die Denkmalsenthüllungen und Sängerfeste, die Sedansfeiern und Kaiser-Geburtstage, so ist ihre Wirkung schwer abschätzbar. Man kann mit George Mosse die Popularisierung und Quasi-Demokratisierung der politischen Rituale betonen. Man kann auch mit Theodor Schieder die Unsicherheit der damaligen Reichssymbolik herausarbeiten: die offizielle Zurückhaltung und das Schwanken in der Flaggenfrage, das Fehlen einer offiziellen Nationalhymne, die großen Stilschwankungen in der Architektur der Nationaldenkmäler, den Streit um die Sedansfeier, diese Bielefelder (Bodelschwinghsche) Erfindung. Immerhin setzte sich das Deutschland-Lied seit den 90er Jahren durch. Auch in sozialdemokratischen Wohnungen konnte man Bilder des Kaisers, Moltkes und Bismarcks neben Portraits von Bebel, Liebknecht und Lassalle sehen, Heiligenbilder übrigens auch; und wenn die im Kyffhäuserbund zusammengeschlossenen Kriegervereine 1913 fast drei Millionen Mitglieder zählten, dann dürften neben vielen Kleinbürgern und Bauern auch manche Arbeiter dazugehört haben. Sozialdemokraten und Mitglieder der sozialdemokratisch orientierten Gewerkschaften sollen unter ihrem oft behördlich erzwungenen Ausschluß gelitten haben.

Man wird die genaue Bedeutung dieser staatlichen Veranstaltungen für die politische Integration der Deutschen nie wirklich genau bestimmen können, schon deshalb nicht, weil sie von den zum Teil viel wichtigeren Auswirkungen nicht-staatlicher Veränderungen, der Arbeits-, Verdienst- und Lebensverhältnisse, des technisch-wissenschaftlichen Fortschritts, der Urbanisierung und der Wanderungen nicht isoliert werden können. Zweifellos gewann dieses Deutsche Reich – durch Indoktrination und Leistung auf der Grundlage des langsam steigenden Lebensstandards – an Zustimmung auch in der gewerblichen Arbeiterschaft dazu, sonst wäre deren Haltung beim Kriegsausbruch 1914 ebensowenig zu verstehen wie der bemerkenswerte Zusammenhalt des Staates in der Zerreißprobe von Weltkrieg und Revolution.

Doch das war nur die eine Seite. Auf der anderen Seite bestand, je länger, desto klarer, ein merkwürdiges Verhältnis der wechselseitigen Verstärkung zwischen sozialen Konflikten und nationalstaatlicher Ideologie beziehungsweise Nationalismus. Nationalismus war niemals innenpolitisch neutral. In seinen Frühphasen – den Phasen der Bewegung – verband er sich stärker mit den Kräften des Wandels, der Emanzipation, der Herausforderung, des angreifenden Liberalismus und der Demokratie. Im späten 19. Jahrhundert dagegen – im etablierten Nationalstaat – verband er sich häufiger mit den Kräften der Abwehr und Herrschaftssicherung. Diese Umakzentuierung des Nationalprinzips von der linken zu einer rechten Ideologie läßt sich wohl auch in anderen Ländern beobachten. Doch in Deutschland geschah sie auf besonders ausgeprägte Art und Weise, dank der Tatsache, daß die deutsche Nationalbewegung in ihrer Wendung gegen Frankreich früh anti-westliche, anti-konstitutionelle, anti-demokratische Elemente in sich aufgenommen hatte; dank der Tatsache, daß sie sich nicht auf der Basis eines verfaßten Nationalstaats entwickeln und somit die freiheitliche Staatsnation nicht so ins Zentrum ihrer Argumentation rücken konnte, wie die Schweiz, wie Frankreich oder USA; dank der Tatsache, daß die Nationalstaatsbildung zuletzt unter obrigkeitlicher Regie und gegen linksliberale Demokraten und Sozialdemokraten zustande gekommen war; auch dank der tiefgreifenden Konflikte und Brüche im Herrschaftssystem des Kaiserreichs, die den Gebrauch des Nationalismus als Mittel der manipulativen Integration auf Kosten von »Reichsfeinden« besonders nahe legten. Natürlich gab es auch im späten Kaiserreich Ausnahmen: Man denke an Friedrich

Naumann, der sich für die Machtentfaltung des deutschen Nationalstaats und zugleich für demokratisch-soziale Reformen einsetzte. Aber insgesamt und in der Regel wurden Nationalstaatsideal und Nationalismus zu Kampfinstrumenten gegen die Linke schon unter Bismarck und erst recht im Wilhelminischen Reich. Der aufschäumende Nationalismus der Agitationsverbände zielte nicht nur auf deutsche Weltmachtgeltung nach außen, sondern eben auch auf Ablehnung der Linken im Innern. Immer deutlicher gewann der Begriff »national« anti-sozialistische, anti-demokratische, ja anti-liberale Bedeutungsebenen hinzu. Seine ehemals stärkere Integrationskraft ließ nach. Er wurde zu einem Instrument der Trennung.

Viele Beispiele und Belege könnte man nennen; ich beschränke mich auf zwei Illustrationen: Die Sozialdemokratie, mit Unterstützung ihrer Basis, feierte den Sedanstag nicht mit. Lieber feierte sie den 18. März zur Erinnerung an die revolutionären Kämpfe in Berlin 1848 und an die Erhebung der Pariser Commune 1871, später den 1. Mai. Und in den 80er Jahren spätestens verloren die für die nationale Bewegung so wichtigen Sänger- und Turnervereine die meisten ihrer proletarischen Mitglieder, eine proletarische Turn- und Gesangsbewegung entstand als Teil einer relativ separaten Arbeiterbewegungskultur. Der Nationalismus verschärfte und fundamentalisierte den Klassenkonflikt, den gewisse Ergebnisse der Industrialisierung und andere Leistungen des Nationalstaats zu mildern tendierten. Umgekehr speisten soziale Spannungen den immer radikaleren Nationalismus im Wilhelminischen Reich. Dies ist ein vielschichtiges Problem. Ich meine zum Beispiel den aggressiven integralen Nationalismus als Mittel der moralischen Selbstbestätigung in Frage gestellter Mittelschichten; den extremen Nationalismus des Deutschnationalen Handlungsgehilfen-Verbandes als Antwort auf drohende Deklassierung und als Mittel der Absetzung von einem fälschlich als anti-national ausgegebenen Proletariat. Der zum Chauvinismus sich steigernde Nationalismus des Kaiserreiches und der Zwischenkriegszeit läßt sich nur erklären, wenn man sich soziale Konflikte und soziale Desintegration als seine Treibsätze vor Augen hält – so komplex und schwer durchschaubar die Mechanismen im einzelnen auch waren.

Schließlich zum letzten der vier Komplexe, die Anfang der 1870er Jahre der Vollendung des Nationalstaats entgegenstanden, zur mangelnden Deckung von Sprach- beziehungsweise Kulturnation und Nationalstaat: Auch dieses Problem wurde durch machtvolle Selbstentfaltung des Nationalstaats nicht gemildert, sondern verschärft. Man denke an Westpreußen, die Provinz Posen und Oberschlesien. Der Kampf der Nationalitäten wurde härter; es wurde immer schwerer, sich darin neutral zu verhalten und, etwa in Oberschlesien, jener Zwischenschicht anzugehören, die zweisprachig war und sich weder als deutsch noch als polnisch definierte. Die Mobilisierung, Selbstabgrenzung und Feindschaft der polnischen Minderheit waren die notwendige Folge des Übergangs vom in gewisser Weise vor-nationalen preußischen Staatsgedanken zur deutsch-nationalen Reichspolitik. Von Konsensbildung kann man nicht sprechen. Auf diesem Gebiet führten nationalstaatliche Integrationsversuche nur zu ihrem Gegenteil, jedenfalls im Osten und im Norden.

Wenn die Existenz von Millionen Deutschen außerhalb des deutschen Nationalstaats in letzter Konsequenz im Widerspruch zu dessen Grundprinzipien stand, so wurde dies für die offizielle Politik des Reiches bis 1914 noch kaum zum Problem. Die stark expansiven Elemente in der Außen- und Außenwirtschaftspolitik des Reiches in der Epoche des Imperialismus waren zum geringsten Teil volkstumpolitisch-volksnational motiviert. Diese Zurückhaltung erklärt sich nicht nur aus der Rücksicht auf den österreichischen Bündnispartner, den eine großdeutsch-nationalistische Zielrichtung vor allem getroffen hätte. Sie erklärt sich auch aus der preußisch-norddeutsch-protestantischen Prägung dieses Reiches und aus der eher monarchisch-nationalen Staatsorientierung seiner führenden Beamtenpolitiker. Völkisch-großdeutsche Motive begannen ihre expansive und unter den gegebenen Umständen destabilisierende Wirkung unterhalb der Regierungsebene zu entfalten, auch in Form rechter Opposition gegen die als zu moderat kritisierte Regierungspolitik, so etwa bei den im Grunde oppositionell eingestellten Alldeutschen sowohl im Reich wie in Wien um Schönerer. Chamberlains Satz vom »Pangermanischen Weltreich deutscher Nation« fiel hier auf fruchtbaren Boden. Großdeutsche Gedanken spielten in der imperialistischen Rhetorik der Zeit eine unübersehbare Rolle. Unter den gegebenen Bedingungen – nämlich: Inkongruenz zwischen Nationalstaat und Sprach- beziehungsweise Kulturnation, ein stark auf gemeinsame Sprache, Kultur und Geschichte statt auf Staat und Verfassung aufruhender Nationalgedanke – erwies sich das Nationalstaatsprinzip als expansiv, über den *Status quo* hinausdrängend, als aggressiv. Am Übergang vom moderaten Allgemeinen Deutschen Schulverein von 1881 zum Verein für das

Deutschtum im Ausland mit seinen nationalistisch-volkstumpolitischen Zielen läßt sich diese Dynamik eines sich unter diesen Bedingungen fast notwendig radikalisierenden Nationalstaatsgedankens zeigen, eine Dynamik, die nicht nur den inneren Frieden gefährdete, sondern auch auf Verschärfung der Außenkonflikte drängte.

Die Zuspitzung im Ersten Weltkrieg und danach

Am Vorabend des Ersten Weltkriegs hatte die politische Integration der Deutschen im Reich große Fortschritte gemacht. Dies galt zum einen für den Prozeß der inneren Staatsbildung: Mehr als je zuvor hatte die Nation nun eine staatliche Dimension; eben dies rückte die Geschichte der Reichsdeutschen von der Geschichte der Deutsch-Österreicher, Deutsch-Schweizer und Volksdeutschen ab. An der Auseinanderentwicklung von reichsdeutscher und deutsch-österreichischer Arbeiterbewegung, die um 1870 gemeinsam entstanden waren, läßt sich das exemplarisch verdeutlichen. Fortgeschritten war auch die Mobilisierung breiter Bevölkerungsschichten und ihre Einbeziehung in die Nation. Auch gewisse Entregionalisierungs- und Entlokalisierungsprozesse hatten stattgefunden, wenn auch begrenzt. Um 1914 besaß der Begriff »Nation« mehr realen Gehalt als 1870. Was Integration als Konfliktlösung und Konsensbildung angeht, war die Bilanz jedoch zwiespältig: einerseits Legitimationszuwächse des Nationalstaats, Ansätze zur ausgleichenden Solidarität; andererseits und vor allem konflikttreibende Wirkungen des Nationalgedankens in Form des unter den gegebenen Bedingungen notwendig aus ihm hervorgehenden Nationalismus.

Der Weltkrieg beschleunigte die genannten Tendenzen und trieb sie – in kriegsspezifischen Verzerrungen – auf einen letzten Höhepunkt. Doch sein Ausgang veränderte die Rahmenbedingungen.

Im Krieg machte der Ausbau des Interventionsstaates rasante Fortschritte; die Zentralisierung auf Reichsebene ging schnell weiter; der Staat übernahm Aufgaben, mit denen er sich übernahm; die Kritik an ihm nahm von allen Seiten zu – eine wichtige Bedingung der Revolution. Die Mobilisierung der Bevölkerung schritt voran, wenn auch zunächst, unter zunehmend durchlöcherten Burgfriedensbedingungen, ohne die früheren Manifestationsmöglichkeiten. Insbesondere Frauen und Jugendliche gerieten nun verstärkt in diesen Mobilisierungssog. Mindestens im Falle der Jugendlichen wurde das auch in den 20er und 30er Jahren nicht rückgängig gemacht. Die Zentralisierung des politischen Lebens, die gemeinsame Erfahrung der Nation im Krieg und die außerordentliche Fluktuation der Kriegsjahre ließen die Entregionalisierung weiter voranschreiten.

Noch einmal versuchte sich das Nationalstaatsprinzip in seiner ausgleichenden, nach innen pazifizierenden Funktion. »Ich kenne keine Parteien mehr, ich kenne nur noch Deutsche.« Im Dienst an der gemeinsamen nationalen Kraftanstrengung in einem als gerecht empfundenen Krieg wurden die inneren Konflikte zunächst stillgelegt. Im Zuge der kriegsbezogenen nationalen Einigkeit baute man Brücken über die Klassenlinie hinweg, oft unter behördlicher und militärischer Regie. Erst jetzt gelang die staatliche »Anerkennung«, die politische Integration der dazu nur allzu bereiten Organisationen der Arbeiterbewegung. Die Grundlagen der Weimarer Sozialpolitik wurden im Weltkrieg gelegt.

Doch die Fortschritte politischer Integration im kämpfenden Nationalstaat stießen bald auf deutlich empfundene Grenzen: Fest eingegrabene innen- und außenpolitische Interessenpositionen verhinderten tiefergreifende Reformen, zum Beispiel in der Frage des preußischen Wahlrechts oder der Parlamentarisierung. Die durch das Burgfriedens-Versprechen mit seinen egalisierenden Implikationen hochgeschraubten Erwartungen sahen sich enttäuscht. In der »belagerten Festung« Deutschland setzten Verarmungsvorgänge ein, die sich der staatlichen Gegensteuerung entzogen und Ungleichheit verschärften. Der Krieg dauerte an, und insbesondere, wenn die Erfolge ausblieben, wuchs unter dem Eindruck der immensen, ebenfalls ungleich verteilten Opfer der Zweifel am Sinn seiner Fortsetzung. Die Debatte über die Kriegsziele spaltete die Nation seit 1917.

Die polarisierenden und illiberalen Wirkungen des Nationalismus traten damit wieder schärfer hervor. Die nationalistische »Vaterlandspartei« vom Sommer 1917 agitierte eben nicht nur für einen »Siegfrieden«, für Annexionen und deutsche Weltgeltung, sondern zugleich gegen die Forderungen der Linken, gegen Parlamentarisierung, Demokratisierung und gewerkschaftlichen Einfluß. Die nationale Frage verband sich immer mehr mit der Diskriminierung von Minderheiten, so im auffällig anschwellenden Antisemitismus des letzten Kriegsjahres.

In der außerordentlichen Zerreißprobe des langen Krieges zeigte sich zwar, welchen Fortschritt die politische Integration der Deutschen in den letzten Jahrzehnten gemacht hatte; selbst in Revolution und Niederlage stand die Einheit des Reiches als solche kaum ernsthaft zur Debatte; der Zusammenhalt des Reiches bedurfte nicht mehr »der Vermittlung dynastischer Anhänglichkeit«, wie Bismarck noch in *Gedanken und Erinnerungen* gemeint hatte. Das Reich hielt zusammen, allerdings auch deshalb, weil anders als nach 1945 die Mehrheit der Sieger an einer deutschen Teilung nicht interessiert war und ein interalliierter Grundsatzkonflikt mit seinen zentrifugalen Folgen ausblieb. Doch andererseits führte der Druck des Krieges zu neuen Polarisierungen und politischer Desintegration in der deutschen Gesellschaft. Der Nationalismus verlor erneut seine kurzfristig revitalisierte, nach innen integrierende, versöhnende Kraft. In der Revolution trat dies deutlich zutage.

Ausblick auf Weimar und Drittes Reich

Viele der im Kaiserreich beobachteten Prozesse setzten sich in der Weimarer Republik fort: die Zunahme staatlicher Funktionen und Ämter auf Reichsebene; die Schwächung des Regionalismus durch den weiteren Ausbau des Verkehrs- und Nachrichtennetzes sowie durch die Entwicklung neuer Formen der Volks- oder Massenkultur. Der Übergang zum Verhältniswahlrecht erleichterte die weitere »Entregionalisierung« der Parteien; gleichmäßiger als im Kaiserreich verteilten sie nunmehr ihre Kandidaten aufs ganze Reich. Die politischen Teilnahmerechte wurden ausgeweitet; sie waren nun nicht mehr auf den männlichen Teil der Bevölkerung beschränkt; die politische Mobilisierung der breiten Bevölkerung ging nur zeitweise zurück und erreichte in der Wirtschafts-, Gesellschafts- und Staatskrise um 1930 neue, fiebrige Höhepunkte. – Aber einiges hatte sich gegenüber dem Kaiserreich fundamental verändert.

1. Nie zuvor war der Widerspruch zwischen hochgetriebenen nationalen Erwartungen und ihrer demütigenden Enttäuschung so ausgeprägt gewesen wie jetzt nach dieser nicht akzeptierten Niederlage. Eine weitere Radikalisierung des Nationalismus war die Folge. Er kristallisierte sich um den Kampf gegen die leidenschaftlich abgelehnte

Festschreibung der Niederlage, den als nationale Demütigung empfundenden Versailler Vertrag und gegen die, die ihn zähneknirschend unterzeichnet hatten, um Schlimmeres zu verhüten. Der Kampf gegen das »Diktat von Versailles« verknüpfte den radikalisierten Nationalismus und den aufsteigenden Nationalsozialismus am augenfälligsten.

2. Durch die erzwungenen Abtretungen verlor das Reich größtenteils seine nicht-deutschen Minoritäten. Doch was dies an gesteigerter politischer Integrationskraft hätte erbringen können, wurde bei weitem wettgemacht durch ein weiteres Problem:

3. Es gab das neu entstandene oder doch ungemein verschärfte Problem der Volksdeutschen. Nach dem Zerfall der Habsburger Monarchie und nach der Errichtung der Nationalstaaten in Ost-Mitteleuropa stellte sich die Inkongruenz von deutschem Nationalstaat und deutscher Sprach- beziehungsweise Kulturnation als viel größere Herausforderung dar als je im Kaiserreich. Aus ihrem staatlichen Verband entlassen, schlug im Bewußtsein der Deutschen in Österreich, wie der in Böhmen und Mähren, die Zugehörigkeit zur vorstaatlich verstandenen deutschen Nation noch einmal voll durch; auch den Deutschen im Reich schien der »Anschluß« natürlich. Nur außenpolitische Zwänge verhinderten ihn. Irredentaprobleme entstanden, das deutsch-nationale Bewußtsein der »Deutsch-Österreicher«, der »Sudetendeutschen«, der Deutschen Ost-Mitteleuropas schwoll an, und die »östliche Zerstreuung« (W. Conze) wurde auch den Deutschen des Reiches stärker bewußt als vor 1914. Dies verstärkte den Nationalismus im Reich, der sich unter solchen Bedingungen mit Notwendigkeit völkisch orientierte, das heißt: sich vom westlichen Begriff der Nation noch stärker absetzte und auf der Vorstellung eines deutschen Volkes aufruhte, das über die bestehenden Grenzen zwischen den Staaten hinweg existierte und diese in Frage stellte. Viel deutlicher als vor 1914 stand damit der deutsche Nationalismus gegen die Grenzziehungen der europäischen Landkarte.

4. Aus Krieg und Revolution war eine parlamentarisch-demokratische Republik hervorgegangen, von Sozialdemokraten, bürgerlichen Demokraten und Liberalen, teilweise vom Zentrum, getragen. Diese Verbindung der den Nationalstolz verletzenden Niederlage mit der Demokratisierung verschärfte den vom Kaiserreich her ohnehin angelegten Konflikt zwischen Nationalismus und demokratischer Idee nebst ihren Befürwortern. Anders als im Kaiserreich, aber formal ähnlich wie vor 1866/71, stand der Nationalismus nun eindeutig gegen das

existierende System, gegen Verfassung und Staat. Damit entfiel eine wichtige Einbindung des Nationalismus, die im Kaiserreich seiner auch damals nicht ganz fehlenden radikal-populistisch-völkischen Wendung hemmend im Weg gestanden hatte. Entsprechend veränderte sich jetzt die nationale Rechte in ihrer Stoßrichtung, ihrer Radikalität und ihrer sozialen Zusammensetzung.

Die nationale Rechte gestand der parlamentarisch-demokratischen Republik nicht zu, Fortsetzerin der Nationalgeschichte zu sein. Die nationalistischen Visionen (jedenfalls in ihren vorwiegenden Varianten) richteten sich nicht nur gegen den *Status quo* der internationalen Beziehungen, sondern auch gegen den existierenden Staat und seine Verfassung. Zur politischen Integration der Deutschen trug der Nationalismus damit nicht mehr das geringste bei, ganz im Gegenteil: Er zersetzte den Konsens, der sich aus anderen Quellen speiste.

Erst als mit Hitlers Machtübernahme die nationalistische Revision des internationalen wie des verfassungspolitischen *Status quo* zur offiziellen Politik des Staates wurde – und zwar, anders als vor 1866, in rücksichtsloser, die Folgen nicht achtender, explosiver Weise und im Sieg über Demokratie, Rechtsstaat und Republik –, entwickelten Nationalstaat und Nationalismus erneut so etwas wie eine späte integrative und mobilisierende Kraft, wenn auch in engen Grenzen und mit riesigen Opfern. Ich meine Leistungen der Ressourcenmobilisierung im Namen nationaler Ziele, Schwächungen überkommener sozialer Barrieren und Autoritäten als Teil einer nicht ausschließlich ideologischen Volksgemeinschaftspolitik, die fortschreitende Entprovinzialisierung des Lebens und die Einbeziehung bis dahin kaum in nationale Kommunikationszusammenhänge einbezogener Gruppen, vor allem auf dem Lande. Die *Grenzen* dieses Prozesses nationaler Integration macht die neuere sozialgeschichtliche Forschung allerdings immer klarer: In breiten Bevölkerungsschichten hielt sich die nationale Begeisterung sehr in Grenzen. Dauermobilisierung gelang dem Regime keineswegs. Der Politisierungsgrad der frühen 30er Jahre wurde nicht gehalten; Depolitisierung setzte ein, als Reaktion gegen die Zumutungen des Systems und zugleich mit der Folge seiner Stabilisierung. Der Rückzug ins Private, die individuelle Leistungsanstrengung im isolierten Bereich der eigenen Zuständigkeit, Freizeitbetrieb und bescheidener Konsum, individuelles Sich-Durchlavieren – bei grundsätzlicher Akzeptierung oder doch Tolerierung des neuen Systems – kennzeichneten die Stimmung in der breiten Bevölkerung viel mehr als politisierte Identifikation mit Volk und Führer, allerdings auch sehr viel mehr als Resistenz oder gar Widerstand. Die *Opfer* der nationalsozialistischen Volksgemeinschafts- und Expansionspolitik prägen zu Recht unser Bild von jener Zeit mehr als alles andere: im Innern die Unterdrückung und Verfolgung, Vernichtung und »Ausmerzung« eines Teils der Nation, der politischen Gegner, der Juden und »volksfremden« Minoritäten überhaupt; nach außen (und schließlich nach innen zurückschlagend) die vielen Millionen Toten, die massivsten Verwüstungen und grenzenlosen Beschädigungen als Folgen der Aggression.

Seit den 1870er Jahren entfaltete das nationale Prinzip, in fließendem Übergang zum Nationalismus gesteigert, nicht nur integrierende, sondern immer auch polarisierende, ausgrenzende und desintegrierende Kraft: zwei Seiten einer Medaille. Je später, desto mächtiger setzte sich die zweite, die destruktive Seite durch und verzerrte, was von der ersten noch überlebte. Was blieb, war ein Trümmerhaufen. Diese nationale Tradition bietet wenig Anknüpfungspunkte – leider.

Literaturhinweise finden sich auf Seite 186–87.

Deutsche Geschichte vor Hitler

Zur Diskussion über den »deutschen Sonderweg«

Wie bestimmt man den Ort des Nationalsozialismus in der deutschen Geschichte? Welches waren seine historischen Wurzeln, was bedeuteten sein Sieg und seine Niederlage für die Entwicklung seit 1945? Wie interpretiert man ihn im Kontext der europäischen Geschichte und im internationalen Vergleich? Solche Fragen standen im Zentrum vieler wissenschaftlicher und nicht-wissenschaftlicher Debatten der letzten Jahrzehnte, zuletzt im sog. »Historikerstreit« von 1986/87. Und sie werden auch in Zukunft Historiker und Öffentlichkeit beschäftigen, aufwühlen und vermutlich teilen, vor allem in Deutschland.[1]

Die These vom »deutschen Sonderweg« stellt eine Möglichkeit dar, auf diese Fragen zu antworten. Zunächst soll diese These rekonstruiert werden, soweit sie einen sinnvollen, wenn auch nicht notwendig genau zutreffenden Beitrag zur historischen Interpretation des Nationalsozialismus darstellt.[2] Danach sollen die wichtigsten Einwände referiert werden, die vor allem in den letzten Jahren gegen die Sonderweg-These erhoben worden sind. Schließlich werde ich meine eigene Position in dieser anhaltenden Kontroverse umschreiben und argumentieren, daß die Sonderweg-These sorgfältig eingegrenzt und leicht modifiziert, auch im Licht der neuesten Forschung Geltung beanspruchen kann.[3]

Deutschland und der Westen: Die These vom »Sonderweg«

Im späten 19. und frühen 20. Jahrhundert waren viele von der Existenz eines besonderen »deutschen Weges« überzeugt, durch den sich die Entwicklung des Reiches – in Übereinstimmung mit seiner geographischen Lage und historischen Tradition – positiv von der in Frankreich und England abhob. Den nichtparlamentarischen Charakter der deutschen »konstitutionellen Monarchie« begriff man als Vorzug. Man war stolz auf die starke Regierung über den Parteien, das angesehene und leistungskräftige Beamtentum und die lange Tradition der Reformen von oben, durch die man den deutschen Weg von den westlichen Prinzipien der Revolution, des Laissez-Faire und der Parteien-Regierung unterschieden sah. Deutsche Kultur schien der westlichen Zivilisation überlegen – eine Ideologie, die ihren Kulminationspunkt in den »Ideen von 1914« erlebte.[4] Nach dem Ersten Weltkrieg begannen einige Gelehrte wie Otto Hintze und Ernst Troeltsch diese positive Variante der Sonderweg-These zu relativieren. Nach dem Zweiten Weltkrieg hatte sie ihre Überzeugungskraft verloren. Als implizit vergleichendes Interpretament der deutschen Geschichte hat sie seitdem, im großen und ganzen, keine Rolle mehr gespielt.

An ihre Stelle trat nach 1945 eine liberal-demokratische, kritische Variante der Sonderweg-These, zu deren Stammvätern neben anderen auch Friedrich Engels und Max Weber gehörten. Emigranten und andere Kritiker des Nationalsozialismus hatten starken Anteil an ihrer Entstehung. Im Kern versuchte diese kritische Version der Sonderweg-These die Frage zu beantworten, warum Deutschland im Unterschied zu vergleichbaren, hochentwickelten Ländern im Westen in der Krise der Zwischenkriegszeit faschistisch bzw. totalitär wurde. Die Frage nach den Ursachen des Nationalsozialismus wurde zum Zentrum der historischen Interpretation. In der Sonderweg-These konkretisierte sich der Versuch, die »deutsche Katastrophe« (Friedrich Meinecke) in vergleichender Perspektive zu erklären, sie als bedrükkenden, aber nicht zu leugnenden Teil des eigenen historischen Erbes zu verstehen und sich zugleich kritisch von ihr zu distanzieren.

Natürlich übersah man nicht die große Bedeutung, die kurzfristige Faktoren für den Zusammenbruch der Weimarer Republik und den Aufstieg des Nationalsozialismus besaßen. Wer hätte die Konsequenzen des Ersten Weltkriegs und der als demütigend erfahrenen Niederlage übersehen können? Unbestritten war auch, daß die Schwierigkeiten der internationalen Wirtschaftsbeziehungen und schließlich die Große Depression die Probleme der ersten deutschen Republik verschärften und zum Aufstieg von Hitler beitrugen.

Aber gleichzeitig blickte man ins 18. und 19. Jahrhundert zurück. Durch expliziten oder impliziten Vergleich mit England, Frankreich, den USA oder schlicht »dem Westen« versuchte man, Besonderheiten der deutschen Geschichte, Strukturen und Erfahrungen, Prozesse und

Weichenstellungen zu identifizieren, die zwar nicht direkt zum Nationalsozialismus führten, aber langfristig die Entwicklung liberaler Demokratie in Deutschland behinderten und letztlich den Aufstieg des deutschen Faschismus erleichterten. Zu diesem Argument haben eine große Zahl verschiedener Autoren sehr Verschiedenes beigetragen, in der Regel übrigens ohne das Wort »Sonderweg« zu benutzen.

Helmut Plessner sprach von der »verspäteten Nation«, dem verzögerten Prozeß der Nationalstaatsbildung »von oben«, und andere Historiker haben argumentiert, daß der Nationalismus im Kaiserreich eine besonders aggressive, frühzeitig nach rechts tendierende und destruktive Rolle spielte. Ernst Fraenkel, Karl Dietrich Bracher, Gerhard A. Ritter, M. Rainer Lepsius und andere identifizierten langfristig wirksame Schwächen des reichsdeutschen Regierungssystems: die blockierte Parlamentarisierung, ein scharf fragmentiertes, geradezu versäultes Parteiensystem und andere Faktoren, die sich später als Belastungen des Weimarer Parlamentarismus auswirkten und zu seinen Funktionsschwierigkeiten beitrugen. Leonard Krieger, Fritz Stern, George Mosse und Kurt Sontheimer betonten die illiberalen, anti-pluralistischen Elemente der deutschen politischen Kultur, auf denen später nationalsozialistisches Gedankengut aufbauen konnte. Hans Rosenberg und andere zeigten, daß vor-industrielle Eliten, vor allem die ostelbischen Agrarier (»Junker«), das hohe Beamtentum und das Offizierskorps viel Macht und Einfluß bis weit ins 20. Jahrhundert behielten. Langfristig standen sie der Demokratisierung und Parlamentarisierung im Wege; wie Heinrich August Winkler und andere ausführten, zeigte sich dies nicht zuletzt an der unheilvollen Rolle, die agrarische Interessen im Zusammenbruch der Weimarer Republik spielten. Die Reichsgründung mit »Blut und Eisen«, unter preußischer Hegemonie, vergrößerte den politischen Einfluß und das soziale Gewicht des Offizierskorps mit seinen quasi-ständischen Ansprüchen auf Exklusivität und Autonomie. Zusammen mit den alten Eliten überlebten viele traditionelle – vorindustrielle – Normen, Mentalitäten und Lebensstile, zum Beispiel autoritäre Denkmuster und anti-proletarische Ansprüche im Kleinbürgertum wie auch militaristische Elemente in der politischen Kultur des Bürgertums, man denke an den »Reserveoffizier«. Der Liberale Max Weber kritisierte die »Feudalisierung« des Großbürgertums, das adelige Überlegenheit in der Politik und aristokratische Normen und Gewohnheiten zu akzeptieren schien, statt nach bürgerlicher Macht zu streben und bürgerliche Kultur zu pflegen.

Ohne die Erfahrung einer erfolgreichen Revolution von unten, geprägt durch eine lange Tradition der bürokratisch geleiteten Reformen von oben und herausgefordert durch eine anschwellende Arbeiterbewegung, schien das deutsche Bürgertum vergleichsweise schwach und – im Vergleich zum Westen – geradezu unbürgerlich. Nach der einflußreichen Interpretation von Hans-Ulrich Wehler erschien das Kaiserreich als eine Mischung zwischen höchst erfolgreicher kapitalistischer Industrialisierung und sozioökonomischer Modernisierung einerseits, überlebenden vor-industriellen Institutionen, Machtverhältnissen und Lebensstilen andererseits, als ein wenig stabiles System, dessen innere Spannungen zu viel Unterdrückung und Manipulation im Innern wie auch zu einer vergleichsweise aggressiven Außenpolitik führten. In diesem Zusammenhang wurde Deutschlands besondere Verantwortung am Ausbruch des Ersten Weltkriegs von Fritz Fischer und seinen Schülern betont.[5]

Natürlich sahen auch die Vertreter dieser Interpretationsrichtung, daß der Erste Weltkrieg, die Niederlage und die Revolution von 1918/19 einen tiefen Einbruch bedeuteten und die Konstellation veränderten. Der alte Obrigkeitsstaat, das Beamtentum und das Militär verloren ein ganzes Stück ihrer herkömmlichen Legitimität, die alten Eliten wurden teilweise ersetzt, eine parlamentarische Demokratie entstand, und die Arbeiterbewegung war einer der Gewinner. Die Sozialdemokratie spaltete sich, aber gewann an Macht, und die Entwicklung des Sozialstaats machte rasche Fortschritte. Trotzdem, so die Sonderweg-These, überlebten viele der alten Belastungen und trugen zu den besonderen Schwächen der Weimarer Demokratie bei, so daß sie unter der Herausforderung der Großen Depression kollabierte, während die stabileren Demokratien des Westens und Nordens überlebten.

Dieses Argument hat zweifellos viel für sich. Nachdem die Parlamentarisierung so lange blockiert worden war, funktionierte das in Krieg und Niederlage geborene parlamentarische System nur unter Schwierigkeiten und war nicht kraftvoll genug, mit den tiefen sozialen Spannungen zurecht zu kommen, die im Anschluß an den Krieg und als Folge der wirtschaftlichen Turbulenzen entstanden. Die Kernelemente des wilhelminischen Parteiensystems überlebten die Revolution; die Parteien hatten nicht rechtzeitig gelernt, parlamentarisch zu agieren und die in diesem System notwendigen Kompromisse einzugehen. Traditionale Orientierungen und exklusive Erwartungen hatten in großen Teilen der Oberschicht überlebt – bei den Junkern, in der hohen Beamtenschaft, im Offizierskorps, in der Justiz und in Teilen der Bourgeoisie –, und diese herkömmlichen, vordemokratischen, teilweise vormodernen Orientierungen und Ansprüche stießen zunehmend mit den Weimarer Realitäten zusammen. So erklärt sich, warum große Teile der Oberschicht der neuen demokratischen Republik skeptisch oder feindlich gegenüberstanden und zu ihrem frühen Zusammenbruch beitrugen. In Teilen des Kleinbürgertums überlebten ebenfalls herkömmliche, hohe und fest mit dem Staate rechnende Erwartungen, die sich zum Protest gegen das neue politische System wandelten, als sich dieses unfähig zeigte, sie vor den Herausforderungen der Modernisierung zu schützen. Trotz Berlins und der Weimarer Moderne überlebten und verstärkten sich illiberale Elemente der politischen Kultur, und in verschlungener Weise kam diese dem Aufstieg des Nazismus zugute.

Aus dieser Sicht waren es also nicht nur die ökonomische Krise, explosive Klassenspannungen und destabilisierende Modernisierungsfolgen, die die Krise der Weimarer Republik hervorbrachten. Zwar fielen solche »moderne« Faktoren ins Gewicht, aber sie gab es ja auch in anderen Ländern. In Deutschland jedoch wurden sie durch weiterwirkende, wenn auch in Frage gestellte, vormoderne Strukturen und Traditionen verstärkt – das Erbe des Sonderwegs.[6]

Kritik

Zu dieser hier nur sehr knapp und vereinfacht zusammengefaßten, in sich vielfältigen Interpretationsrichtung haben sehr verschiedene Autoren beigetragen, die oftmals nur hinter Teilen der These standen, ohne sie ganz zu unterschreiben. Dies kann hier nicht im einzelnen dargestellt werden. Die Interpretationsrichtung, die im übrigen eher von ihren Kritikern als von ihren Vertretern mit der Etikette »Sonderweg-These« versehen worden ist, hat nie allgemeine Zustimmung gefunden. Die Kritik an ihr nahm in den letzten Jahren zu. Die wichtigsten Einwände seien kurz rekapituliert.

1. Es sei einseitig, deutsche Geschichte sub specie 1933 (oder 1933–1945) zu interpretieren. Thomas Nipperdey hat als einer der ersten betont, daß die deutsche Geschichte »mehrere Kontinuitäten«

enthält. Mit zunehmender zeitlicher Distanz zum Nationalsozialismus läge es auch immer weniger nahe, deutsche Geschichte des 19. und 20. Jahrhunderts vor allem in bezug auf den Kollaps der Weimarer Republik und den Sieg des Nationalsozialismus zu interpretieren. Deutsche Geschichte vor 1933 sei nicht nur Vorgeschichte von 1933. Sie sei vielmehr auch – zum Beispiel – Teil der Vorgeschichte unserer Gegenwart und überdies eine Periode in eigenem Recht.[7] Andere haben gemeint, daß die Historiker mit wachsendem zeitlichen Abstand aus dem Schatten des Nationalsozialismus hervortreten, von der Konzentration auf ihn als Angelpunkt ihrer Interpretationen ablassen und ein balancierteres Bild der ganzen deutschen Geschichte entwickeln sollten.[8]

2. Die Vorstellung eines deutschen »Sonderwegs«, so lautet ein anderer Einwand, unterstellt die Existenz eines »normalen Wegs«, von dem die deutsche Entwicklung abgewichen sei. Falls »normal« so viel wie »durchschnittlich«, »wahrscheinlich« oder »am häufigsten« heiße, dürfte es schwierig sein zu zeigen, daß die französische, die englische und die amerikanische Entwicklung die »Normalität« darstellten – ganz abgesehen davon, daß zwischen ihnen große Unterschiede bestanden und sie sich deshalb zur Zusammenfassung als »westlich« wenig eignen. In gewisser Hinsicht habe schließlich jedes Land – und jede Region oder Stadt – seinen bzw. ihren »Sonderweg«. – Falls »normal« aber im Sinne von »Norm« gemeint wäre, dann sei die Schwierigkeit eher noch größer. Denn wenn man »den Westen« als normatives Modell setze, von dem die deutsche Entwicklung zu ihrem Schaden abgewichen sei, dann impliziere das subjektive Wertentscheidungen und die Gefahr einer Idealisierung »des Westens«. U. a. David Blackbourn und Geoff Eley haben so argumentiert und dabei Applaus von solchen konservativen Stimmen erhalten, die ohnehin ein weniger selbstkritisches, identifikationsfähigeres, wenn nicht gar »entsorgtes« Bild der deutschen Geschichte bevorzugen.[9] Aber auch auf der Linken hat eine kritischere Haltung gegenüber der westlichen Modernisierung an Boden gewonnen. Zivilisationskritik ist verbreitet. Amerika ist heute in sehr viel geringerem Ausmaß das bewunderte Modell, das es noch vor einem Vierteljahrhundert war. Mit wachsendem Zweifel am Modell der westlichen Modernisierung hat die Sonderweg-These an Evidenz verloren.

3. Neuere empirische Studien scheinen zu zeigen, daß vielleicht die Kausalbedeutung vormoderner Mentalitäten, Strukturen und Eliten

für die Krise der Weimarer Republik überschätzt worden ist. Dagegen werden die Folgen des verlorenen Ersten Weltkriegs und der Inflation, die Weltwirtschaftskrise und der angeblich überstürzte Aufbau des Sozialstaats als Erklärungsfaktoren stärker betont. Andere Autoren nehmen eine ältere Argumentationslinie auf und betonen, daß es gerade die schnelle Modernisierung war, die zu sozialen und kulturellen Anomien und Spannungen führte, welche ihrerseits die Krise verschärften und das System destabilisierten: der Mißerfolg Weimars als Konsequenz der »Widersprüche der klassischen Moderne«.[10]

4. Neuere Interpretationen des Kaiserreichs haben seine Modernität stark betont: seine Errungenschaften auf den Gebieten der Bildung, der Wissenschaften und der Architektur, seine angeblich sehr entwickelte Bürgerlichkeit – im Privatrecht, im Pressewesen, auf dem Theater und in anderen Bereichen der Kultur. Manche gingen noch weiter und sprachen von der Hegemonie des Bürgertums im ökonomischen, sozialen und kulturellen Leben des Kaiserreichs. Eley versuchte, die Bismarcksche Reichsgründung als eine Form der bürgerlichen Revolution zu interpretieren. Das geht sicher zu weit, aber die ältere These – das Kaiserreich als Produkt partieller Modernisierung mit einer modernen Ökonomie unter einem antiquierten politisch-kulturellen Dach, das primär durch Manipulation und Repression gehalten wurde – ist erschüttert.[11] Auch vergleichende Argumente haben den Zweifel an der Sonderweg-These genährt. So scheint es eher der europäische Normalfall als eine deutsche Besonderheit gewesen zu sein, daß sich das Bürgertum nicht zur herrschenden Klasse aufschwang (wie vielleicht in Belgien, den Niederlanden und später in den USA). Genaue Vergleiche scheinen zu zeigen, daß das, was lange als spezifische Schwäche des deutschen Bürgertums interpretiert worden ist (zum Beispiel die Orientierung des Großbürgertums an aristokratischen Modellen), eher ein gesamteuropäisches Phänomen darstellte. Wenn man bürgerliche Selbstverwaltung in englischen, französischen, deutschen und russischen Städten des 19. Jahrhunderts vergleicht, ergibt sich nicht das Bild eines für Deutschland spezifischen Defizits an Bürgerlichkeit – eher im Gegenteil.[12]

5. Schließlich ist die Sonderweg-These, wie sie oben skizziert wurde, von einer anderen her in Frage gestellt worden, die Deutschlands geographische Lage in der Mitte Europas betont. Diese Sichtweise ist alt, aber sie wurde neuerdings von H. Schulze, M. Stürmer und K. Hildebrand wiederbelebt. Sie betonen, daß gerade das Fehlen eines star-

ken, einheitlichen Nationalstaats in der Mitte Europas in der Frühen Neuzeit und noch nach 1815 wesentlicher Bestandteil eines europäischen Kräftegleichgewichts war. Die Gründung des Deutschen Reiches im »Herzen Europas« habe von Anfang an ein hohes Risiko bedeutet. Sie sei nur unter Bismarcks genialer und (vor allem seit 1871) konservativer Regie möglich gewesen. Unglücklicherweise, so dies Argument, erwiesen sich mittelfristig die konservativen Kräfte im Establishment des Reiches als nicht stark genug. Liberale, demokratische und populistische Bewegungen gewannen an Schwung, neue Formen eines nicht-konservativen Nationalismus und dynamischen Imperialismus entstanden, das Reich versuchte zu expandieren, aber wegen seiner spezifischen geographischen Lage führte dies zur Destabilisierung des internationalen Systems, das dann im Ersten Weltkrieg kollabierte. Vor allem in diesem Kontext der Geographie und der internationalen Beziehungen sehen Historiker wie K. Hildebrand so etwas wie einen deutschen »Eigenweg«. Während die liberale Sonderweg-These die illiberalen, undemokratischen, autoritären und vormodernen Aspekte des deutschen Systems für dessen besondere Pobleme vor und nach dem Ersten Weltkrieg verantwortlich macht, dreht diese geohistorische Version der Sonderweg-These das Argument um: Deutschland sei nicht hinreichend konservativ, und die traditionalen Eliten seien nicht kraftvoll genug gewesen, um den populistischen Nationalismus, die Kräfte der Demokratisierung, den Imperialismus der Liberalen zu bremsen, und daraus sei eine Dynamik hervorgegangen, die im europäischen Vergleich nicht exzeptionell, aber doch angesichts Deutschlands immer gefährdeter Position in der Mitte Europas zuviel gewesen sei.[13]

Diese fünf Argumentationsbündel stellen eine starke Herausforderung an die herkömmliche Sonderweg-These dar. Muß man sie aufgeben? Bedarf sie der Modifikation? Muß man die Kritik kritisieren? Im folgenden geht es um diese Fragen, wobei zunächst ein methodologisches und im weitesten Sinn politisches Argument vorgetragen wird und dann stärker empirische Überlegungen angeschlossen werden.

Sicherlich gibt es sehr viele Probleme und Themen in der langen deutschen Geschichte. Verschiedene Personen richten unterschiedliche Fragen an sie, und diese Fragen ändern sich mit der Zeit. Aber wie auch der »Historikerstreit« wieder gezeigt hat, ist die Frage nach dem Ort des Nationalsozialismus in der deutschen Geschichte und darüber hinaus im universellen Kontext auch heute noch zentral. Das liegt vor allem an dem exzeptionellen moralischen, politischen und anthropologischen Gewicht dieser an sich kurzen Periode und ihren tiefgreifenden Auswirkungen auf die deutsche, europäische und Weltgeschichte seitdem. Solange das so ist, besteht kaum die Gefahr, daß Interpretationen, für die »1933« einen Fluchtpunkt darstellt, veralten und an den Gegenwartsinteressen vorbeizielen.

Wenn es um die Frage nach den (teilweise weit zurückreichenden) Ursachen, der Geschichte und der Bedeutung des Nationalsozialismus geht – und vermutlich nur dann –, macht die Vorstellung eines deutschen Sonderwegs Sinn. Eine solche Vorstellung ist dagegen weniger nützlich und manchmal irreführend, wenn man historische Vergleiche über andere Themen und mit anderen Fragestellungen betreibt, zum Beispiel wenn man die Industrialisierung des 19. Jahrhunderts oder den Aufstieg des Sozialstaats seit dem späten 19. Jahrhundert in verschiedenen Ländern vergleicht.[14] Natürlich, in gewissem Sinn hat jedes Land – und jeder Ort – seinen Sonderweg. Das ist richtig, aber gleichzeitig banal, darauf läßt sich keine große These bauen. Auch ist einzuräumen, daß die Eigenarten der deutschen Entwicklung sich anders darstellen, wenn man mit Ostmittel- oder Osteuropa vergleicht statt mit westlichen Ländern. Angesichts dieser unbestreitbaren Sachverhalte sollte man die Hypothese eines deutschen Sonderwegs für die komparative Diskussion eines sehr grundsätzlichen und weiterhin nicht völlig geklärten Problems reservieren: warum in Deutschland der liberal-demokratische Rechtsstaat in ein faschistisches bzw. totalitäres System pervertierte, während in jenen Ländern, mit denen die Deutschen sich gerne vergleichen und auch vergleichen sollten, dies nicht geschah – obwohl jene Länder im betreffenden Zeitraum unter ähnlichen Bedingungen existierten und mit ähnlichen Herausforderungen konfrontiert waren.

Zugegebenermaßen sind in der Entscheidung für *diese* Vergleichsperspektive normative Elemente enthalten. Aber dies läßt sich verteidigen. Denn in bezug auf die Alternativen »Faschismus versus demokratischer Rechtsstaat« oder »Totalitarismus versus demokratischer Rechtsstaat« ist nun einmal die Bilanz jener westlichen Länder überlegen, ihre Entwicklung glücklicher als die unsere. Deshalb kann der – unter diesem Gesichtspunkt durchaus einheitliche – westliche Entwicklungspfad als ein historisches (nicht abstraktes) Vergleichsmodell dienen. Zwar läßt sich nicht zwingend beweisen, daß es notwendig sei, Deutschland mit Frankreich, England, den skandinavischen Ländern oder Nordamerika zu vergleichen. Aber es lassen sich Überlegungen anstellen, die dafür sprechen, wenn man denn über vergleichende Forschungen herausfinden will, wieso es zur »deutschen Katastrophe« kam und was sie bedeutet. Denn mit jenen westlichen Ländern war Deutschland nicht nur durch einen ähnlichen Stand der ökonomischen Entwicklung und sozialen Modernisierung verbunden, sondern auch durch gemeinsame Tradition der Aufklärung, der Menschen- und Bürgerrechte, des Rechts- und Verfassungsstaats. Trotzdem wurde Deutschland faschistisch und totalitär, die westlichen Länder dagegen nicht. Warum? Das ist der Kern der Frage nach dem »Sonderweg«. Wenn man die Reichweite der Sonderweg-These so begrenzt, entzieht sie sich den theoretisch-methodischen Einwänden, die sonst schwer zu widerlegen wären.[15]

Wie steht es nun mit den empirischen Einwänden gegen die Sonderweg-These? Zunächst: Kein ernsthafter Historiker würde argumentieren, daß die längerfristigen Besonderheiten der deutschen Geschichte direkt und mit Notwendigkeit auf 1933 zuführten. Zweifellos mußten viele zusätzliche Kausalfaktoren dazu kommen – von den Folgen des verlorenen Krieges bis zur Person Adolf Hitlers –, und möglicherweise hätte der Sieg des Nationalsozialismus noch Ende 1932 abgewendet werden können. Trotzdem: Die Strukturen und Prozesse, wie sie in der Sonderweg-Literatur identifiziert worden sind, verschärften die Schwierigkeiten der Weimarer Republik und erleichterten den Aufstieg des Nationalsozialismus. Die jüngere Forschung hat dem Gesamtbild neue Elemente hinzugefügt und Akzente verschoben, die Grundlinien der Interpretation wurden nicht revidiert. Die Zurückweisung der Weimarer Republik durch große Teile der Oberschicht, der anti-demokratische Nationalismus, die Schwierigkeiten des parlamentarischen Systems, die Macht der Agrarier und des Offizierkorps, illiberale Elemente in der politischen Kultur, die Schwäche des demokratisch-republikanischen Lagers – solche Faktoren erklären den Zusammenbruch der Weimarer Republik mit und sind selbst Produkte vorangehender Prozesse und Strukturen, wie sie im Rahmen der Sonderweg-These identifiziert worden sind. Der Hinweis auf die »Widersprüche der klassischen Moderne« paßt gut in die heutige modernisierungsskeptische Grundstimmung. Aber andere Länder waren auch modern – und entgingen dem Schicksal Deutschlands.[16]

Die neue geohistorische Sonderweg-These ist nicht überzeugend. Sicherlich identifiziert sie einige besondere Schwierigkeiten der deutschen Situation und bringt die internationalen Beziehungen begrüßenswerterweise stärker ins Spiel. Aber sie kann nicht wirklich erklären, warum diese Nation in der Mitte Europas so expansiv geworden ist. Sie tendiert dazu, die Eliten des Kaiserreichs aus der Verantwortung zu entlassen. Sie übersieht, daß es gerade die obrigkeitsstaatlich-vorparlamentarische Unbeweglichkeit der Reichsverfassung war, die die auf Partizipation dringenden sozialen und politischen Kräfte ins Abseits drängte und somit irrational-destruktive Strömungen hervorbringen half, die dann destabilisierend wirkten, nach innen und außen. Sie fußt auf der unbewiesenen Annahme, daß konsequente Parlamentarisierung und Demokratisierung das Reich nur noch unstabiler, imperialistischer und aggressiver gemacht hätten. Manchmal grenzt sie an geographischen Determinismus.[17]

Zwar ist einzuräumen, daß einige Elemente der alten Sonderweg-These revisionsbedürftig sind. Mit der »Feudalisierung des Großbürgertums« war es viel weniger weit her als man lange dachte; die Annäherung von Großbürgertum und Adel war im übrigen ein gesamteuropäisches Phänomen. Die deutsche Bourgeoisie erweist sich zwar im Vergleich mit dem Westen als relativ schwach, doch in Deutschland gab es – gewissermaßen zum Ausgleich – ein früh entwickeltes und starkes Bildungsbürgertum. Die Schwäche des Liberalismus auf gesamtstaatlicher Ebene mag durch seine fortdauernde Kraft auf der kommunalen Ebene ein wenig kompensiert worden sein. Anderes wäre zu nennen. Aber insgesamt ergibt gerade die neuere vergleichende Bürgertumsforschung, daß die Sonderweg-These im Kern ihre Gültigkeit behält. Im Verhältnis von Adel und Bürgertum bestanden Eigenarten, die die Schwäche des deutschen Bürgertums dokumentierten. Der relativ markanten Abgrenzung des Bürgertums in Deutschland entsprach seine relativ schwache Ausstrahlungs- und Integrationskraft. Die zahlreichen unbürgerlichen Züge der bürgerlichen Gesellschaft des Kaiserreichs sind so zu erklären. Die bürokratische Einfärbung der deutschen Bürgerlichkeit bezeichnete zugleich eine ihrer empfindlichsten Grenzen.[18]

Schließlich: Die vergleichende Forschung der letzten Jahre hat eine besonders wichtige Eigenart der deutschen Entwicklung – neben anderen[19] – immer wieder bestätigt: das Gewicht und die Kontinuität der bürokratischen Tradition. Durch ein früh entwickeltes, effizientes, angesehens, ausstrahlungskräftiges Berufsbeamtentum und durch eine lange Tradition der erfolgreichen Reformen von oben unterschied sich die deutsche Entwicklung nach Westen wie nach Osten. Ein starker Obrigkeitsstaat bestand, der viel leistete und nicht ohne Grund auf verbreitete Bewunderung stieß, aber mit einer spezifischen Schwäche bürgerlich-liberaler Tugenden – gewissermaßen als Preis – verbunden war. Die bürokratische Tradition prägte die verschiedensten Wirklichkeitsbereiche: die soziale Klassen- und Schichtenbildung, das Schulsystem, Struktur und Mentalität des Bürgertums, die Arbeiterbewegung und das Parteiensystem, die Organisation der großen Wirtschaftsunternehmen, selbst die sozialen Theorien eines Max Weber. Sie erleichterte den in Deutschland besonders frühen Aufstieg des Sozialstaats, aber sie half auch mit, die Parlamentarisierung von Reich und Einzelstaaten bis 1918 zu blockieren. In den verschiedensten sozialen Milieus erwartete man viel vom Staat, und wenn diese staatsorientierten Erwartungen enttäuscht wurden, konnten sie leicht in staatsorientierte und schließlich systemkritische Proteste umschlagen. Die bürokratisch-obrigkeitsstaatliche Einfärbung verbreiteter Einstellungen, Haltungen und Mentalitäten erklärt sicherlich mit, warum es in den 30er und 40er Jahren nicht zu mehr Widerstand gegen regierungsseitig gedeckte, staatlich initiierte Monströsitäten kam.[20]

Analytisch wird man zwischen der Schwäche und dem Zusammenbruch der Weimarer Republik einerseits, dem Aufstieg und Sieg des Nationalsozialismus andererseits unterscheiden müssen. Dieser Aufsatz hat mehr von den langfristigen Gründen des frühen Zusammenbruchs der Weimarer Republik als von den Ursachen des Nationalsozialismus und seinen Wurzeln in der deutschen Geschichte gehandelt. Die Besonderheiten der deutschen Geschichte, die unter dem Stichwort »Sonderweg« zusammengefaßt werden, erklären eher die Schwächen und den frühen Zusammenbruch der Weimarer Republik als den Nationalsozialismus selbst. Die Sonderweg-These kann gut erklären, warum es in Deutschland so wenig Widerständigkeit gegen die totalitär-faschistische Herausforderung gab, warum sie sich hier Bahn brach und woanders nicht. Aber viel schwächer ist sie, wenn es um die Analyse des totalitären Faschismus selbst und seine Entwicklung nach 1933 geht. Denn der Nationalsozialismus war Teil eines europäischen Phänomens, Aspekt einer allgemeinen Herausforderung der liberalen Demokratien in der Zwischenkriegszeit. Viele seiner Aspekte waren neu und drängten über den herkömmlichen deutschen Sonderweg hinaus. Sie halfen indirekt mit, ihn zu beenden.[21]

»Totalitarismus« und »Faschismus«

Gegen einen falschen Begriffskrieg

Ich möchte gegen die Unvereinbarkeit der beiden Begriffe »Totalitarismus« und »Faschismus« argumentieren und im übrigen für die wissenschaftliche und politische Überlegenheit eines sorgsam definierten Faschismusbegriffs, zumal ich glaube, daß dieser eher in der Lage ist, wichtige Elemente des Totalitarismusbegriffs in sich aufzunehmen als umgekehrt. Ohne tatsächlich bestehende Unterschiede und Spannungen zwischen den Begriffen Totalitarismus und Faschismus einzuebnen, soll ihre oft allzu scharfe Entgegensetzung im folgenden etwas relativiert werden. Es geht um formale Ähnlichkeiten der beiden Begriffe, ihre relativen Vorteile und Nachteile vor allem bei der Erforschung des Nationalsozialismus, die Schwierigkeiten, die sie teilen, und um ihre Vereinbarkeit, wenn man sie angemessen definiert. Die Bemerkungen richten sich gegen die Zuspitzung eines Begriffskrieges, dessen Schärfe längst über das wissenschaftlich Nützliche und politisch Sinnvolle hinausgegangen ist.

1. Beide Begriffe sind, das wurde mehrfach gesagt, in den zwanziger und dreißiger Jahren aus gesellschaftlich-politischen Auseinandersetzungen entstanden und mit diesen bis heute verknüpft. Dies haben sie allerdings, jedenfalls der Tendenz nach, mit anderen wichtigen sozialwissenschaftlich-historischen Begriffen gemeinsam und das allein disqualifiziert sie nicht in ihrer wissenschaftlichen Brauchbarkeit, solange dieser Zusammenhang durchschaut wird und durch objektivierende scharfe Definition wie durch Verwendung fachwissenschaftlicher Methoden gelockert wird.

2. Beides sind Typen- oder Allgemeinbegriffe und insofern auch neohistoristischen Interpretationsversuchen (zum Beispiel: Nationalsozialismus primär als »Hitlerismus« verstanden) entgegengesetzt. Sie stellen den historischen Gegenstand, zu dessen Erfassung sie benutzt werden, also etwa den deutschen Nationalsozialismus, in inhaltlich jeweils verschiedene Vergleichszusammenhänge. Sie tun dies, indem sie

jeweils unterschiedliche Merkmale des historischen Gegenstandes auf Kosten anderer seiner Merkmale hervorheben. Dies an sich ist ebenfalls nicht zu kritisieren, denn nur so können überhaupt typisierende Begriffe gebildet werden, ohne die Vergleiche und Einordnungen nicht möglich wären.

3. Der Totalitarismusbegriff, sinnvoll definiert, betont am Nationalsozialismus dessen diktatorische Negation liberal-demokratischer Verfassungsprinzipien, bestimmte Eigenarten des Herrschaftssystems, die institutionalisierte Ideologie mit Ausschließlichkeitsanspruch, die Tendenz zur allumfassenden, gleichgeschalteten Mobilisierung der Individuen und einiges mehr. Dadurch wird in der Tat das am Nationalsozialismus betont, was er in der Tat mit anderen – eben, so definiert, totalitären – Diktaturen gemeinsam hatte, etwa mit der stalinistischen Sowjetunion. Vom Herrschaftssystem her denkenden Politikwissenschaftlern wird diese Einordnung besonders naheliegen. Die prinzipielle Legitimität dieses Vorgehens wird man insbesondere dann nicht bestreiten können, wenn man sich liberal-demokratischen Grundorientierungen verpflichtet weiß, denn von diesen her speist sich ja diese Begriffsbildung, die an linken und rechten Diktaturen das betont, womit sie liberale Demokratie bedrohen. Daß diese Sichtweise manchmal zu holzschnittartigen Überzeichnungen der Massivität des Herrschaftsapparates führen kann, muß nicht prinzipiell gegen den Ansatz sprechen. Daß dieser Totalitarismusansatz aber Systeme zusammenrückt, die sich nach sozialökonomischen Entstehungsbedingungen, sozialen Grundlagen, sozialen Funktionen und politischer Zielsetzung scharf unterscheiden, ohne diese Unterschiedlichkeiten genügend thematisieren zu können, ist sein entscheidender Nachteil.

4. Bekanntlich gibt es sehr verschiedene Faschismusbegriffe, die hier nicht zu besprechen sind. Der Faschismusbegriff, der mir am ehesten nützlich erscheint, hebt am Nationalsozialismus zwar auch dessen anti-liberal-demokratische, totalitär-diktatorische Elemente hervor, zugleich aber – zusätzlich – betont er dessen *sozial*geschichtlichen Bedingungen, Inhalte und Funktionen, vor allem:

a) seine Bedingtheit durch Krisenerscheinungen kapitalitisch-bürgerlicher Systeme seit dem Ersten Weltkrieg,
b) seine in Klassen- und Schichtenkategorien beschreibbare »soziale Basis«, in der unter Druck geratene Mittelschichten vorwiegen,
c) die Abhängigkeit seines Durchbruchs von der Hilfestellung bzw.

Koalition mit bisherigen, sich durch Reform oder Revolution bedroht fühlenden Führungsgruppen (trotz seiner unbezweifelbaren und auch vom Faschismusbegriff nicht geleugneten anti-elitären, populistisch-revolutionären Elemente),

d) seine antisozialistische, antikommunistische Stoßrichtung in Theorie und Praxis, in Bewegungs- und Regimephase sowie

e) seinen jedenfalls kurz- und mittelfristig unbestreitbaren Beitrag zur Stabilisierung kapitalistischer Grundprinzipien.

f) Bestimmte Merkmale der Ideologie und Programmatik wie extremer Nationalismus kämen hinzu.

Dadurch wird das betont, was linke und rechte Diktaturen unterscheidet und was den Nationalsozialismus mit dem italienischen Faschismus und – der Tendenz nach – mit anderen Faschismen jedenfalls während der Zwischenkriegszeit, wahrscheinlich darüber hinaus, verbindet. Gleichzeitig bleibt aber die klare Abgrenzung faschistischer Bewegungen und Systeme von liberal-demokratischen Bewegungen und Systemen erhalten, wodurch einem der stichhaltigsten Einwände gegen einen allzu losen Faschismusbegriff Rechnung getragen wird.

Zur Einordnung des Nationalsozialismus in seinen gesellschaftsgeschichtlichen Zusammenhang ist ein solcher Zugriff zweifellos dem Totalitarismusbegriff in seinen verschiedenen Varianten deutlich überlegen. Politisch mag für den Faschismusbegriff bei Abwägung unter anderem auch sprechen, daß er den durchaus historisch variablen Zusammenhang zwischen bürgerlich-kapitalistischen Systemen und Faschismus zum zentralen Thema macht, ohne doch ihre Identität zu behaupten. Er erlaubt den Vergleich zwischen faschistisch pervertierenden und nicht faschistisch werdenden kapitalistisch-bürgerlichen Systemen unter der Fragestellung, unter welchen Bedingungen kapitalistisch-bürgerliche Systeme faschistisch werden und unter welchen nicht. Unter dem Gesichtspunkt historischer Gegenwartsanalyse dürfte dies für das Selbstverständnis heutiger bürgerlicher Gesellschaften wichtig sein. Auch erlaubt dieser Zugriff viel mehr als der totalitarismustheoretische, zwischen den ungleichen Beiträgen zu differenzieren, die einzelne Klassen und Gruppen zum Aufstieg des Nationalsozialismus geleistet haben und auch, klassenmäßig und gruppenmäßig differenziert, die Frage nach der ungleichen Verteilung von Vorteilen und Nachteilen in der Systemphase zu stellen. Dafür läßt sich meines Erachtens, jedenfalls unter dem Gesichtspunkt historischer Gerechtigkeit, auch politisch argumentieren. Dies erlaubt der Totalitarismusbegriff in sehr viel geringerem Maße.

5. Auch wenn man keine rein nominalistische Position vertritt, wird man einsehen müssen, daß Begriffe keine bloße Abbildung der historischen Wirklichkeit sind, sondern immer auch deren Interpretation, und daß ein und derselbe historische Gegenstand auf verschiedene Weise begrifflich gefaßt werden kann, wenn auch nicht jeder beliebige Zugriff legitim oder gleich angemessen ist. Welchem Zugriff man den Vorzug gibt, hängt von vielen diskutierbaren Kriterien ab, so vor allem vom Erkenntnisziel und gegebenenfalls von der Art der Vergleichsabsicht.

Wer durch Vergleich mit einem ebenfalls krisengeschüttelten, aber demokratisch bleibenden Land, wie USA und England in den frühen dreißiger Jahren, sozialgeschichtliche Bedingungen des Aufstiegs des Nationalsozialismus studieren will, unter anderem mit der Frage, warum ähnliche Krisenerscheinungen dort nicht zu ähnlich antidemokratischen Reaktionen in bestimmten Klassen und Schichten führten, der wird mit dem Totalitarismusbegriff sehr wenig, mit einem differenzierten Faschismusbegriff sehr viel anfangen können. Der letztere erlaubt nämlich, das komplizierte Zusammenwirken von kapitalismus-immanenten Konfliktherden einerseits und dem reibungsreichen Fortwirken vorindustriekapitalistischer Traditionen andererseits zu thematisieren und zu verstehen; ein Zusammenspiel, ohne das die faschistische Perversion kapitalistisch-bürgerlicher Systeme unmöglich ist.

Ein Vergleich von Mussolinis Italien und Hitlers Deutschland wird es m. E. nicht nötig haben, den abstrakteren Totalitarismusbegriff als Basis zu wählen, sondern mit dem konkreteren, trennschärferen Faschismusbegriff besser bedient sein. Wer dagegen die Unterdrückung von Individuen und Gruppen und die entsprechenden Unterdrükkungsmechanismen in Hitlers Deutschland und in Stalins Sowjetunion nach Ähnlichkeiten und Unterschieden vergleichen will, wird einen sorgsam definierten Totalitarismusbegriff sicher gebrauchen können. Wer eine synthetische Darstellung des Nationalsozialismus verfaßt, wird wohl nicht umhin kommen, beide Begriffe zu verknüpfen und einiges mehr. Mir scheint allerdings, daß ein klug definierter Faschismusbegriff sich leichter tut, wichtige Dimensionen des Totalitarismusbegriffs in sich aufzunehmen als umgekehrt. Entsprechend habe ich vorhin den von mir vorgezogenen Faschismusbegriff umschrieben.

6. Beide Begriffe haben große Schwierigkeiten, und zwar der Totalitarismusbegriff mindestens soviele wie der Faschismusbegriff, die beiden haben sich da wenig oder auch gleichviel vorzuwerfen. Ich gehe nur auf ein grundsätzliches Problem ein, das beiden gemeinsam ist. Beide sind von einigen wenigen Bewegungen und Diktaturen der Weltkriegszeit abgezogen worden, ihre Ausdehnung auf andere Bewegungen und Systeme führt leicht zu unscharfen Überdehnungen. Eine eindeutige Abgrenzung ihres Anwendungsbereichs ist schwierig, damit hängt das Problem ihrer politischen Mißbrauchbarkeit natürlich zusammen. Genau hier hat denn auch die Kritik an beiden Begriffen ihre größte Berechtigung. Wer das Dritte Reich, die Sowjetunion bis heute, dazu die heutigen sozialistischen Systeme in Ostmitteleuropa und gewisse Einparteiensysteme in der Dritten Welt unter der Etikette »totalitär« zusammenfassen würde, setzte sich dem berechtigten Vorwurf aus, ins Gewicht fallende Änderungen und Unterschiede zu unterschlagen und letztlich ideologisch zu formulieren. Und auch die ungehemmte, meist ideologisch-politisch motivierte Ausweitung des Faschismusbegriffs entzieht ihm seine analytische Kraft und ist besonders dann zurückzuweisen, wenn dadurch die politisch fundamentale und begrifflich auch ohne Schwierigkeiten klar zu fassende Unterscheidung zwischen Faschismus und liberaler (»bürgerlicher«) Demokratie ins Schwimmen gerät.

Zum Teil lassen sich diese Schwierigkeiten, die beide gemeinsam haben, durch scharfe, enge und empirienahe Definitionen reduzieren, doch eben nur zum Teil. Denn zum einen bleiben Definitionskriterien immer kontrovers und zum anderen muß man einsehen, daß in der historisch-sozialwissenschaftlichen Forschung die volle Übereinstimmung von Typenbegriff und Realität ohnehin selten ist, und es im Sinne von Webers Idealtypus allermeist darum geht, einen gewissen »Abstand« zwischen Begriff und historischer Realität zu untersuchen. Wie groß aber darf dieser Abstand werden, bevor die Verwendung des betreffenden Begriffs unstatthaft wird?

Ein so begründeter (und begrenzter) Spielraum für voneinander abweichende begriffliche Entscheidungen ist auch sonst in der historischen Arbeit gegeben. Bei unserem Thema fällt dieses methodische Problem nur besonders auf, weil es sich um ein politisch besonders aufgeladenes Feld handelt. Hier hilft nur zweierlei: jenen Abstand zwischen Begriffsmerkmalen und Realität nicht zu verschweigen und diesen Entstehungs- und Verwendungszusammenhang historischer

Allgemeinbegriffe aufzudecken. Denn wer das versteht, wird gegen Begriffstotalitarismus gefeit sein und weniger dazu tendieren, die wissenschaftliche Begriffswahl mit einem Bekenntnis zu verwechseln. Der Verzicht auf typologisierend-generalisierende Zugriffe überhaupt, wie er ja neuerdings wieder vorgeschlagen wird, wäre dagegen kein Ausweg, denn ohne Begriffe dieser Art und Reichweite sind Vergleiche, Einordnungen und letztlich Analysen nicht möglich.

Zerstörung und Befreiung: Das Jahr 1945 als Wendepunkt deutscher Geschichte

In den letzten Monaten haben manche gemeint, man solle den 8. Mai nicht als Gedenktag begehen, sondern lieber unbeachtet lassen.[1] Man solle keine vernarbten Wunden aufreißen, die offizielle Erinnerung werde nur zum Streit führen, und in den letzten Monaten habe es genug historische Gedenktage gegeben.

Die Entwicklung ist über solche Argumente hinweggegangen. Die Erinnerung an den 8. Mai 1945 und an das, was er symbolisiert, ist zu einer mächtigen Welle in mannigfachen Formen geworden, die vom großen Medienereignis und offiziellen Manifest über unüberschaubar viele Zeitungsartikel und zahlreiche Sammelbände bis zu zahllosen Gesprächen auf Parties und Diskussionen im Familienkreis reichten. Im Grunde kam das überraschend, besonders wenn man bedenkt, daß zur 20., 25. oder 30. Wiederkehr des 8. Mai nichts Vergleichbares geschah.

Die Ursachen sind nicht leicht zu benennen. Sicherlich spielt eine Rolle, daß das Interesse an Geschichte in den letzten Jahren generell wieder zugenommen hat. Und was speziell die Geschichte jener Zeit betrifft, so kommt zweierlei zusammen – anders als vor 10, 20 Jahren und auch anders als zum 50. Jahrestag 1995. Einerseits leben in Deutschland und anderswo noch viele von denen, die damals gelitten, verloren oder gesiegt haben. Sie, ihre Familien und ihre Organisationen verlangen oftmals die öffentliche Erinnerung an ihre Leiden und Leistungen als ein Stück Gerechtigkeit, und auf Befragen können sie noch Antwort geben: ehemalige Verfolgte und KZ-Häftlinge z. B., aber auch viele Soldaten der damals siegreichen Armeen und in anderer Weise Betroffene, wie z. B. Flüchtlinge und Vertriebene. Andererseits sind die Ereignisse jetzt zeitlich weit genug weggerückt, um wirklich *historisches* Interesse zu wecken. Die Mehrheit der Bevölkerung ist schließlich nach 1945 geboren. Sie hat den Krieg und die Diktatur nicht erlebt, aber sie kann täglich erleben – *im* Lande und außerhalb –, wie beides noch nachwirkt. So erklärt sich ihr Interesse an der Erinnerung, die für die Jüngeren überdies weniger schmerzlich ist als für die damals erwachsenen, damals verantwortlichen Zeitgenossen.

Was auch für Gründe außerdem noch hinter diesem Aufschwung des zeitgeschichtlichen Interesses liegen mögen, man sollte es begrüßen. Es eröffnet nämlich eine Chance, die Einsicht in historische Zusammenhänge zu verbessern, in Zusammenhänge, die man kennen muß – mehr als das: die man sich zu eigen gemacht haben muß –, wenn man sich gegenüber zentralen Problemen der Gegenwart angemessen verhalten will. Klarheit über frühere Phasen und Weichenstellungen der eigenen Entwicklung zu haben, sich aufzuklären, auch wenn es schmerzt, ist für ganze Gesellschaften oder Nationen ähnlich wichtig wie für einzelne Personen.

Viel ist über jene Zeit geforscht, geschrieben, erzählt und bekannt.[2] Aber über die historische Einordnung des Einschnitts vom Mai 1945 besteht kein voller Konsens.

Zwar gibt es Übereinstimmung in wichtigen Punkten. Niemand rechtfertigt den Zweiten Weltkrieg und Deutschlands Rolle in ihm. Daß dieser Krieg außergewöhnliche Schrecken mit sich brachte und riesige Opfer forderte, ist im allgemeinen Bewußtsein präsent: Auf ungefähr 55 Millionen beziffert man die Toten des Zweiten Weltkriegs im Vergleich zu 10 Millionen 1914–18. Niemand bezweifelt, daß es sich im Mai 1945 um eine wirkliche militärische Niederlage handelte, die sich aus den militärischen Kräfteverhältnissen ergab (nicht etwa um einen »Dolchstoß« von innen). Keine ernsthafte Stimme verneint, daß dieser Krieg von der nationalsozialistischen Regierung des Deutschen Reiches ausging – als ein deutscher bzw. nationalsozialistischer Angriffskrieg, in deutscher bzw. nationalsozialistischer Verantwortung. Das sind wichtige Elemente der Übereinstimmung. Der historische Befund ist ja auch eindeutig genug. Nach 1918 war die Beurteilung des Krieges, seiner Ursachen, seines Charakters und seines Resultats in Deutschland viel kontroverser.

Doch in anderer Hinsicht ist die Deutung des Mai 45 nicht unumstritten und vor allem unsicher. Das hat sich in den Diskussionen, Veröffentlichungen und symbolischen Akten der letzten Tage und Wochen deutlich gezeigt.[3] Unterschiedlich, unsicher und kontrovers wird vor allem die Frage beantwortet, ob der 8. Mai, der Tag, an dessen Ende die bedingungslose Kapitulation der Wehrmacht in Kraft trat, primär Verlust und Zerstörung oder aber vor allem Befreiung und Neubeginn symbolisiert, ob er also primär ein Grund zur trauernden

Besinnung oder aber vielmehr Anlaß zur zurückschauenden Genugtuung (wenn nicht gar zum Feiern) sein soll. Bei dieser Bewertung unterscheidet man sich zumindest nach Nuancen, je nach Perspektive. Drei Zitate mögen das illustrieren.

Nach Meinung des CDU/CSU-Fraktionsvorsitzenden Alfred Dregger ist der 40. Jahrestag der bedingungslosen Kapitulation ein Tag des Gedenkens, aber kein Anlaß zum Feiern. Am Ende des Krieges habe eine europäische Katastrophe gestanden. »Sie sei gekennzeichnet durch die Unterwerfung ganz Ost- und Mitteldeutschlands unter eine kommunistische Diktatur, durch die Teilung Berlins, Deutschlands und Europas und durch die Vertreibung...«.[4]

Heinrich Böll dagegen schrieb 1985 in seinem fiktiven, öffentlichen »Brief an meine Söhne«: »Ihr werdet die Deutschen immer wieder daran erkennen können, ob sie den 8. Mai als Tag der Niederlage oder Befreiung bezeichnen. *Wir* warteten auf unsere ›Feinde‹ – die Amerikaner im Rheinland – als unsere Befreier.«[5]

Eine dritte, heute in der einen oder anderen Weise von vielen geteilte Position formulierte Theodor Heuss vor dem Parlamentarischen Rat 1949: »Im Grund genommen bleibt dieser 8. Mai 1945 die tragischste und fragwürdigste Paradoxie der Geschichte für jeden von uns. Warum denn? Weil wir erlöst und vernichtet in einem gewesen sind.«[6]

Die Erfahrungen der Zeitgenossen

Zerstörerische Katastrophe, erlösende Befreiung oder beides zugleich, vielleicht gar in einem inneren Zusammenhang, der eine sinnhafte Deutung jener zunächst so sinnlos erscheinenden Opfer erlaubt? Dieser Frage soll im folgenden nachgegangen werden. Zunächst: Wie erlebten die Zeitgenossen in Deutschland die Niederlage der Wehrmacht und den Sieg der Alliierten im Mai 45 bzw. in den Monaten davor? Sehr unterschiedlich, je nach Stellung, Region und Haltung zum Faschismus.

Die Verfolgten des Nationalsozialismus, die politischen Gefangenen in den Haftanstalten, die sich versteckt haltenden Juden und Kommunisten, die zeitweilig inhaftierten Demokraten und resistenten Christen, vor allem die ca. 800000 noch lebenden Insassen von Treblinka und Auschwitz, Bergen-Belsen, Buchenwald und anderen Lagern – sie alle ersehnten und erlebten die Ankunft der Sieger aus Ost und West als Befreiung, soweit sie nicht so sehr geschunden waren, daß sie die Befreiung kaum mehr wahrzunehmen vermochten.[7] Die erschütternden Bilder von Tod, Qual und Befreiung sind gerade in diesen Tagen jedem präsent, der nicht mit Absicht die Augen verschließt. Und wir kennen die schreckliche Geschichte des Holocaust mit seinen Vernichtungslagern vor allem im Osten, seinen Gaskammern, Massenerschießungen, Verbrennungsöfen und etwa 6 Millionen vor allem jüdischen Opfern.[8] Er stellt etwas historisch Einmaliges, weiterhin schwer Faßbares dar, das selbst weit über die harte, grausame Normalität des Zweiten Weltkriegs hinausragt und die Verachtung der Sieger wie die Scham der Besiegten stärker herausforderte als alles andere. »Jetzt weiß ich, wofür ich kämpfe«, schrieb ein englischer Soldat, als er am 15.4. nach Bergen-Belsen kam, wo es zwar keine Gaskammern und Verbrennungsöfen gab, aber noch im letzten Monat des Kriegs knapp 30000 Menschen umgekommen waren. Solche Berichte, Bilder und Erfahrungen, bald breit publiziert, beglaubigten den Anspruch der alliierten Soldaten, nicht nur als Sieger, sondern auch als Befreier zu kommen. Die Opfer und Verluste der Alliierten ließen sich auf diese Weise mit zusätzlichem Sinn ausstatten und in die Geschichte des jeweiligen Volkes sinnvoll eingliedern – bis heute.

Eine solche Quelle der Sinnstiftung stand und steht den Deutschen nicht zur Verfügung, wenn sie den Kriegstod von ca. 4,7 Millionen ihrer Soldaten historisch einzuordnen versuchen, ganz im Gegenteil. Auschwitz steht jedem Versuch, jenen Opfern historischen Sinn zuzuschreiben, unübersteigbar im Weg. Und der Versuch, solchen Sinn im antibolschewistischen Abwehrkampf zu finden, ist zwar häufig, aber frivol und historisch nicht glaubhaft. Übersieht er doch, abgesehen von allem andern, daß es sich um einen Überfall Deutschlands auf Rußland (und nicht Rußlands auf Deutschland) handelte und daß eben dieser von Deutschland begonnene Krieg die Ausweitung der sowjetischen Einflußzone nach Westen erst mit sich brachte.

Befreit fühlten sich wohl auch die meisten der Fremdarbeiter, oft zwangsweise zu harter Arbeit ins Land geschleppt, als Kriegsgefangene oder Deportierte und nunmehr verwaltungstechnisch als »displaced persons« geführt. Von diesen gab es im Mai 45 9,6 Millionen. Ihre Zukunft allerdings war unsicher, und ihre Rückkehr ins Heimatland konnte mit Lebensgefahr verbunden sein.[9]

Das Gefühl der Befreiung überwog schließlich auch bei einer nicht genauer bestimmbaren Zahl von deutschen Gegnern des Nationalsozialismus, in einem Spektrum, das vom kommunistischen, sozialdemokratischen, kirchlichen oder anders begründeten Widerstand im Untergrund bis hin zu den viel zahlreicheren Formen indirekter Resistenz oder innerer Distanz reichte. Schließlich wurde ja der Zugriff der nationalsozialistischen Diktatur auf den einzelnen »Volksgenossen« in den letzten Jahren des Krieges härter, gründlicher und terroristischer. Auch von der generell nicht-verfolgten Zivilbevölkerung wurden nun größere Opfer verlangt. Man denke an Arbeitseinsatz, Volkssturm, Nahrungs- und Brennstoffmangel unter den Bedingungen des Bombenkriegs, der zwischen Heer und Zivilisten nicht differenzierte. Und viele begriffen, daß Hitler und seine Helfer einen aussichtslos gewordenen, täglich riesige Opfer kostenden Krieg weiterführten, verantwortungslos und mit rasch abnehmendem Realitätsbezug. Offener Zweifel am Endsieg zwar konnte als Defätismus mit dem Tode bestraft werden. Aber entsprechende Zweifel waren 1944/45 weit verbreitet und wurden in Goebbels' Tagebuch sorgenvoll als Auflösungserscheinungen registriert.[10] Rückblickend schreibt ein damals 15jähriger, der das Kriegsende im Kohlenkeller eines Berliner Wohnhauses verbrachte, weil er nicht ganz zuletzt noch an die Front geschickt werden wollte, über den 8. Mai:

»Wir waren nun in der Tat frei, mochten wir auch ahnen, daß den Deutschen in der unmittelbaren Zukunft noch manches Schwere bevorstehen würde. Soweit ich mich erinnern kann, haben damals Millionen Deutsche ebenso empfunden... Der 8. Mai 1945 befreite sie vom Elend der Bombennächte und von der Sorge um das Leben der Männer und Söhne an der Front... Von ihnen genommen war die Bürde der Zwangsverpflichtung für die Rüstung, die Furcht vor den Spitzeln der Gestapo und der Schreckensherrschaft der Volksgerichtshöfe, die eben noch Bluturteile am laufenden Band gefällt hatten. Ja, für mich war der 8. Mai 1945 ein Tag der Erlösung.«[11]

Viele Deutsche müssen in der Tat so oder so ähnlich empfunden haben.[12] Viele Deutsche aber sahen das anders und erlebten die Niederlage als bedrohlichen Verlust, als Zerstörung und Katastrophe. Das traf zum einen für die nationalsozialistischen Funktionsträger und die überzeugten Parteigenossen zu. Ich meine die Führung, die sich das Leben nahm, gefangengenommen wurde oder sich rechtzeitig absetzte. Ich meine die vielen »alten Kämpfer« und zahllosen kleinen Blockwarte, HJ-Führer, Obleute und Funktionäre, die ihr Ansehen, ihr Stückchen Macht und ihren reichlich gedeckten Tisch dem Amt und den »Beziehungen« nach oben verdankten. Und ich meine die Jugendlichen, die auch noch zum Schluß an den Führer, die kommende Wunderwaffe und den Endsieg glaubten, die freiwillig an die bröckelnde Front drängten oder fanatisiert Aktionen des Werwolf unterstützten, der Anfang April 1945 gegründet wurde, aber im ganzen sehr schwach blieb.

Und auch die Mehrheit der ostdeutschen Bevölkerung hat die Niederlage wohl nicht primär als Befreiung erlebt. Bei ihr überwogen die Angst vor der Roten Armee, der Schrecken über deren Ausschreitungen, die Leiden auf der Flucht, die Erfahrung von Zerstörung, Verlust und Vertreibung. Etwa zwei Millionen von ihnen kamen bei Flucht, Vertreibung und Verschleppung um. Zählt man die deutschen Siedlungsgebiete außerhalb der Reichsgrenzen von 1937 mit, dann mußten insgesamt 12 Millionen Deutsche ihre Heimat verlassen oder hatten später keine Möglichkeit mehr, dorthin zurückzukehren, darunter über 3 Millionen Schlesier, 3 Millionen Sudetendeutsche, 2 Millionen Ostpreußen und 1,4 Millionen Ostpommern. Ihre Erfahrungen waren oftmals traumatisch, ihre Berichte wird man nicht ohne große Bewegung lesen, Flucht und Vertreibung gehören zur Geschichte der deutschen Niederlage zentral dazu.[13] Als Historiker besitzt man kein gutes methodisches Mittel zum Vergleich menschlichen Leids. Zu Recht scheut man vom zahlenmäßigen Aufrechnen zurück. Trotzdem eine kurze Bemerkung, aus aktuellem Anlaß:

Im Unterschied zur Judenvernichtung im Holocaust stellen Verfolgung und Vertreibung der Ostdeutschen durch Rote Armee, Polen und Tschechen eine *Reaktion* dar, eine Reaktion auf eine vorherige, historisch beispiellose, systematische Angriffs- und Vernichtungspolitik deutscher Truppen und Verwaltungen in Polen und in der Sowjetunion. »Volkstumspolitik«, die Ausrottung der polnischen Intelligenz in den »eingegliederten Ostgebieten«, die Massenermordung von Juden, Slawen und als »minderwertig« erklärten Minderheiten (z.B. Zigeunern), der antibolschewistische »Kommissarbefehl«, die Einsatzkommandos und schließlich die Strategie der »verbrannten Erde« beim Rückzug aus dem Osten – all das brachte eine neue, extrem zerstörerische, eben faschistische Qualität in den Krieg, der zum »rassischen Vernichtungskrieg« wurde. Zwangsumsiedlungen, Massenvertreibungen und riesige Deportationen gehörten zum deutschen Repertoire lange vor 1945. Hitlers Pläne reichten für die Zeit des Sieges noch viel, viel weiter.[14] Blickt man nur auf die Verluste der Zivilbevölkerung, dann sind dies die geschätzten Zahlen: 7 Millionen Tote in Ost- und Südosteuropa, besonders in Polen; 7 Millionen in der Sowjetunion; 2,5 Millionen in Deutschland (einschließlich der Opfer von Flucht und Vertreibung, aber ohne die Opfer der nationalsozialistischen Verfolgung); 0,8 Millionen in den westlichen Ländern.[15] Diese Zahlen zeigen, daß der Krieg im Osten etwas anderes war als im Westen. Sie weisen auf eine neue Form des totalen Krieges hin, den die Deutschen als nicht angegriffene Angreifer und Eroberer in den Osten trugen, und von dort schlug er schließlich auf die ostdeutsche Bevölkerung zurück – mit ähnlicher Härte, wenn auch letztlich weit weniger perfekt und weniger unmenschlich.[16] Auch wer mit der Kategorie der Vergeltung aus guten Gründen nicht umgehen will, sollte diesen Zusammenhang sehen, wenn er Ursachen erkennen, historisch gerecht urteilen und sich ein angemessenes politisches Urteil ermöglichen will.

So weit – nicht erschöpfend – einige Kategorien von Deutschen, die die Niederlage primär als Befreiung, und solche, die sie primär als Zerstörung erlebten. Man könnte das weiterführen und etwa auf die Kriegsgefangenen einerseits, die Emigranten und Ausgebürgerten andererseits eingehen. Aber, die Mehrheit der Deutschen erfuhr die Niederlage wahrscheinlich mit ausgesprochen gemischten Gefühlen, oder sie hatten anderes, für sie Wichtigeres zu tun.

Was die gemischten Gefühle betrifft: Viele sahen, daß die Befreiung vom Faschismus mit der Zerstörung der nationalen Souveränität und der Errichtung einer unberechenbaren Fremdherrschaft in eins fiel und in eins fallen *mußte,* denn die Deutschen hatten es ja alleine nicht fertiggebracht und mehrheitlich wahrscheinlich bis zum Schluß nicht wirklich gewollt, sich von diesem diktatorischen System selbst zu befreien. Es war ja keineswegs so, als ob eine kleine Nazi-Clique die Nation in ihrer Mehrheit gegen ihren Willen versklavt, eine im übrigen intakte Gesellschaft von oben beherrscht und dann ihre Politik nur »im deutschen Namen«, wie es manchmal heißt, getrieben hätte. So war es – leider – nicht. Immerhin hatten 41 % der Wähler die NSDAP im Juli 1932 gewählt, eine erkleckliche Mehrheit im Verhältniswahlsystem. In den 30er Jahren und vor allem nach den siegreichen Blitzkriegen 1939/40 war die Popularität des Systems und vor allem Hitlers überwältigend; bei freien Wahlen hätte er jetzt noch ganz andere Mehrheiten erzielt. Und anders als Mussolini wurde Hitler schließlich trotz katastrophaler Mißerfolge und trotz der sich seit Anfang 1943 abzeichnenden Niederlage nicht gestürzt. Wiederstandsaktionen kamen spät und blieben schwach.[17] Und das deutsche Heer kämpfte größtenteils bis zum bitteren Ende nicht nur für Deutschland allgemein, sondern auch für dieses, so verfaßte und so regierte Deutsche Reich, für »Führer, Volk und Vaterland«, was immer einzelne Soldaten an inneren Vorbehalten haben mochten. Und noch im Oktober 1948 antworteten auf die Frage »Halten Sie den Nationalsozialismus für eine gute Idee, die [nur] schlecht ausgeführt wurde?« in den Westzonen 57 % mit ja, und 15 % waren unentschieden.[18]

Man kann also leider nicht von der nationalsozialistischen Gewaltherrschaft einerseits, der deutschen Nation und dem deutschen Volk andererseits wie von zwei voneinander unabhängigen Größen sprechen. Deutschland und der Nationalsozialismus waren zwar nicht identisch, aber zwischen 1933 und 1945 durchdrangen sie sich gegenseitig ganz tief, und deshalb, im letzten, konnte man Befreiung nicht ohne Zerstörung haben. Zweifellos ist dies ein Grund für gemischte Gefühle und zweifellos kein Grund zum Feiern. Man versteht, daß dies viele bis heute lieber verdrängen, etwa durch Absage an die Erinnerung oder auch durch die Fiktion, ein im Grunde integres Volk sei von den einmarschierenden Siegern aus den Klauen einer kleinen Imperialisten- und Nazi-Clique befreit worden – so bekanntlich der Tenor der Feiern in Ost-Berlin.

Aber die meisten Deutschen hatten 1945 anderes zu tun, als über diese verwickelte Dialektik von Zerstörung und Befreiung nachzugrübeln. Man versuchte, in den Trümmern zu überleben. Der Horizont verengte sich. Man machte nicht mehr Weltgeschichte und eroberte nicht mehr Afrika oder das Nordkap, sondern man stand für Lebensmittel an, tauschte Kaffee gegen Margarine, vielleicht auch Ritterkreuze gegen Zigarettenstummel, man ging hamstern aufs Land, suchte die eigene, in den Wirren des Kriegsendes auseinandergerissene Familie, und bald kam hinzu, daß man fror und hungerte. Ein Gefühl der Erleichterung über das Ende des Krieges überwog wohl zunächst, dann aber kam Unsicherheit angesichts der neuen Herren, die bald neue Beschränkungen der Freiheit dekretierten: Ausgehverbote, Fraternisierungsverbote, Versammlungsbeschränkungen. Schließlich befürchteten die Besatzer den Partisanenkampf fanatisierter Nazis, der aber ausblieb. Merkwürdig schnell zerstoben der Nationalsozialismus und seine Ideologie auf der Oberfläche. Wie ein Spuk, hat man gesagt. Wo blieben die Nazis? Schnelle Anpassungsleistungen wurden vollzogen, kaum fand sich die offene Verteidigung früherer Überzeugungen. Dies war keine Zeit, um politisch-moralisches Rückgrat zu beweisen und Identität aufzubauen. Viele tarnten sich und verleugneten ihre Vergangenheit. Wegducken, sich klein machen, ab und zu auch das Begleichen älterer Rechnungen, punktuell wohl auch Rache, Denunziation und Anbiederung. Auch dies: eine Form von Zerstörung.

Das so schnelle Verschwinden der nationalsozialistischen Führer, das Ende der deutschen Staatlichkeit, die totale Niederlage nach totalem Krieg erlebten die meisten im Alltag weder als Zerstörung noch als Befreiung, sondern als Zusammenbruch.

Die Erfahrung der Befreiung, die Erfahrung der Zerstörung und die Erfahrung des Zusammenbruchs hatten jedoch eines gemeinsam: Sie führten zu der Überzeugung, daß man an einem neuen Anfang stehe und eine »Stunde null« durchlebe, ohne die Sicherheiten gültiger Traditionen, aber vielleicht auch mit mehr als normaler Gestaltungsfreiheit. Die neue, von jungen Intellektuellen publizierte Zeitschrift »Der Ruf« drückte das 1946 so aus:

»Die Staatsschiffe der Gegenwart gleichen [normalerweise] den Kauffahrteifahrern des 16. Jahrhunderts. Sie sind mit dem ganzen Ballast der Vergangenheit belastet. Sie navigieren nur schwerfällig, und jede Kursänderung bereitet unendliche Schwierigkeiten. In Deutschland [aber] ist das alles zerschlagen. Es hat weder einen Staat noch eine Wirtschaftsordnung. Die junge Generation kann ganz von vorn ... beginnen ... Sie braucht nicht umzubauen ... Sie kann neu bauen.«[19]

Kontinuität und Restauration[20]

Hat sich dieses Nullpunkt- und Aufbruchsbewußtsein bestätigt? Bisher wurde über die verschiedenen Erfahrungen der Zeitgenossen von 1945 gesprochen. Im folgenden möchte ich von heute aus auf 1945 zurückblicken, und zwar im Langzeit-Zusammenhang deutscher Geschichte. War 1945 ein Jahr der Zerstörung oder ein Jahr der Befreiung oder vielleicht keines von beiden? War es ein Wendepunkt deutscher Geschichte, oder überwog doch die Kontinuität?

Zunächst muß man sagen, daß sich das Nullpunkt- und Aufbruchsbewußtsein, das sich im letzten Zitat ausdrückte, zu einem großen Teil als Illusion erwies. Von der Vergangenheit überlebte mehr in den Wirren der damaligen Gegenwart, um die Zukunft zu prägen, als es in den Trümmern zunächst schien. Zwei große Kontinuitäten möchte ich herausheben: die des Wirtschaftssystems oder des Kapitalismus und die des Beamtentums bzw. der Bürokratie.

Bekanntlich vollzog sich in Deutschland wie anderswo die Industrialisierung des 19. und 20. Jahrhunderts in marktwirtschaftlich-kapitalistischer Form. Deren Grundprinzipien – private, aus dem Eigentum folgende Verfügungsmacht über Kapital, profitorientierte Entscheidungen in privaten Unternehmen, Marktbeziehungen und Lohnarbeit – hatten auch im Dritten Reich Bestand gehabt, obgleich seit 1936 Staatseingriffe die Dispositionsfreiheit der Unternehmen einengten.

Kurz nach dem Zusammenbruch hätte kaum jemand eine Wette auf den Fortbestand des kapitalistischen Wirtschaftssystems abgeschlossen. Viele plädierten für irgendeine Form des Sozialismus oder der Gemeinwirtschaft, von den Kommunisten über die SPD und den starken linken Flügel der entstehenden CDU bis zu den Gewerkschaften und vielen Intellektuellen. Vielen schwebte, wenn auch meist nur sehr vage, vor, in einem wieder erstehenden deutschen Nationalstaat Demokratie und Sozialismus zu verschmelzen und damit einen Brückenschlag zwischen Ost und West zu bewerkstelligen.

Neben alten, in Deutschland immer lebendigen und in den Jahren von 1933 bis 1945 keineswegs geschwächten antikapitalistischen Traditionen in den verschiedensten politischen Lagern stand hinter den verbreiteten Sozialisierungswünschen vor allem zweierlei: Zum einen glaubten viele, daß der Kapitalismus eine entscheidende wirtschaftliche Verbesserung für die Bevölkerung nicht zu Wege bringen würde und daß man sich schon deshalb in diesem zerrütteten und verarmten Land keine Privatunternehmerwirtschaft mehr leisten könne. Zum andern war die durchaus zutreffende Überzeugung weit verbreitet, daß die tiefe Krise des Kapitalismus um 1930 und die antidemokratische, antiparlamentarische und antisozialistische Politik der meisten Unternehmer einen wichtigen Anteil am Untergang Weimars und damit am Sieg des Nationalsozialismus gehabt hatten; das sollte sich nicht wiederholen. Ende 1946 stimmten in Hessen 72 % der Wähler für einen Verfassungsartikel, der die sofortige Sozialisierung der Grundstoffindustrie, der Banken, Versicherungen und der Energiewirtschaft vorsah.

Die von vielen gewünschte und von anderen gefürchtete Reform der Wirtschaftsverfassung scheiterte – nach langen Konflikten – aus mehreren Gründen. Zum einen an den Amerikanern, die Verwaltungswirtschaften für ineffizient und letztlich undemokratisch hielten, überdies als ungeeignet in der sich herausbildenden Konfrontation mit den Sowjets, und schließlich wollten sie auch nicht zuviel ökonomische Macht in den Händen des eben noch bekämpften deutschen Staats zusammengeballt sehen. Zum andern scheiterten grundlegende sozialökonomische Reformen an der Halbherzigkeit, mit der sie in der deutschen Bevölkerung gefordert wurden. Für die meisten hatte das keine große Priorität. Überleben war wichtiger, Not bedeutete nicht Radikalisierung, und von Politik hatte man ohnehin genug. Außerdem erfuhr man ab 1947, daß das kapitalistische System noch immer für einen unerwarteten wirtschaftlichen Aufschwung gut war. In der SBZ konnte man überdies beobachten, daß Sozialisierung nicht unbedingt zu mehr Demokratie führte, und zu größerer Effizienz schon gar nicht. All das erklärt mit, warum es in Westdeutschland nach 1945 nicht zu einer grundsätzlichen Änderung der Wirtschaftsstruktur kam. Mit der Währungsreform Erhards war das 1948 endgültig entschieden. Diese Weichenstellung wird bis heute verschieden bewertet.

Mindestens so wichtig wie die kapitalistische Kontinuität war die bürokratische. In Deutschland ging die Ausbildung öffentlicher Bürokratien der Industrialisierung, der Parlamentarisierung und der Demokratisierung voraus. Darin unterscheidet sich die deutsche Geschichte fundamental von Ländern wie England und USA. Revolutionen waren in Deutschland nicht zuletzt deshalb so schwach und erfolglos, weil bürokratische Reformen »von oben« einen Teil ihrer Ziele immer schon erfüllt hatten, wenn auch in obrigkeitsstaatlicher Weise. Die Tradition des deutschen Berufsbeamtentums hat alle großen Einschnitte der neueren deutschen Geschichte relativ unerschüttert überstanden. In ihrer rechtlichen Grundstruktur, in ihren Verfahrensweisen und – nach kurzer Unterbrechung – auch in ihrer Zusammensetzung überstand die deutsche Bürokratie westlich der Elbe auch den Einschnitt von 1945, obwohl auch im Westen zunächst starke Kräfte auf eine radikale Reform drängten.

Die amerikanischen und britischen Besatzer kamen aus Ländern ohne festgefügtes Berufsbeamtentum. Besonders die Amerikaner tendierten dazu, die obrigkeitsstaatlich-bürokratische Tradition Deutschlands für dessen illiberalen und undemokratischen Weg verantwortlich zu machen. Etwas Unterstützung fanden sie mit ihrer Bürokratiekritik bei der deutschen Linken. Sie kehrte hervor, daß die meisten Beamten trotz ihres Anspruchs auf Überparteilichkeit letztlich die Sache des Bürgertums, des Konservatismus oder der Reaktion betrieben, schon aufgrund ihrer sozialen Herkunft und ihrer Privilegien.

Die Entnazifizierung traf besonders das mittlere und höhere Beamtentum zunächst hart. So wurden z. B. von den hessischen Beamten, die im Mai 1945 im Dienst des Landes standen, aus politischen Gründen bis zum 1. Mai 1946 75 % entlassen. Doch spätestens 1947 kehrte sich der Trend um. Die wieder steigenden Anforderungen der Verwaltung, der Mangel an unbelasteten qualifizierten Beamten, die innere Unsicherheit der Entnazifizierungspolitik, die zunehmende Entscheidungsmacht der deutschen Stellen und die auf raschen Wiederaufbau gerichtete Besatzungspolitik führten zur Wiedereinstellung der meisten entlassenen Laufbahnbeamten. Diese personelle Restauration wurde auf der Grundlage des Artikels 131 des Grundgesetzes in den frühen fünfziger Jahren gründlich fortgesetzt. Anders in der SBZ: Dort war man bereit, lieber administrative Ineffizienz auf einige Jahre in Kauf zu nehmen, als ehemalige Nazis und Mitläufer wieder einzustellen. Ähnlich erfolglos blieben alliierte Versuche, das Recht des Berufsbeamtentums zu reformieren. Die Bürokratie war stark und unersetzbar genug, um jeden Angriff auf ihre »wohlerworbenen Rechte« abzuwehren.

Der Schul- und Hochschulbereich machte diesen doppelten Restaurationsprozeß voll mit: Institutionell wurde vorwiegend auf die Weimarer Situation zurückgegriffen, personell wurde auf eine klare Absetzung von der nationalsozialistischen Zeit nach kurzem verzichtet.

Sicher hatten Prestige und Selbstbewußtsein des Beamtentums im »Dritten Reich« gelitten; manche obrigkeitsstaatliche Fixierung mag in diesen Jahren geschwächt worden sein; der Korpsgeist des Beamtentums wurde gelockert; dem Durchbruch des demokratischen Parlamentarismus nach 1945 hat die Bürokratie keine Steine in den Weg gelegt, anders als in der Weimarer Republik.

Dennoch bedeutet diese bemerkenswerte Kontinuität des Beamtenapparats über den Einbruch von 1945 hinweg eine deutliche Anbindung der neuen Bundesrepublik an die Jahrzehnte davor, ganz im Unterschied zur DDR. Sozialkonservativer Geist und Stil drangen von hier aus in die Politik, Gesellschaft und Kultur der jungen Republik ein; vordemokratische Autoritätsmuster und illiberale Traditionen wurden auf diesem Weg weitergereicht, allerdings auch Kompetenz und Leistungsfähigkeit der Verwaltung, die für das neue, labile Staatswesen unbezahlbar waren. All dies prägte den Stil und den Inhalt der jungen Republik sehr stark mit, denn es gibt gerade in Deutschland wenig Lebensbereiche, die von staatlich-bürokratischen Eingriffen und Beeinflussungen ganz frei sind. Im Bereich der Mentalitäten und der politischen Kultur gab es erdrückend viel Kontinuität.

Zweifellos bedeutete dieser Verzicht auf klare Grenzziehungen gegenüber der nationalsozialistischen Vergangenheit eine böse Belastung und schwere Bürde für das Selbstverständnis, die politische Moral, die Autorität und die Glaubwürdigkeit dieses neuen Staates – bis heute. Die Schroffheit manchen Protests von den 60er Jahren bis heute erklärt sich aus diesem Zusammenhang. Auf der anderen Seite ersparte sich die Bundesrepublik so die Entstehung eines belastenden Protestpotentials von degradierten Bürgern zweiter Klasse, mit denen sie als liberaler Rechtsstaat sehr viel weniger leicht fertig geworden wäre als die DDR, die ihre Grenzen nach Westen zudem erst dann abriegelte, als die meisten ihrer ausgebooteten NS-Funktionäre mit dem großen Flüchtlingsstrom in die auch in dieser Hinsicht großzügigere Bundesrepublik ausgewichen waren.

Brüche und Neuanfänge

In bezug auf die Wirtschaftsordnung und den Beamtenstaat bedeutete 1945 weder Zerstörung noch Befreiung, sondern Kontinuität und Restauration. Daß der westdeutsche Verzicht auf eine gründlichere »Bewältigung der Vergangenheit« nicht schädlichere Auswirkungen hatte, lag vor allem daran, daß der Bundesrepublik in anderer Hinsicht wichtige Neuansätze glückten – zum Teil allerdings ohne ihr Zutun –, die den Einschnitt nach 1945 schließlich doch tiefer erscheinen lassen als den von 1918 oder den von 1848 – trotz der bisher besprochenen Kontinuitäten. In sechs Punkten soll dies abschließend skizziert werden.

1. Was die herrschenden Klassen in Deutschland von den herrschenden Klassen einer voll entwickelten bürgerlichen Gesellschaft vor allem unterschied, war bis 1933 die teilweise adlige, bevorrech-

tigte Großgrundbesitzerklasse Ostelbiens gewesen, die der Demokratisierung von Gesellschaft und Staat seit dem 19. Jahrhundert vehementen Widerstand entgegengesetzt und einen großen Beitrag zum Sieg des Nationalsozialismus geleistet hat. Diese Klasse der »Junker« hat 1945 aufgehört zu existieren.

Nicht nur die Sieger legten sich 1945 in Potsdam auf eine Bodenreform fest, die den Großgrundbesitz aufteilen sollte. In allen deutschen Parteien wurde sie vorübergehend gefordert. Sie unterblieb im Westen aus ähnlichen Gründen wie die Sozialisierung. Jedoch sie geschah dort, wo sich die ökonomische Basis der »Junker« befand: in der Ostzone und in den von Polen und Rußland annektierten deutschen Ostgebieten. Der Historiker Golo Mann schreibt dazu:

»Der stärkste Träger der alten Autorität, der preußische Adel, ist damals dreimal ruiniert worden: Durch den Krieg, in dem Tausende seiner Mitglieder fielen; durch seinen Widerstand gegen Hitler, die Kette von Verschwörungen, in deren Folge er zu Hunderten ausgerottet wurde, endlich durch Polen und Russen. Da wurden die Junker von ihren Gütern gejagt – wieviel umkamen, hat niemand gezählt –, ihre Schlösser abgetragen, ihr Besitz verteilt. Die Überlebenden verschwanden in der Masse der Flüchtlinge aus dem Osten ... Eine Tragödie, um so grausamer, weil sie so sehr spät kam, und die man in dem abgestumpften Wirrsal der ersten Nachkriegsjahre kaum auch nur bemerkte.«[21]

Dies trifft zu – doch zutreffend ist auch, daß seit 1945 diese Belastung der Demokratie in Deutschland nicht mehr besteht. Zerstörung – zweifellos, aber in gewisser Hinsicht eben auch Befreiung.

2. Eine zweite große Belastung der Demokratie in Deutschland stellte der Militarismus spätestens seit den Reichsgründungskriegen von 1866 und 1870/71 dar. Bis zum Ende der Weimarer Republik gelang es nicht, die Armee der zivilen Gewalt voll unterzuordnen. Der Eigenständigkeitsanspruch der militärischen Spitzen begrenzte die Parlamentarisierung in Deutschland. Unheilvolle Entwicklungen gingen von diesem »Staat im Staate« aus, vor allem 1914–18 und in der Endphase der Weimarer Republik.

Was die Autonomiebestrebung des Militärs in der deutschen Verfassungsgeschichte, war das Überborden militärischer Wertvorstellungen, militärischen Stils und militärischer Verhaltensformen in der deutschen Sozialgeschichte. Mehr als in den westlichen Ländern prägte das Leitbild des Offiziers große Teile des Bürgertums. Befehl und Gehorsam, Dienst, Pflicht und Treue rangierten höher auf der Wertskala als Gelassenheit und Toleranz, Kritik und Diskussion. Traditionsverbände, Burschenschaften und Korps vermittelten diese Tradition auch in der Weimarer Republik. Liberal-demokratische Tugenden entwickelten sich nur mühsam.

Die nationalsozialistische Diktatur trieb diese militaristische Tradition auf die Spitze und dann in den Ruin. Was den zivilen Regierungen in Kaiserreich und Republik nicht gelungen war, Hitler gelang es: die Unterordnung des Generalstabs, seine Instrumentalisierung und personelle Umbildung in einem bald auch militärisch wahnwitzigen Krieg. Zum Blutzoll, den diese traditionelle Führungsgruppe im Krieg und schließlich im Widerstand des 20. Juli 1944 zahlte, kam die ihren Nimbus kräftig zerstörende Niederlage.

In der Bundesrepublik stellt die Armee keinen Staat im Staat mehr dar. Die Hypertrophie militärischer Werte, Umfangsformen und Verhaltensweisen ist eine Sache der Vergangenheit geworden. Wiederum kann man sagen: Zerstörung und Befreiung zugleich.

3. Die Spitzenpositionen in Politik, Verwaltung, Wirtschaft, Verbänden und Kultur wurden, insgesamt gesehen, 1945–49 gründlicher um- oder neubesetzt als 1933 oder 1918/19. Am wenigsten galt das für die Kirchenleitungen und führenden Positionen an den Hochschulen; am deutlichsten wurde es in Regierung, Parlament und den Parteien. Im Vergleich dazu war der Wechsel in den Spitzenpositionen der privaten Wirtschaft weder besonders stark noch besonders gering. Die Nazi-Elite wurde entmachtet. Rückgriffe auf das Führungspersonal von vor 1933 waren häufig, vor allem in den Kirchen, im diplomatischen Dienst, in den neu entstehenden Gewerkschaften, in der SPD und den Verwaltungen. NS-Verfolgte und Emigranten rückten in bemerkenswertem Ausmaß in die neuen Führungspositionen ein, vor allem in der SPD, jedoch auch in den protestantischen Kirchen und im kulturellen Bereich.[22]

Mit der Umstrukturierung der Oberschicht, mit der teuer erkauften Emanzipation aus älteren halbfeudalen und militaristischen Traditionen hängt nun ein politisch ganz wichtiger Neuansatz zusammen. Ich zitiere den sozialdemokratischen Theoretiker Richard Löwenthal:

> »Zum ersten Mal in der deutschen Geschichte akzeptieren die besitzenden Oberschichten und die beamteten Träger der staatlichen Exekutive, die in der Mehrheit der ersten deutschen Republik von Beginn an als Feinde gegenübergestanden hatten, die demokratischen Regeln mit gleicher Selbstverständlichkeit, wie dies in den alten angelsächsischen Demokratien der Fall ist.«[23]

Ohne die blutige Lehre durch NS-Diktatur, Krieg und Zusammenbruch wäre das wahrscheinlich nicht der Fall. Wiederum: Zerstörung und Befreiung in einem. Hier liegt eine wichtige Erklärung für die Lebensfähigkeit der zweiten deutschen Demokratie, nachdem die erste nicht zuletzt an der Ablehnung und der Feindschaft von deutschen Oberschichten zugrunde gegangen ist.

4. Die nationalsozialistische Politik, der Weltkrieg und der Zusammenbruch wirbelten die deutsche Gesellschaft durcheinander. Sie lösten alte Bindungen auf, zerstörten Traditionen, milderten herkömmliche innere Konflikte und schliffen soziale Unterschiede ein wenig ab. Beschauliches dörfliches Leben wurde in den Strudel nationalistischer Mobilisierung gerissen. Weniger als zuvor wurde die Erziehung der Mädchen und Jungen den Familien allein überlassen. Diktatur und Weltkrieg relativierten herkömmliche Wertungen. Vieles brach da zusammen, z.B. oftmals der Glaube an die Nation. Selbst die Trauer über den Verlust der nationalen Größe blieb auf der Strecke.[24] Die riesigen, erzwungenen Wanderbewegungen zerstörten manche lokale, kleinräumige Einbindung und mischten die Bevölkerung neu durcheinander. Die Bombenangriffe zerstörten auch die alten Arbeitersiedlungen, später traten moderne Wohngebäude und breite Straßen an ihre Stelle. Nachbarschaften verschwanden, Subkulturen zerfielen, nachdem die totalitäre Diktatur bereits vorher die autonomen Organisationen der Arbeiterbewegung zerstört hatte. Unter dem Druck von Diktatur und Krieg verlor auch der konfessionelle Gegensatz an Bedeutung.

All das mag man bedauern. Es handelte sich um die Zerstörung von Traditionen, um die Relativierung älterer Bindungen, um die Schwächung herkömmlicher Identitäten, um Verluste – sicherlich. Die spezifische Traditionslosigkeit der deutschen Nachkriegsgesellschaft wurde hier vorbereitet, die allerdings erst durch das beschleunigte Wirtschaftswachstum der 50er/60er Jahre in der Bundesrepublik richtig zur Geltung kam (anders als in der viel traditionsgeprägteren DDR). Heute beklagt man das häufig, sieht man die Kosten der zerstörerischen Modernisierung, beklagt den Mangel an Tradition und Identität. Aber man darf auch nicht übersehen, daß auf diese Weise traditionelle Erstarrungen der deutschen Sozialstruktur aufgelockert, manchem zerstörerischen Sozialkonflikt die Schärfe genommen und die Chancen demokratischer Konfliktregelung vergrößert wurden.

5. Damit hängt auch der Bruch zusammen, der die Entwicklung des deutschen Partei- und Verfassungssystems kennzeichnet. Sehr stabil

war das viergliedrige deutsche Parteiensystem seit etwa 1848: Liberale – Konservative – das katholische Zentrum – die Sozialdemokratie. Im Prinzip überstand es auch die Revolution von 1918/19. Aber nach 1945 entstand es nicht neu, auch nicht in der Bundesrepublik. Die konfessionsübergreifende CDU/CSU stellt in dieser Hinsicht eine wichtige Neuheit dar, aber auch die volksparteiliche Erweiterung der SPD ist zu betonen. Daß die KPD in der Bundesrepublik nahezu chancenlos blieb, läßt sich jedoch nicht primär als Folge von Nationalsozialismus und Weltkrieg erklären, vielmehr als Resultat des sich herausbildenden und besonders in Deutschland ausgetragenen Ost-West-Gegensatzes, der Entstehung von zwei deutschen Staaten im Kalten Kriege und den dadurch verschärften Antikommunismus im westlichen Deutschland. Die in Weimar so prägende Spaltung der Arbeiterbewegung in Sozialdemokratie und Kommunismus wurde damit gewissermaßen »territorialisiert«.

Auch die traditionelle politisch-ideologische Dreigliederung der deutschen Gewerkschaftsbewegung wurde nach 1945 nicht restauriert. Die gemeinsame Erfahrung der nationalsozialistischen Diktatur, die eine selbständige Arbeiterbewegung unterdrückt und Arbeiterführer der verschiedensten politischen Ausrichtung verfolgt hatte; die Not der Nachkriegszeit; die gemeinsame Frontstellung gegenüber den Besatzungsmächten, die den gewerkschaftlichen Wiederaufbau streng kontrollierten und oftmals verzögerten – all dies erleichterte die Gründung einer »Einheitsgewerkschaft« statt der politischen »Richtungsgewerkschaften«, die bis 1933 bestanden hatten.

Und erstmals bildete sich in Deutschland ein *funktionierendes* parlamentarisch-demokratisches Verfassungssystem heraus. Das Grundgesetz entstand auf der Basis einer schnell erreichten Übereinstimmung zwischen den westlichen Alliierten und fast allen politischen Kräften im westlichen Deutschland. Diese Übereinstimmung erklärt sich zum einen aus der Tiefe der Niederlage und der radikalen Diskreditierung des vorangehenden Systems; zum andern aus dem beginnenden Kalten Krieg. Entsprechend hatte die Verfassung der Bundesrepublik eine doppelte Frontstellung: in Absetzung von der nationalsozialistischen Vergangenheit und von der entstehenden Diktatur östlich der Elbe. Im Kalten Krieg der 50er Jahre drängte die zweite Frontstellung die erste ein Stück weit in den Hintergrund.

6. Einen tiefen Bruch in der historischen Kontinuität – Zerstörung und Befreiung zugleich – stellt schließlich die Teilung des National-

staats dar, im Zusammenhang der grundsätzlich veränderten internationalen Beziehungen. Hier ist nicht der Ort, um die Stationen der Teilung zu erzählen. Doch ist zu betonen, daß der 8. Mai 1945 in der Geschichte der Zerstörung des deutschen Nationalstaats nicht der tiefe Einschnitt war, als der er oft in vielen Reden dargestellt wird.

Denn einerseits begann die Zerstörung früher, nämlich schon unter Hitler. Dessen großräumige Eroberungen nicht-deutscher Gebiete wandelten den deutschen Nationalstaat in ein multinationales Imperium mit Herren- und Untermenschen um. Auch wenn die Nazis den Krieg gewonnen hätten, wäre das siegreiche Deutschland nicht mehr mit dem Bismarckschen Reich vergleichbar gewesen. Die nationalsozialistische Rassen- und Lebensraumpolitik sprengte den Nationalstaat schon vor seiner Niederlage. Und andererseits war 1945 zwar ziemlich klar, daß die Gebiete östlich von Oder und Neiße nicht mehr zu Deutschland gehören würden. Aber die Teilung des Rests und die Sowjetisierung Mitteldeutschlands standen noch keineswegs fest. Sie ergaben sich erst aus dem Kalten Krieg der nächsten Jahre und aus vielerlei Entscheidungen auf beiden Seiten.

Auf den Verlust der nationalen Einheit hat man in Deutschland bisher nicht mit nationalistischem Protest reagiert. Zu sehr wirkte bisher der historische Anschauungsunterricht des »Dritten Reiches« nach, zu tief war die Diskreditierung nationalistischer Anschauungen. Zu kurz war vielleicht auch die Zeit gewesen, während der die Deutschen in einem Nationalstaat gelebt hatten. Keine fünfundsiebzig Jahre war es 1945 her, daß ein kleindeutsches Reich durch das nun endgültig aufgelöste Preußen mit Gewalt zusammengefügt worden war. Die Alten des Jahres 1945 waren noch als Bürger Preußens oder Sachsens oder Württembergs geboren worden; sie hatten das Reich überlebt. Der Nationalstaat war niemals die Regel in der deutschen Geschichte.

Durch den Krieg Hitlers, den Verlust deutschen Territoriums im Osten und durch die staatliche Teilung wurden die entstehenden beiden Teilstaaten endgültig aus der Spitzengruppe der Großmächte herauskatapultiert. Dies bedeutet Entlastung für eine Nation, die sich mit ihrer Großmachtrolle seit der Bismarckschen Reichsgründung sehr schwer getan hat und gerade durch Großmachtpolitik ihrer inneren Liberalisierung und Demokratisierung Steine in den Weg gelegt hat. Die weltpolitische Zweitrangigkeit der deutschen Staaten im Zeitalter der Supermächte USA und Sowjetunion wird man im Licht der historischen Erfahrung nur erleichtert zur Kenntnis nehmen können.

Aber auch wer den Nationalstaat nicht für die »natürliche« und ewig beste Organisationsform von Völkern hält, wird nicht übersehen dürfen, daß ein solcher Bruch der nationalstaatlichen Tradition, wie er Deutschland 1945 widerfuhr, eine langfristige Belastung darstellen kann, besonders da das Nationalstaatsprinzip weltweit keineswegs zum alten Eisen geworfen wird. Es ist nicht auszuschließen, daß es auch in Deutschland irgendwann neu entdeckt und zum Kern nationalistischer Forderungen wird – mit all den belastenden Folgen, die das für die Legitimität auch der Bundesrepublik, den Bestand ihrer Institutionen und den Frieden haben würde. Und es ist sicher richtig, daß intakte nationale Traditionen, die bei uns aber gebrochen und in Frage gestellt sind, manche innere Krise bewältigen helfen können. Erst in späterer historischer Rückschau wird man genauer beurteilen können, was der Verlust der nationalen Einheit wirklich bedeutete und wie sich in diesem Punkt Zerstörung und Befreiung mischten. Zweifellos zahlen die Deutschen in der DDR mehr als die Deutschen in der Bundesrepublik für die Schuld der Vergangenheit, die beide verbindet.[25]

In der Rückschau erweist sich 1945 als einschneidender Wendepunkt der neueren deutschen Geschichte, besonders wenn man das Jahr nicht völlig isoliert, sondern die späte Nazi-Zeit und die ersten Nachkriegsjahre dazunimmt – trotz der Kontinuität des Wirtschaftssystems und der Bürokratie, der Mentalitäten und der politischen Kultur, deren tiefgreifende Veränderung durch den Bruch von 1945 nur vorbereitet, aber erst im Demokratisierungs- und Modernisierungsschub der 60er Jahre vollzogen wurde. 1945 gingen Zerstörung und Befreiung oft Hand in Hand und waren manchmal zwei Seiten ein und derselben Medaille. Das Urteil darüber, was denn nun dominierte, variiert, wie wir sahen, je nach Perspektive und Wertung. Daß sehr viele der 1945 lebenden Zeitgenossen die Niederlage nicht primär als Befreiung erfuhren, ist m. E. verständlich. Zu bedrückend, zu gefährlich, zu zerstörerisch war sie zugleich. Aber für die Kinder der Kriegsgeneration und die noch später Geborenen rücken die zerstörerischen Aspekte jener Niederlage in den Hintergrund. Je mehr sie vom Nationalsozialismus wissen, von seinem Terror und seiner Verführungskraft, desto dankbarer sind sie, daß er und die Deutschen in jenem mörderischen Krieg vor 40 Jahren nicht die Oberhand behielten und ihnen das Aufwachsen in einem siegreichen braunen Imperium erspart blieb: die Niederlage als Bedingung der Freiheit und übrigens auch des

Friedens, denn nichts, aber auch gar nichts spricht für die Annahme, daß ein siegreiches Hitler-Reich seinen totalitär-faschistischen, zerstörerisch-aggressiven Charakter geändert hätte. Ganz im Gegenteil, wahrscheinlich hätte es nach einem Sieg noch mehrere Holocausts im Osten gegeben. Und wer weiß, wie man sich selber verhalten hätte? Viel mutiger, scharfsichtiger als die damalige Generation? Eine Minderheit sah oder ahnte diese Zusammenhänge schon in der Zeit selbst; sie lehnte das nationalsozialistische System ab und erfuhr die Niederlage von 1945 als Befreiung. Für die anderen, für die Mehrheit der damals Erwachsenen und die Nachkommen, gilt, was ein älterer Ruhrgebietsbewohner im Rückblick auf seine Lebensgeschichte sagte: »Hinterher merkt man, daß es richtig war, daß es schiefgegangen ist.«[26] Zumindest aus der Rückschau war 1945 vor allem Befreiung.

Geschichte und Aufklärung

Anknüpfungspunkte

»Aufklärung«, so lautet die berühmte Definition Immanuel Kants aus dem Jahr 1783, »ist der Ausgang des Menschen aus seiner selbst verschuldeten Unmündigkeit. Unmündigkeit ist das Unvermögen, sich seines Verstandes ohne Leitung eines anderen zu bedienen.« Aufklärung war für Kant ein Prozeß. Auf die Frage, »Leben wir jetzt in einem aufgeklärten Zeitalter?«, antwortete er (1784): »Nein, aber wohl in einem Zeitalter der Aufklärung.« Und er erläuterte (so in der Vorrede zur »Kritik der reinen Vernunft« 1781): »Unser Zeitalter ist das eigentliche Zeitalter der Kritik, der sich alles unterwerfen muß. *Religion,* durch ihre *Heiligkeit* und *Gesetzgebung* durch ihre *Majestät*, wollen sich gemeiniglich derselben entziehen. Aber alsdann erregen sie gerechten Verdacht wider sich und können auf unverstellte Achtung nicht Anspruch machen, die die Vernunft nur demjenigen bewilligt, was ihre freie und öffentliche Prüfung hat aushalten können.«[1]

Andere Aufklärer wie Moses Mendelssohn, Gotthold Ephraim Lessing, Voltaire oder Henriette Herz hätten »Aufklärung« wahrscheinlich leicht abweichend definiert, aber die Umschreibungen Kants lassen erkennen, was man damals unter Aufklärung verstand, was man bis heute unter Aufklärung verstehen kann und was im folgenden mit Aufklärung gemeint ist: eine Bewegung, die auf die umfassende Befreiung der Menschen aus herkömmlichen Zwängen, tradierten Vorurteilen und nicht legitimierter Herrschaft zielte, durch Bildung, öffentliche Kritik und freie Diskussion Unwissenheit, Aberglauben und Intoleranz ausräumen wollte und den mündigen Gebrauch der Vernunft als Regulativ aller privaten und öffentlichen Verhältnisse zur Wirkung bringen wollte. Kritik und Utopie verknüpften sich im Denken der Aufklärung. Die Kritik an ständischen Privilegien, absolutistischer Willkür und klerikaler Gängelung war das eine, die Utopie einer sich vernünftig und friedlich selbst regulierenden Gesellschaft freier und mündiger Individuen das andere. Zentral für die Aufklärung war der Glaube an die zukünftige, durch Erziehung, Reform und institutionelle Wandlungen zu realisierende Fähigkeit der Menschen, ihre Verhältnisse als Subjekte selbst, bewußt und verantwortlich zu gestalten, statt fremdbestimmte Objekte unverstandener Gegebenheiten und Mächte zu sein. Veränderungserfahrungen und Fortschrittserwartungen verbanden sich in dieser kraftvollen Bewegung, die vor allem (nicht ausschließlich) vom neuen, aufsteigenden, gebildeten Bürgertum getragen wurde, manchmal revolutionär, zumeist aber reformerisch gestimmt war, ihre Hoch-Zeit in der zweiten Hälfte des 18. Jahrhunderts erreichte und tiefe Wirkungen in den verschiedenen Lebensgebieten hinterließ: Die Abschaffung der Leibeigenschaft und die beginnende Emanzipation der Juden gehörte ebenso zu den Folgen der Aufklärung wie die Deklaration der Menschenrechte und die ersten Verfassungen in den USA und in Frankreich, die Humboldtsche Universität, die sich in ihr bald kräftig entfaltenden Wissenschaften wie die vielfältigen Rechtsreformen, die auch östlich des Rheins den Feudalismus allmählich zu Ende brachten, den Absolutismus zähmten und einer bürgerlichen Gesellschaft den Weg bereiteten.

Die Aufklärung hatte viele Feinde: manche Fürsten, große Teile der Kirchen, den sich im Gegenzug entwickelnden Konservatismus. Im Volk war man eher traditionell eingestellt und mißtrauisch gegen die bürgerlichen, oft beamteten Aufklärer, die es erziehen und reformieren wollten. Und später erschien die Aufklärung der Romantik zu rationalistisch, den Nationalisten zu kosmopolitisch, den Realpolitikern zu prinzipiell, den Metaphysikern zu seicht und den neuen Mythen des 20. Jahrhunderts als zu bürgerlich und westlich, zu dekadent und kraftlos. An Verächtern der Aufklärung – spöttisch oft »Aufkläricht« genannt – fehlte es gerade in Deutschland nicht. Aber in der Rückschau erkennt man die Aufklärung als eine große gesamteuropäische Bewegung, an der Deutschland voll teilnahm und die der Moderne als Treibsatz diente – im Grunde bis heute. Deshalb meint das Wort »Aufklärung« oft auch mehr als jene geistige Bewegung des langen 18. Jahrhunderts und auch mehr als nur jene Epoche. Mit »Aufklärung« bezeichnet man vielmehr auch, abgekoppelt vom spezifisch historischen Bezug, einen Denkansatz, eine Grundhaltung, für die die öffentliche Kritik, der selbstbestimmte Gebrauch der Vernunft, das Streben nach Emanzipation und das Vertrauen in die Lenkbarkeit des eigenen Schicksals kennzeichnend sind.[2]

»Die Geschichte trägt der Aufklärung die Fackel vor«, schrieb der

Berliner Verleger Nicolai 1806. »Um herauszubringen, was dem Menschen *möglich* ist, muß man wissen, was er *wirklich ist* und *wirklich geleistet hat* ... Im Grunde ist also alle ächte Menschenkenntniß historisch«, formulierte Christoph Martin Wieland. Und der sächsische Frühaufklärer Thomasius war überzeugt, man könne sich von den überlieferten Irrtümern nur befreien, indem man »durch Hülffe der Historie den Ursprung der Vorurtheile erkennet«. »Ohne dieselbe [die Historie] ist der menschliche Verstand blind.« In der Tat, im Gegensatz zu dem, was manche von uns im historischen Proseminar gelernt haben mögen, war zum einen die Geschichte für viele (nicht alle) Aufklärer zentral, und zum anderen sind der moderne Umgang mit der Geschichte und vor allem die Geschichts*wissenschaft* nicht etwa erst Produkte des Historismus des 19. Jahrhunderts, sondern sie sind Produkte der Aufklärung, vor allem der Spätaufklärung der zweiten Hälfte des 18. Jahrhunderts. Historiker wie Chladenius und Gatterer, Schlözer, Ignaz Schmidt und Spittler, Denker wie Vico und Herder, Praktiker wie Möser und Nicolai, westliche Einflüsse wie Gibbon, Voltaire oder Ferguson darf man nicht übersehen, wenn man nach den Gründervätern der Geschichtswissenschaft fahndet. Das hat die wissenschaftsgeschichtliche Forschung der letzten Jahre klar herausgearbeitet.[3]

Zentral war das Interesse an der Geschichte für die meisten Aufklärer, weil es ihnen um die Kritik der Traditionen ging und weil sie an der Veränderbarkeit, der Erziehbarkeit, der Vervollkommnung der Menschen in ihren Verhältnissen interessiert waren. Und aus dem Geiste der Aufklärung entstand die moderne Geschichtswissenschaft, weil damals, in der zweiten Hälfte des 18. Jahrhunderts, zumindestens *vier Innovationen* gelangen, die seitdem und bis heute zum Grundbestand, zu den Grundlagen der Geschichtswissenschaft gehören.

1. Als Teil des aufklärerischen Fortschrittsgedankens setzte sich die Vorstellung von Geschichte im Kollektivsingular durch, und zwar von Geschichte im Sinne eines diesseitigen Prozesses. Vorher hatte man entweder von einzelnen Geschichten (im Plural) gesprochen oder die Geschichte der Menschen als Teil eines umfassenden heilsgeschichtlichen Planes gedacht. Damit brach nun das säkularisierte Denken der Aufklärung, und damit wurde zum erstenmal möglich, vergangene Wirklichkeit als einen prinzipiell erforschbaren, diesseitigen Gesamtzusammenhang von Ursachen, Handlungen und Wirkungen zu denken, und zwar so, daß sich Gegenwart und Zukunft von der Vergan-

genheit zwar gründlich unterschieden (also nicht wiederholten), gleichwohl aber aus ihr hervorgingen (»Kontinuität«).

2. In denselben Jahrzehnten setzten sich neue, rigidere Methoden der Geltungssicherung durch. Nicht zuletzt die Kirchenhistoriker trugen zur Entstehung moderner Quellenkritik und zur Entstehung der modernen Hilfswissenschaften bei. Tatsachen wurden von Legenden und ungeprüften Meinungen unterschieden. Sie hatten die empirische Überprüfung nach bestimmten Regeln zu bestehen, damit sie als wahr, und zwar als wahr für alle (unabhängig von Stand, Religion, Nation und Geschlecht), akzeptiert werden konnten.

3. Aus der sich ebenfalls in der zweiten Hälfte des 18. Jahrhunderts durchsetzenden (oder doch andeutenden) Erkenntnis von der Perspektivität jedes historischen Erkennens wurde nicht die Konsequenz relativistischer Resignation, sondern die Pflicht abgeleitet, den eigenen »Sehpunkt« und »Plan« – das eigene Erkenntnisinteresse und den eigenen Zugriff, würden wir heute sagen – zu explizieren, zu reflektieren und zur kritischen Diskussion zu stellen, für die man ebenfalls Regeln entwickelte.

4. Entsprechend änderte sich die Darstellungsform. Sie wurde diskursiver und argumentativer, methoden- und forschungsbezogener, man wollte sich jetzt von der »Schönschreiberei der Literaten« unterscheiden. Schließlich ging es um Wahrheit, nicht um Fiktion.

Dies alles war als Beitrag zur Selbstverständigung und Erziehung einer Gesellschaft gemeint, deren vernünftigen Fortschritt im menschheitsgeschichtlichen Maßstab man nicht nur erwartete, sondern eben dadurch auch zu fördern hoffte. Schon Leibnitz und d'Alembert, auch Nicolai und Möser forderten eine nützliche, gegenwartsbezogene, zumeist kritische Geschichtswissenschaft. »Nach meinem Wunsche«, schrieb Möser, »sollte auch der Bauer die Geschichte nutzen, und daraus sehen können, ob und wo ihm die politischen Einrichtungen Recht oder Unrecht tun.« Kritischen Gegenwartsbezug forderte man, nicht aber die Instrumentalisierung oder Verbiegung der Geschichte für gegenwärtige Zwecke. Und man hatte einen sehr breiten Begriff von Geschichtswissenschaft, im Sinne von Gesellschafts- und Zivilisationsgeschichte. Wie es Voltaire 1740 formulierte: »Man hat bisher nur die Geschichte der Könige geschrieben und niemals die der Nation. Es sieht so aus, als ob es vierzehn Jahrhunderte lang im Frankenland nur Könige, Minister und Generäle gegeben hätte! Ist denn der Volkscharakter, die Gesetzgebung, das Rechtsherkommen, die geistige Arbeit keiner Beachtung wert?« Von der Einengung auf Politikgeschichte, wie sie der späte Historismus vornehmen sollte, war die Aufklärungsgeschichte noch weit entfernt.[4]

Zweifel

So weit einige Bemerkungen zum inneren Zusammenhang von Aufklärung und Geschichte in jener Epoche, der die Aufklärung ihren Namen gegeben hat. Aber was sollen diese Überlegungen heute, 200 Jahre später? Niemand kann ja bezweifeln, daß wir gegenwärtig in einer ganz anderen Situation leben. Wer ein wenig wissenschaftsgeschichtlichen Überblick besitzt, weiß, daß sich in den zurückliegenden zwei Jahrhunderten die Allianz von Geschichte und Aufklärung deutlich gelockert hat. Und das ambitiöse Programm der Aufklärung ist nicht nur weit von seiner Realisierung entfernt geblieben, sondern auch für viele fragwürdig geworden, gerade heute oder heute wieder.

Zur sich entwickelnden und verschärfenden Spannung zwischen Geschichte und Aufklärung nur einige Stichworte: Zu einer akademischen Leitdisziplin wurde die Geschichte ja erst im 19. Jahrhundert, in den Jahren der aufklärungsskeptischen Restauration, und das sie bald prägende historistische Paradigma setzte sich geradezu programmatisch vom angeblich unhistorischen, naturrechtlichen, schematischen Aufklärungsdenken ab. Die bürgerlich-volkstümliche Geschichtsbewegung des 19. Jahrhunderts mit ihren vielen lokalen Geschichtsvereinen, Denkmälern und historisierenden Festen sah sich nicht primär in menschheitsgeschichtlich-aufklärerischer Tradition, sondern sie erinnerte Partikulares: regionale Identitäten und das, was der entstehenden Nation, dem ersehnten Nationalstaat, spezifisch sein sollte. Unvergessen ist die scharfe Abgrenzung der deutschen Geschichtswissenschaft gegen das »seichte« Aufklärungsdenken, den Positivismus, die westliche Zivilisation seit dem späten 19. Jahrhundert und vor allem seit dem Ersten Weltkrieg: mit den »Ideen von 1914« gegen die von »1789«. Zwischen 1933 und 1945 ist die Geschichte des Faches zwar durch wenig direkte Instrumentalisierung, aber durch noch weniger Widerstand geprägt gewesen. Hätte es in dieser Phase eklatanter Gegen-Aufklärung nicht mehr Reibung zwischen Historikern und Nationalsozialismus geben müssen, wenn aufklärerische Traditionen im Fach tiefer verankert gewesen wären?[5]

In den letzten zwei Jahrzehnten haben zwar einzelne Strömungen in der hiesigen Geschichtswissenschaft – meist ohne es zu merken – an Grundsätzen der Aufklärungshistorie angeknüpft. Man denke an die Gesellschaftsgeschichte und die Historische Sozialwissenschaft mit ihrer Historismuskritik, ihren traditionskritischen Neigungen, ihrem expliziten Gegenwartsbezug, ihrer Überwindung politikhistorischer Verengung und ihren komparativ-systematischen Interessen.[6] Aber ist nicht insgesamt auch die Geschichtswissenschaft zu einem hochspezialisierten, arbeitsteiligen, geradezu selbstreferenziellen Großbetrieb geworden, der von den fortschrittsgeschichtlichen Triebkräften und gesellschaftskritischen Zielsetzungen der Aufklärungshistoriker meilenweit entfernt ist?

Auf der anderen Seite sind die Zweifel an der Realisierbarkeit und am Sinn der Aufklärung gewachsen. Als bürgerliche Ideologie konnte sie zu Recht kritisiert werden, solange sie ihre Allgemeinheitsansprüche nicht *praktisch* einlöste. In langen Phasen ihrer Geschichte hat ebendies die Arbeiterbewegung versucht, nicht ohne Erfolg. Die realen Bedingungen, die die Aufklärung für ihre Realisation braucht, haben sich zweifellos verbessert (Verbreitung der Bildung, Überwindung der Not in unserem Teil der Welt, Verkürzung der existenznotwendigen Arbeit z.B.), teilweise aber auch verschlechtert (neue Manipulationsmechanismen, die Verführungen moderner Konsumkultur z.B.). Wessen Lebensverhältnisse sind schon so, daß sie dem Angebot der Aufklärung reale Resonanz bieten können und seine volle Inanspruchnahme erlauben? *Weltweit gesehen,* bleibt dies auf eine kleine Minderheit beschränkt.

Vielen ist überdies heute die »Dialektik der Aufklärung« empfindlich bewußt. Die kulturhistorische Forschung hat herausgearbeitet, daß die Aufklärung mit ihren modernisierenden Reformen auch ihre »Kosten« hatte und zur Zerstörung älterer Lebensweisen und volkstümlicher Kulturen beigetragen hat. Aufklärung hat immer etwas mit methodischer Lebensführung, mit Rationalisierung, mit Disziplinierung, mit »Selbstdomestikation«, und insofern wohl auch mit Durchsetzung von Ordnung und Unterdrückung von Spontaneität zu tun. War sie nicht überdies primär eine Sache der Männer, gar auf Kosten der Frauen, der Sieg eines männlichen über irgendein weibliches Prinzip? Manche Feministinnen meinen das. Und nicht nur Feministinnen und Grüne weisen auf die ungewollten Folgen des Projekts der Moderne hin, zu dem die Aufklärung so maßgeblich hinzugehört und das zu vorher ungeahnten Zerstörungen, Katastrophen und Bedrohungen geführt hat – von der Zerstörung der Natur über die skandalöse Nord-Süd-Ungleichheit im Weltmaßstab bis zu den Massenvernichtungen der Gegenwart. Verbreitet ist das Erschrecken des Zauberlehrlings: die Kräfte, die von Aufklärung und Moderne einst in Bewegung gesetzt wurden, haben sich jedweder Steuerung entwunden, dynamisch verselbständigt, ständig beschleunigt und bedrohen nun jene Kultur, der sie sich ursprünglich verdanken. Nach den Erfahrungen dieses Jahrhunderts ist die Skepsis gewachsen, ob es denn überhaupt möglich sei, komplexe gesellschaftlich-kulturelle Entwicklungen wirklich zu steuern und die Menschheit, im Sinne der Aufklärung, zum Subjekt ihrer Geschichte zu machen. Und kann man noch guten Gewissens die Aufklärung von Vorurteilen, die Befreiung von hemmenden Bindungen und die Emanzipation aus überflüssiger Herrschaft fordern, wenn eher der Zerfall herkömmlicher Bindungen, die Schwäche der Traditionen und damit verbundene Orientierungs- bzw. Sinndefizite zur Signatur der Zeit zu gehören scheinen?

Tatsächlich geschieht der Aufschwung des historischen Interesses, den wir erleben und der sich in neuer öffentlicher Hochschätzung für die Geschichte, in historischen Ausstellungen und Museen, in historischen Bestsellern und Geschichtsfesten, in Spurensicherungs- und Konservierungskampagnen, in Flohmarktkultur und Historikerstreit (also sehr vielfältig) ausdrückt – nur sehr begrenzt im Zeichen der Aufklärung. Nicht das – zum Kern von Aufklärung gehörende – Bedürfnis nach rationaler Kritik speist gegenwärtig die Hinwendung zur Geschichte, sondern eher das Verlangen nach Identität. Nicht die Hoffnung auf Emanzipation und Reform dient als Treibsatz des historischen Fragens, sondern der Wunsch nach Bewahrung und die Suche nach Halt. Erinnerung ist gewünscht, Erklärung viel weniger. Der neue historische Sinn kommt oft zusammen mit Zivilisationskritik und Zukunftsskepsis einher.

»Dissonanzen des Fortschritts« überschreibt der Historiker Michael Stürmer die Sammlung seiner Aufsätze und meint: »Geschichte verspricht Wegweiser zur Identität, Ankerplätze in den Katarakten des Fortschritts.« Er beschwört gegenwärtige Krisenerscheinungen der technischen Zivilisation und sieht uns in einem Zustand der postmodernen Gesellschaft, deren Träume gealtert seien. »Der Blick, der ratlos in die Zukunft irrt, wird wie von selbst auf Identität, auf Ortsbestimmung, auf Geschichte gelenkt.« – »Herkunftstreue läßt uns in bezug auf die Folgelasten von Modernisierungsprozessen besser standhalten«, schreibt der Philosoph Hermann Lübbe, der wohl die grundlegendsten Beiträge zu einer konservativen Neubestimmung der konsens- und identitätsbildenden Funktionen von Geschichte für die Gegenwart geleistet hat. Schon 1978 führte er aus: »... wer auf seine nicht-zustimmungsfähige Vergangenheit sich absetzen ließe, würde zukunftsunfähig.« Angesichts beschleunigter zivilisatorischer Evolution und damit verbundener desorientierender Erfahrungsverluste, sei die kompensatorische Vergegenwärtigung der Vergangenheit durch die historischen Geisteswissenschaften um so nötiger. – Je moderner eine Gesellschaft, desto unabdingbarer die Geisteswissenschaften, meint auch der Philosoph Odo Marquardt. Nicht als Teil- oder Antriebskraft der Modernisierung werden da die Geisteswissenschaften (und mit ihnen die Geschichtswissenschaft) empfohlen, sondern als Widerhalt, als Kompensation, als Reparatur für jene Identitätsschäden und Sinnverluste, die uns die fortschreitende Modernisierung angeblich zugefügt habe und weiterhin antue.[7]

Solche weitverbreitete, übrigens in verschiedenen politischen Lagern auftretende, jedoch generell als neo-konservativ zu bezeichnende Stimmungen sind weit von aufklärerisch-emanzipatorischen Positionen entfernt. Nicht als Mittel traditionskritischer und zukunftsöffnender Aufklärung wird da Geschichte gewollt, sondern eher als Mittel der Traditionssicherung und der Stabilisierung im Wandel.

Demgegenüber möchte ich versuchen zu zeigen, daß und inwiefern es weiterhin lohnen könnte, an der alten Allianz zwischen Geschichte und Aufklärung anzuknüpfen, so gut es geht und mit den nötigen Modifikationen. Solche sind zweifellos nötig, denn wir schreiben nicht 1788, sondern 1988, und es wäre naiv, die tiefgreifenden Differenzen zu übersehen, die unsere Zeit von der der Aufklärung trennen. Ich bediene mich im Grunde zweier Argumente. Zum einen nehme ich den Anspruch der *Wissenschaft,* der Geschichts*wissenschaft* ernst, die, wie gesagt, ein Produkt der Aufklärung ist und weiterhin das Erbe der Aufklärung in sich trägt, wenn auch meist nur in sorgsam verpackter, oftmals fast unkenntlicher Form. Wenn man, so wird mein erstes Argument lauten, *wissenschaftlichen* Umgang mit der Geschichte will oder ihn zumindest unter gegenwärtigen Verhältnissen für unvermeidbar hält, dann folgt daraus, mit Geschichte in aufklärerischer Weise umzugehen. Zum anderen versuche ich, praktisch, gewissermaßen appellierend, zu argumentieren, und zwar nach dem Muster: Seht, solche aufklärerischen Funktionen kann die Geschichte wahrnehmen, mit diesen und jenen Folgen. Was aber wäre, wenn sie das nicht täte? Sind die dann wahrscheinlichen Folgen wirklich zu wünschen? Das erste Argument läuft auf die These hinaus, daß Geschichtswissenschaftler schon aus Gründen ihrer Profession für einen aufklärerischen Umgang mit Geschichte eintreten müssen, obwohl sie wissen, daß sich insofern ihr Beitrag in den engen Grenzen der Fachwissenschaft hält und es legitimerweise auch andere Umgänge mit der Geschichte gibt. Das andere Argument zielt auf eine umfassende aufklärerische Wirkung des Umgangs mit Geschichte und versucht zu zeigen, daß dieser möglich ist, wenn man sich dazu – letztlich aus wissenschaftlich nicht mehr voll begründbaren (aber argumentierbaren) Gründen – entscheidet. Beide Argumente sollen nicht abstrakt, sondern mit Bezug auf drei gegenwärtig aktuelle Diskussionskomplexe vorgetragen werden: 1. mit Bezug auf einen zentralen Streitpunkt des sog. »Historikerstreits«; 2. mit Bezug auf das Problem von Identität und Geschichte; 3. mit Bezug auf die sich abzeichnende postmoderne Kritik an einer der Aufklärung verpflichteten Geschichtsbetrachtung.

Potentiale der Wissenschaft

Die eigentliche Provokation des Historikerstreits von 1986/87[8] bestand nicht in dem Versuch, die Singularität der nationalsozialistischen Massenmorde zu hinterfragen, indem man den Vergleich mit anderen Massenmorden des 20. Jahrhunderts forderte. Der Vergleich ist ein unaufgebbares methodisches Instrument der Historiker. Wenn sie erklären wollen, müssen sie vergleichen.[9] Überdies: Wenn man den nationalsozialistischen Massenterror für absolut singulär erklärt, impliziert man, daß sich dergleichen nie wiederholen kann – eine probate Immunisierungsstrategie, mit der man sich das verstellt, was man vielleicht aus vergangenen Katastrophen für die Zukunft lernen kann. Weder methodisch noch politisch-pädagogisch ist »Singularität« eine besonders progressive Kategorie. – Allerdings ist zweierlei hinzuzufügen. Zum einen hat die vergleichende Analyse des Nationalsozialismus eine lange Tradition. Mit den Konzepten des »Totalitarismus« und des »Faschismus« hat man seit langem erfolgreich den Nationalsozialismus in vergleichende Perspektive gerückt.[10] Zum andern geht es im geschichtswissenschaftlichen Vergleich immer um die Feststellung von Ähnlichkeiten *und* Unterschieden. Vergleicht man nüchtern, methodisch und genau, ergibt sich durchaus, was dem nationalsozialistischen Holocaust ganz spezifisch war.[11] Der genaue, kontrollierte Vergleich ergibt nichts Entlastendes.[12]

Nein, nicht Noltes vergleichende These war der Skandal, so unsauber, hilflos und teilweise apologetisch sie auch vorgetragen wurde. Die eigentliche Provokation bestand und besteht vielmehr darin, daß Nolte einen Kausalzusammenhang unterstellt zwischen dem zeitlich vorausgehenden »asiatischen Klassenmord« der Bolschewisten – im Bürgerkrieg und dann in Form des Stalinistischen Massenterrors – einerseits und andererseits dem nationalsozialistischen »Rassenmord«, der zeitlich folgte und den Nolte als gar nicht so unverständliche, gewissermaßen präventive Abwehr-Reaktion der Nationalsozialisten auf die weiterbestehende »asiatische« Bedrohung interpretiert.[13] Diese Deutung hat es in sich, dem nationalsozialistischen Massenmord an den Juden nachträglich Sinn zuzusprechen, einen Sinn im Kontext eines ebenfalls unterstellten gesamteuropäischen Abwehrkampfes gegen den Bolschewismus. Zweifellos ist dies ein politisch problematisches Argument. Aber nicht, weil es politisch problematisch war, hat es Schiffbruch erlitten, sondern weil es im Lichte der Quellen und nach dem Maßstab der geschichtswissenschaftlichen Regeln, die bei der Auswertung der Quellen anzuwenden sind, inakzeptabel, nämlich falsch war. Ich kenne keinen ernstzunehmenden Fachhistoriker, der diese These wirklich verteidigt hätte. Die Historiker, die Nolte gegen Kritik in Schutz nahmen, machten um diesen Kern seiner Provokation einen vorsichtigen Bogen. Ähnlich kann man Andreas Hillgruber mit *fachwissenschaftlichen* Argumenten kritisieren, der die Identifikation des Historikers mit der Perspektive des kämpfenden Ostheers verlangte und auf dieser Grundlage das Ende des Zweiten Weltkriegs beschrieb.[14] Es ist nämlich nicht nur eine Forderung wertender Gerechtigkeit, sondern auch eine Grundregel geschichtswissenschaftlichen Arbeitens, seinerzeit divergierende Perspektiven gegeneinanderzuhalten oder aus einer möglichst umfassenden heutigen Perspektive die damalige Situation in ihrer Vieldeutigkeit zu begreifen. Diese Grundregel hat Hillgruber verletzt. Allerdings, dies sollte man betonen, nicht nur er.

Ich erspare mir weitere Beispiele. Die These sollte klar sein: Der wissenschaftliche Diskurs mit seinen Regeln der Quellenkritik, der

Analyse und Interpretation läßt zwar zumeist mehrere, auch konkurrierende Interpretationen und Ergebnisse zu, aber nicht alles geht. Vieles schließt er aus. Solange er selbst funktioniert und solange er sich geltend machen kann (was nicht nur von den Wissenschaftlern abhängt, sondern auch vom Zustand der Öffentlichkeit, den Machtverhältnissen und Institutionen), sperrt er sich gegen Legenden und Mythen, Verzerrungen und Lügen. Er entfaltet damit eine kritische Kraft, die weit über den innerwissenschaftlichen Bereich hinausreicht – als Beitrag zur Aufklärung. Dem Aufklärungsprodukt »Geschichtswissenschaft« ist eine besondere Rationalität eigen, die im Prinzip in der Lage (wenn auch nicht immer mächtig genug) ist, der Instrumentalisierung der Geschichte zu antiaufklärerischen Zwecken enge Grenzen zu ziehen. Man wird dies in einer Zeit betonen, in der das Unbehagen an der Wissenschaft Hochkonjunktur hat und die Verächter der Wissenschaft sich oft auch noch als progressiv darstellen. Die wissenschaftliche Fundierung der Geschichtslehrerausbildung und des Geschichtsunterrichts ist ein hohes Gut. Sicherlich, nicht jeder gute Historiker ist schon ein guter Geschichtslehrer, da muß noch vieles hinzukommen. Aber einen guten Geschichtslehrer, der nicht gleichzeitig ein guter Historiker ist, kann man sich nur schwer vorstellen.

Identität

Wie bereits erwähnt, wird derzeit von der Besinnung auf die gemeinsame Geschichte häufig erwartet, daß sie zur Stärkung kollektiver Identität beiträgt, wobei unter Identität ein konsensförderndes Gemeinsamkeitsgefühl und -bewußtsein verstanden wird, das die Legitimität und die Handlungsfähigkeit von Gesellschaften stärkt. Dies war ein Kernpunkt im »Historikerstreit«. Aber auch in anderen Diskussionszusammenhängen wird immer wieder die Erwartung ausgedrückt, durch historische Erinnerung kollektive Identität zu festigen und damit die Konsensfähigkeit zu erhöhen, um damit Desintegrationserscheinungen und, wie es heißt, der »Zukunftsunfähigkeit« der Deutschen entgegenzusteuern.

Es scheint mir in der Tat unbestreitbar, daß jede Gesellschaft ein Minimum an Gemeinsamkeitsbewußtsein und Solidarität benötigt, um Ziele zu definieren, Probleme zu lösen und überhaupt handlungsfähig zu sein. Auch ist einzuräumen, daß die Erinnerung an gemeinsame, vergangene, weiter wirkende Erfahrungen solches Gemeinsamkeitsbewußtsein fördern kann. Doch ist an diesem Ruf nach Geschichte als Identitätsbildungsbasis mehreres problematisch.

Zunächst kann man bezweifeln, ob wir in der Bundesrepublik Deutschland wirklich zu wenig kollektive Identität, zu wenig Gemeinsamkeitsbewußtsein und zu wenig Konsens besitzen. Schließlich ist es normal und wünschenswert, vielfältige Identität zu besitzen. Jemand mag Westfale und katholisch und Sozialist und Bürger der Bundesrepublik und Deutscher und Europäer und Angehöriger der westlichen Zivilisation zugleich sein. Diese Zugehörigkeiten mischen sich in je unterschiedlicher Weise, bei jedem (ein wenig) anders. Die daraus entstehenden Loyalitätsanforderungen können miteinander in Spannung treten, aber in der Regel sind sie nicht unvereinbar. Die hiesige Gesellschaft ist meilenweit vom sozialen oder mentalen Bürgerkrieg entfernt. Sie verfügt – trotz aller Kontroversen und Unsicherheiten – über viel Konsensfähigkeit. Mit großer Mehrheit wird der amtierende Bundespräsident zur Wiederwahl vorgeschlagen. Man vergleiche mit den Zuständen in der Weimarer Republik, um dies recht zu würdigen. Und man stelle sich vor, man hätte 1927 versucht, in Berlin ein Deutsches Historisches Museum zu gründen. Unversöhnliche Positionen wären mit großer Vehemenz aufeinandergestoßen; ein intellektueller Krieg hätte stattgefunden, das Projekt wäre vermutlich gescheitert. 1987 dagegen kam es auf den Weg, nach einigen Kontroversen zwar, aber dann doch mit breiter, obgleich nicht totaler Unterstützung für die Konzeption.[15] Wir haben nicht mehr an Krisen und nicht weniger an Stabilität als andere, wahrscheinlich im Gegenteil.

Sicherlich, es gibt einige deutsche Besonderheiten. Nation und Nationalstaat decken sich nicht. Die Brüche unserer jüngeren Geschichte waren tief und gewaltsam, vergleicht man mit der Schweiz, Frankreich oder den Vereinigten Staaten. Aber darin stecken auch Chancen. Die Mehrheit scheint derzeit relativ immun gegenüber naivem oder geschürtem Nationalismus. Großmachtpolitik belastet uns nicht mehr. Im Umgang mit anderen Staaten ist eine gewisse Vorsicht zu beobachten, die als Vorteil zu werten ist.

Kurzum, diejenigen, die über mangelnde Identität, zuviel Pluralismus und angebliche Sinndefizite klagen, sollten die Standards überprüfen, an denen sie die Realität messen und zu leicht befinden. Überdies: Ist die Legitimität, der Konsens, die Identität gegenwärtiger Systeme nicht zuerst und vor allem von ihrer – nicht nur ökonomischen – Leistungsfähigkeit abhängig, viel mehr als von historischer Erinnerung? Es würde dann für die Leistungskraft von Gesellschaften und die in ihnen mögliche Lebensqualität sprechen, wenn sie ihre Identität nicht mühsam, gewissermaßen sekundär und ideologisch, über historische Besinnungsübungen stiften müssen.

Aber wenn man dennoch Geschichte als Identitätslieferantin in Anspruch nimmt, dann ist folgendes zu bedenken:

Erstens sind Formen der Identitätsstiftung denkbar und beobachtbar, die mit Geschichts*wissenschaft* und ihrer spezifischen, aufklärungsgeprägten Rationalität unvereinbar sind. Dazu gehört jede Stilisierung und jede Beschönigung der eigenen Geschichte, dazu gehören Mythen und Legenden, dazu gehört jede primär über Emotion und Suggestion vermittelte Aneignung von Geschichte. Sicherlich: Stolz, Sympathie und Rührung mögen die Beschäftigung mit der eigenen Geschichte begleiten, häufiger noch Trauer und Mitleid, Verachtung und Haß. Aber wenn man Geschichte als Aufklärung will, dann darf man dabei nicht stehen bleiben, sondern muß diese Gefühle gedanklich einholen. Die ehrlichste Betroffenheit, das eindrucksvollste Mahnmal und die angestrengteste Trauerarbeit können das Begreifen, die Erklärung, die Einordnung des historischen Phänomens nicht ersetzen. Darauf aber kommt es an, wenn Geschichte orientieren und zukunftsfähig machen soll.

Zweitens bleibt daran festzuhalten, daß eine klare und lebendige Erinnerung an die katastrophalste Phase der deutschen Geschichte (zwischen 1933 und 1945) keineswegs lähmt oder zukunftsunfähig macht. Vielleicht ist das Gegenteil wahr. Viele von uns sind doch gerade durch die kritische Bekanntschaft mit dem Nationalsozialismus zu politischen, wissenschaftlichen, intellektuellen Engagements und Aktivitäten motiviert worden – das Gegenteil von Lähmung. Weil man weiß, daß so etwas passieren konnte, versucht man mitzuhelfen, Wiederholungen zu verhindern. Auch glaube ich nicht, daß die ehrliche Anerkennung der nationalsozialistischen Phase als Teil der eigenen Geschichte uns wirklich an dem hindert, was man den »aufrechten Gang« genannt hat. Im Gegenteil, auf dem Hintergrund des Wissens über deutsche Geschichte vor 1945 ist vielleicht sogar Platz für gewisse Befriedigung und etwas Stolz auf den relativen Erfolg der Bundesrepublik als eines demokratischen und freiheitlichen Systems, das sich von jener Vergangenheit mühsam, zeitweise halbherzig, aber im Endergebnis doch deutlich distanziert hat. Die Betonung dieser Differenz zwischen Nationalsozialismus und heute – nicht aber ihre vergessende Einebnung – sollte man als wertvolles Element unseres politischen Selbstverständnisses, unserer kollektiven Identität, hochhalten.

Drittens halte ich es für eine merkwürdige Illusion zu glauben, daß die Erinnerung der gemeinsamen Vergangenheit automatisch zu mehr Konsens und Gemeinschaftlichkeit in der Gegenwart führt. Blickt man nüchtern, unvoreingenommen und um Wahrheit bemüht in die Vergangenheit, dann entdeckt man auch vieles, was schmerzt, und vieles, was trennt. Streit ist die Folge, zumindest erfährt man aber Pluralität, Ambivalenz, Relativierung und Zweifel. Nietzsche hat das übrigens beschrieben und von »Begriffsbeben« gesprochen, das von der Geschichtswissenschaft erregt werde und das den Menschen das Fundament ihrer Sicherheit und Ruhe, ihren Glauben nehme.[16]

Viertens: Destabilisierende Wirkungen können in unserem Fall insbesondere von der allzu bemühten Erinnerung an die *nationale* Geschichte ausgehen. Zweifellos ist das Deutsche an unserer Identität von großer Bedeutung. Die Sprache, der »Historikerstreit«, die besondere politische Beziehung zwischen Bundesrepublik, DDR und Berlin, jede Auslandsreise zeigen es einem mit großer Deutlichkeit: man ist nicht nur Europäer, nicht nur Bürger einer bestimmten Stadt oder Region, nicht nur Angehöriger einer spezifischen Berufsgruppe etc., sondern auch Deutscher. Um zu verstehen, was das heißt, ist die Beschäftigung mit deutscher Geschichte unumgänglich, so eng diese in aller Regel in die europäische Geschichte verwoben und im Inneren regional differenziert war. Auch die Thematisierung der Nationalgeschichte in einem Deutschen Historischen Museum erscheint legitim und sinnvoll, solange diese – nationale – Dimension der eigenen Geschichte nicht verabsolutiert wird. Dies auch deshalb, weil eigentlich nirgendwo die nationale Organisationsform komplexer Gesellschaften wirklich vergeht. Das Absehen von der deutschen Nationalgeschichte (zugunsten einzelner historischer Teilthemen, einzelner Regionalgeschichten oder zugunsten einer allgemeinen europäischen Geschichte) wäre nichts anderes als eine sublime Flucht aus der wirklichen Geschichte, ein Akt der Verdrängung – der aber auch gar nicht droht.

Auf der anderen Seite ist schwer zu bestreiten, daß das Projekt »Nationalstaat« nicht zu den großen Erfolgen der deutschen Geschichte gehört. Wenn man heute auf nationale, deutsche Gemeinsamkeiten abhebt, kann dies überdies in jedem der beiden deutschen Staaten die jeweilige staatsbezogene Identität durchaus in Frage stellen. Denn im Licht einer stark betonten gesamtdeutschen, eben nationalen Identität erscheint die Bundesrepublik leicht als ungeliebtes Provisorium, als defizitär. Aber die Bundesrepublik ist das Gehäuse, in dem kollektive Handlungsfähigkeit vor allem hergestellt werden muß. Zwischen nationaler, deutscher Identität und den Grundlagen der Bundesrepublik Deutschland besteht leicht eine unlösbare Spannung. Die allzu betonte nationalhistorische Erinnerung kann destabilisieren.[17]

Schließlich eine *fünfte* Bemerkung zum Thema »Geschichte und Identität«. Die gesellschaftlichen Funktionen von Geschichte sind vielfältig und durch den Begriff »Identitätsbildung« nur sehr ungenau beschrieben. Zu den Leistungen der Geschichte für die Gegenwart gehört ja auch die Erklärung historisch bedingter Gegenwartsphänomene, um sich ihnen gegenüber angemessener verhalten zu können. Beispielsweise sind der Antisemitismus, die nationale Frage, das Problem der sozialen Ungleichheit zwischen den Geschlechtern solche Gegenwartsprobleme, gegenüber denen man sich ohne Begreifen ihrer historischen Dimension gar nicht vernünftig verhalten kann. Zu den Leistungen der Geschichte für die Gegenwart gehört es weiterhin, daß man durch genaue Analyse vergangener Zusammenhänge, Erfolge und Mißerfolge Kategorien gewinnt, die auch unter veränderten Konstellationen in Gegenwart und Zukunft praktische Orientierung erleichtern, Sensibilität erhöhen und gesellschaftlich-politisches Handeln indirekt anleiten. Die Kategorie der nicht-intendierten Folgen von Handlungen läßt sich vor allem an weit zurückliegenden Zusammenhängen erarbeiten. Auch Ideologiekritik lernt sich besser an vergangenen Konstellationen als an (in ihren Folgen noch unübersehbaren) Konstellationen der Gegenwart. Und die Geschichte kann helfen, durch sekundäre Fremdheitserfahrungen, durch die Beschäftigung mit fremden Kulturen und Lebensmöglichkeiten, durch die Vorführung des Anderen, durch Verfremdung Möglichkeitsbewußtsein zu erzeugen, im Lichte dessen die gegebene Wirklichkeit unter Legitimationsdruck gerät und ihre scheinbare Selbstverständlichkeit verliert.[18] Hier, in dieser Verflüssigungsleistung, zeigt sich die Kraft der Geschichte als Kritik, wie sie von der Aufklärung geschätzt wurde und m. E. auch heute nicht überholt ist. Allerdings scheint dies das Gegenteil von dem zu sein, was aus neo-konservativer Perspektive von der Beschäftigung mit Geschichte erwartet wird.

Jedoch: Wenn man denn unbedingt will, kann man auch diese kritischen, verflüssigenden, erklärenden, aufklärerischen Funktionen der Geschichte als Beiträge zur Identitätsbildung bezeichnen, als Beiträge zu einer Identität, die in sich pluralistisch ist, Zustimmung und Kritik vereinigt, mehr einen Prozeß als einen Zustand darstellt – einen Prozeß immerwährender, immer neuer, spannungsreicher Verständigung zwischen verschiedenartigen Interessen und Anschauungen.[19]

Postmoderne Aufklärungskritik

Abschließend sei auf eine ganz andere Herausforderung eingegangen, mit der sich eine an aufklärerischen Traditionen orientierte Geschichte heute konfrontiert sieht. Ich meine verschiedene Varianten postmoderner Geschichtssicht, die ich an einigen Bemerkungen des Literaturwissenschaftlers Karl Heinz Bohrer exemplifizieren möchte. Kürzlich versuchte er, unter der Überschrift »Die Illusion des historischen Arguments« eine Position oberhalb der im »Historikerstreit« engagierten Parteien zu beziehen, indem er beiden Seiten vorwarf, im Grunde glichen sie sich ja in ihrem alten Glauben an die rationale Erkennbarkeit von Geschichte und in ihrer illusionären Annahme eines Wirkungszusammenhangs zwischen Vergangenheit und Gegenwart. Dagegen stellte Bohrer die Forderung, man solle Kontingenz und Diskontinuität zum Prinzip der Beschäftigung mit Geschichte machen. Geschichte im Singular, das sei doch ein »bildungsbürgerliches Phantasma«. Die Historiker, so Bohrer, sollten nicht Wissen produzieren, nicht Kausalerklärungen bringen, nicht versuchen, Wichtiges von Unwichtigem zu scheiden. Vielmehr sollten sie faszinieren, die Leser aus der eigenen Zeit wie auf einem Märchenteppich entführen, verzaubern und an Dimensionen des Menschlichen erinnern, die in der Moderne vergessen worden seien. Um der banalen Öde der Wissenschaft zu entfliehen, empfiehlt er den Historikern einen ganz anderen Blick auf die Geschichte, nämlich auf das Gewesene als etwas Fremdes. »Unzusammenhängende Notizen über Geschichte« ist dann der folgende Artikel desselben Merkur-Heftes überschrieben, den Bohrer als vorbildlich lobt.[20]

Dieser Blick auf die Geschichte hat unter Intellektuellen und Künstlern, in den Feuilletons und bei Ausstellungsmachern derzeit gewisse

Konjunktur. Zum Teil findet er sich auch in der »Alltagsgeschichte«, die ebenfalls dazu tendiert, die historische Zusammenhangserkenntnis in einzelne unverbundene Bruchstückgeschichten aufzulösen, in Miniaturen und insulare Darstellungsweisen.[21] Verwandtschaft besteht auch zu anderen Varianten gegenwärtiger Wissenschaftskritik und Wissenschaftsrelativierung, z.B. zu dem bei Hayden White nachlesbaren und m.E. fehlgehenden Versuch, die qualitative Differenz zwischen geschichtswissenschaftlichen Texten und Werken fiktionaler Literatur zu bestreiten.[22] In dieser Sicht von Geschichte droht auch die Einebnung des fundamentalen Unterschieds zwischen wissenschaftlicher und mythischer Geschichtsbetrachtung. Das Fremde soll als Fremdes stehen gelassen werden, es zu begreifen ist nicht das Ziel. Von Überprüfungskriterien spricht Bohrer nicht. Wahrscheinlich läge es in der Konsequenz seines Ansatzes, dabei eher an ästhetische Kriterien als an wissenschaftliche Wahrheitskriterien zu denken. Nicht zufällig spricht man in den einschlägigen Feuilletons gern von »Inszenierungen« der Geschichte: der Historiker als Regisseur oder als Zauberer, Geschichte als Faszination und Unterhaltung, die Darstellung als Folge unzusammenhängender Notizen und Miniaturen – was könnte weiter vom Begriff der Geschichte als Aufklärung entfernt sein als diese postmoderne Sicht? Sie ist dadurch gekennzeichnet, daß sie Geschichte nicht mehr als erforschbaren Zusammenhang von Ursachen, Handlungen und Wirkungen, Vergangenheit, Gegenwart und Zukunft begreifen will und historische Zusammenhangserkenntnis als entweder überflüssig oder unmöglich oder als langweilig denunziert.[23] Die Konsequenz ist deutlich: Geschichten statt Geschichte, Unterhaltung und Imagination statt Durchblick und Aufklärung, Inszenierung statt Erklärung. Was läßt sich dazu sagen?

1. Es gibt sehr verschiedene Weisen des Umgangs mit der Geschichte. Es gibt Denkmäler, Gedenktage, Mahnmale, Friedhöfe. Sie erklären wenig, aber sie erinnern an Siege und Erfolge, an Opfer, Niederlagen und Tod. Als Einladungen zum Feiern und als Aufrufe zum Trauern stehen sie im Kalender oder in der Landschaft. Es gibt historische Legenden, auch heute. Geschichte findet sich in der Bibel und in anderen Heiligen Texten, in den Riten und Messen, und auch noch im Talar der Akademiker, dort wo er die rasanten Veränderungen des Universitätslebens überstanden hat, also z.B. in den USA. Es gibt ästhetische Annäherungen an die Geschichte, in Wagners Opern z.B., doch mit historischer Wahrheit haben sie wenig zu tun. Es gibt Historische Ro-

mane, deren Qualität nicht primär nach dem Grad der von ihnen vermittelten historischen Erkenntnisse bemessen wird. Es gibt Inszenierungen von Vergangenheiten, so beim Treffen des Kanzlers mit dem amerikanischen Präsidenten auf dem Bitburger Soldatenfriedhof und dann im KZ, aber auch in der Ausstellung »Mythos Berlin« 1987, als Produkte der materiellen Kultur mit symbolischer Bedeutung aus ihrem ehemaligen Zusammenhang gebrochen und – überraschend, verfremdend, reizvoll, unterhaltend, aber keineswegs aufklärend – in neue, künstliche Zusammenhänge eingefügt wurden. Auch respektable Museen bedienen sich dieser Technik mit großem Zuschauererfolg, z. B. das Musée d'Orsay in Paris. Und es gibt Geschichte als Show und Revue, wie sie ebenfalls bei den Feiern zum 750. Jubiläum 1987 sowohl in West- wie in Ost-Berlin zu genießen waren. Es wäre unsinnig, wirklichkeitsfremd und arrogant, diese Umgehensweisen mit Geschichte pauschal kritisieren oder gar unterschätzen zu wollen. Vieles davon ist vielen von uns lieb und teuer. Es entspringt unserem Bedürfnis nach Ehrfurcht und Pietät, Unterhaltung und Anregung, Spiel und Abwechslung. Nur, mit Geschichte als Aufklärung haben sie unmittelbar wenig zu tun, deshalb waren sie nicht Gegenstand dieses Aufsatzes. Sie brauchen aber nicht notwendig im Gegensatz zum aufklärerischen Umgang mit der Geschichte zu stehen, können es aber und tun es auch oft.[24]

2. Zum aufklärerischen Umgang mit Geschichte gehören die Frage nach Ursachen und Folgen, Bedingungen und Nebenfolgen, das Ernstnehmen von diachronen und synchronen *Zusammenhängen,* das nüchterne und methodische Streben nach intersubjektiv gültiger Erkenntnis (Wahrheit) und der wertend-interpretierende Bezug auf die Gegenwart unter aufklärungskonformen, zukunftsorientierten Zielsetzungen, gehören Analyse und nie abbrechende Kritik. Am ehesten verwirklicht sich ein solcher Umgang mit Geschichte in einer richtig verstandenen Geschichtswissenschaft.

Aufklärungsorientierte Geschichtswissenschaft kann in vielen Gestalten auftreten. Schwerpunktsetzungen sind nötig, die Interessen der Historiker unterscheiden sich, der Wandel ist die Normalität. Aufklärungsorientierte Geschichtswissenschaft wird sich aber weder auf die Rekonstruktion von Erfahrungen, Wahrnehmungen und Handlungen der Zeitgenossen nach Art der Alltagsgeschichte beschränken dürfen, noch allein auf die Analyse der Strukturen und Prozesse; auf die Verknüpfung beider Dimensionen kommt es an.[25]

Spezialisierung ist nötig, und auf weite Strecken ist wissenschaftliche Arbeit sich selbst Zweck genug. Aber zur Aufklärungsorientierung der Geschichtswissenschaft gehört, daß der sie konstituierende Zusammenhang zwischen Vergangenheitserkenntnis, Gegenwartsbezug und Zukunftsorientierung ernstgenommen und durchschaut wird, daß die Wahl der Gegenstände, die Art der Zugriffe und spezialisierten Ergebnisse im größeren Rahmen gegenwarts- und zukunftsbezogener Fragestellungen und Erkenntnisinteressen interpretiert werden; und daß die Historiker ihre Arbeit als Teil eines spannungsreichen Gesamtzusammenhangs begreifen, in dem die spezifische Rationalität ihrer Wissenschaft zur Aufklärung von Politik, Kultur und Gesellschaft beiträgt, die umgekehrt zumindest in Grundzügen erreicht sein muß, wenn sich die Wissenschaft ungehindert entfalten können soll.[26]

Aufklärungsorientierte Geschichtswissenschaft wird sich verschiedener Darstellungsformen bedienen, die auch mit dem vor allem angesprochenen Publikum variieren: von der konkreten, leicht nachvollziehbaren Erzählung und bunten Beschreibung über das weite Feld der historischen Argumentation bis zur historischen Statistik.[27] Aber wenn sie ihren aufklärerischen Anspruch nicht aufgeben wollen, müssen sich Historiker um eindeutige Formulierungen und maximale Klarheit bemühen. Ohne scharfe Begriffe und ihre Definition, ohne theoretische Anstrengungen und reflexive Elemente geht es nicht ab. Unvereinbar mit einer Geschichtswissenschaft, die ihre aufklärerische Prägung ernst nimmt, ist insbesondere die Wahl einer metaphorisch geladenen, schwammig oszillierenden Sprache, die über die Probleme leichtfüßig hinwegtänzelt statt sie zu vertiefen, die funkelt und blendet und die es erlaubt, sich jeder Kritik mit der Antwort zu entziehen, so sei es ja nicht gemeint gewesen. Oft ist die umständliche, sperrige und schmucklose Formulierung nur um den Preis reduzierter Genauigkeit zu ersetzen. Und dieser Preis ist zu hoch. Wenn gewählt werden muß, ist für den Wissenschaftler die intellektuelle Redlichkeit das Wichtigste, auch wenn sie umständlicher wirkt, weniger mediengerecht ist und auf postmoderne Schöngeister langweilig wirkt. Daß man alles daransetzen muß, spannend zu schreiben, verständlich zu sein und sein Publikum auch wirklich zu gewinnen, ergibt sich von selbst, wenn man die gesellschaftlich-politischen Funktionen der Geschichtswissenschaft als Beitrag zur Aufklärung ernst nimmt.

3. Hier wurde explizit und implizit für aufklärerischen Umgang mit Geschichte plädiert, nicht als einzigen, aber als unersetzbaren Zugang

zur Geschichte, an dessen Ergebnissen sich die anderen messen lassen müssen. Als Historiker weiß man: dieser Umgang ist durchaus möglich. Auch und gerade wenn man den Fortschrittsoptimismus der Aufklärer des späten 18. und frühen 19. Jahrhunderts nach den Erfahrungen des 20. nicht mehr zu teilen vermag und von den Gefahren beeindruckt ist, die dem Projekt der Aufklärung drohen, mag man sich für ihn einsetzen – schon aus Mangel an begehbaren Alternativen. Als Wissenschaftler ist man gewissermaßen verpflichtet, die aufklärerische Karte zu spielen, sie ergibt sich aus dem eigenen métier, das selbst ein Produkt der Aufklärung ist. Und als Bürger kann man meinen, daß aufklärerischer Umgang mit Geschichte im Interesse einer freiheitlichen, demokratischen und solidarischen Gesellschaft möglichst mündiger Individuen unabdingbar ist. Verzichtete man nämlich auf historische Ursachen-, Zusammenhangs- und Wirkungserkenntnis, auf empirisch sich absichernde, kritische und nach intersubjektiver Geltung strebende Interpretation, dann entstünde ein Vakuum, in dem sich Legenden und Mythen, Vorurteile und Manipulationen breit machten – mit unabsehbaren Folgen. Und man verzichtete auf ein Medium der Verständigung über gemeinsame Zugehörigkeiten und gemeinsame Probleme, auf ein Medium der Bildung und Kritik von Identität in einem pluralistischen, diskursiven Sinn. Einen solchen Verzicht können sich moderne Gesellschaften nicht leisten.

Abkürzungen

GG	Geschichte und Gesellschaft
HZ	Historische Zeitschrift
IWK	Internationale wissenschaftliche Korrespondenz zur Geschichte der deutschen Arbeiterbewegung
VSWG	Vierteljahrschrift für Sozial- und Wirtschaftsgeschichte

Anmerkungen

Zurück zur Erzählung?

Unwesentlich überarbeiteter Text eines Vortrags, der auf der Jahrestagung der Western Association for German Studies in Madison, Wisconsin (30. 9.–2. 10. 1983) sowie auf der Jahrestagung der Deutschen Gesellschaft für Amerikastudien in Kiel (24.–27. 5. 1983) in Kiel gehalten wurde.

1 G. A. Craig, Der Historiker u. sein Publikum, in: Erster Träger des Historikerpreises der Stadt Münster. Gordon A. Craig, hg. vom Oberstadtdirektor der Stadt Münster (Presseamt), Juli 1982, S. 41–77, Zitate S. 57, 67, 55, 57.

2 Dieses Wort erlebt derzeit eine inflationäre Verwendung und ungenaue Ausweitung, die seine Brauchbarkeit stark reduziert. So z. B. in: A. Berdahl u. a., Klassen u. Kultur. Sozialanthropologische Perspektiven in der Geschichtswissenschaft, Frankfurt 1982, S. 11 (Einleitung). – Ähnlich verschwommen und folgenlos erscheint der Begriff bei M. Stürmer, Das ruhelose Reich. Deutschland 1866–1918, Berlin [1983], S. 95–119: Unter der Überschrift »Politische Kultur« werden neben politischen Symbolen und politischem Stil u. a. Probleme des Föderalismus, die Reichsverfassung, Bismarcks Staatsstreichdrohungen sowie Wahlen und Parlamente behandelt.

3 Vgl. J. Kocka, Klassen oder Kultur? Durchbrüche und Sackgassen in der Arbeitergeschichte, in: Merkur 36, 1982, S. 955–65 (als Auseinandersetzung mit einschlägiger Literatur); als Replik M. Broszat, Plädoyer für Alltagsgeschichte, in: ebd., S. 1244–48. – Siehe auch die Debatte zwischen D. Peukert und A. Lüdtke in: Das Argument 140, 1983, S. 536–49; sowie den Beitrag von K. Tenfelde, Schwierigkeiten im Alltag, in: GG 10, 1984, S. 376–94; außerdem die Diskussionsbeiträge in: H. Süssmuth (Hg.), Hi-

storische Anthropologie. Der Mensch in der Geschichte, Göttingen 1984, bes. die Beiträge von H. Medick, D. Peukert u. J. Kocka. Weiterhin J. Kocka, Sozialgeschichte. Begriff, Entwicklung, Probleme, Göttingen 1986^{2}, S. 162–74, sowie unten in diesem Band, S. 29 ff.

4 Viel beachtet die Kehrtwendung von Lawrence Stone (The Revival of Narrative: Reflections on a New Old History, in: Past & Present 85, 1979, S. 3–24; wd. in: ders., The past and the present, London 1981, S. 74–96).

5 M. Baumgartner, Erzählung u. Theorie in der Geschichte, in: J. Kocka u. Th. Nipperdey (Hg.), Theorie und Erzählung in der Geschichte, München 1979, S. 259–89; im selben Band auch weitere Beiträge zum Thema, bes. v. K. Stierle, W. Hardtwig u. J. Rüsen.

6 J. Rüsen, Geschichtsdidaktische Konsequenzen aus einer erzähltheoretischen Historik, in: S. Quandt u. H. Süssmuth (Hg.), Historisches Erzählen. Formen und Funktionen, Göttingen 1982, S. 129–70, hier S. 135.

7 Zur Abgrenzung von »Struktur« und »Prozeß« gegenüber »Ereignis« und »Handlung« vgl. Kocka, Sozialgeschichte (wie Anm. 3), S. 74–77; auf der Grundlage von: R. Koselleck, Darstellung, Ereignis u. Struktur, in: G. Schulz (Hg.), Geschichte heute, Göttingen 1973, S. 307–17.

8 Vgl. G. G. Iggers, Vom Historismus zur Historischen Sozialwissenschaft. Ein internationaler Vergleich, München 1978, S. 97–156. Das genaue Habermas-Zitat in: Zur Logik der Sozialwissenschaften. Materialien, Frankfurt 1970, S. 116.

9 Vgl. das »Vorwort der Herausgeber«, in: GG 1, 1975, S. 5–7. Zuletzt sehr gut in: H.-U. Wehler, Deutsche Gesellschaftsgeschichte, 2 Bde., München 1987, bes. Bd. 1, S. 6–31.

10 Vgl. J. Kocka, Theorieorientierung und Theorieskepsis in der Geschichtswissenschaft. Alte und neue Argumente, in: Historische Sozialforschung. Quantum Information 23, Juli 1982, S. 4–19.

11 Vgl. J. Kocka, Theorien in der Geschichtswissenschaft, in: ders. u. a., Theoriedebatte und Geschichtsunterricht, Paderborn 1982, S. 7–27 (mit weiterer theoretischer Literatur und Hinweisen auf theoretisch orientierte Forschungsarbeiten). – Sehr klärend zur Bedeutung und Rolle von Theorie in der historischen Forschung: J. Meran, Theorien in der Geschichtswissenschaft, Göttingen 1985.

12 Die seit 1975 bestehende »Arbeitsgemeinschaft für Quantifizierung und Methoden in der historisch-sozialwissenschaftlichen Forschung – Quantum« hat durch Veröffentlichungen, Methodenkurse, Hilfestellungen und Dienstleistungen verschiedener Art zur Verbreitung quantifizierender Methoden entscheidend beigetragen. Als gut belegte Darstellung des dort vertretenen, aber auch andernorts entwickelten und praktizierten, stark theoretisch-sozialwissenschaftlich und quantitativ orientierten Forschungsansatzes zuletzt: W. H. Schröder, Historische Sozialforschung. Forschungsstrategie, Infrastruktur, Auswahlbibliographie, in: Historical Research/Historische Sozialforschung, Beih. 1, 1988, S. 5–109 (mit Auswahlbibliographie ab S. 34).

13 Vgl. u. a. die Einleitung H.-U. Wehlers zu E. Kehr, Der Primat der Innenpolitik. Gesammelte Aufsätze zur preußisch-deutschen Sozialgeschichte im 19. u. 20. Jahrhundert, Berlin 1965 (1976³); W. J. Mommsen, Geschichtswissenschaft nach dem Historismus, Düsseldorf 1971; als Überblick über die Theoriediskussion 1969–1973: A. Sywottek, Geschichtswissenschaft in der Legitimationskrise, Bonn 1974.

14 Vgl. generell zum Problem: J. Habermas, Theorie des kommunikativen Handelns, Bd. 2: Zur Kritik der funktionalistischen Vernunft, Frankfurt 1981, S. 576 ff. – U. a. auch: P. L. Berger u. a., Das Unbehagen in der Modernität, Frankfurt 1975.

15 Vgl. unten S. 150 ff.

16 Vgl. die oben Anm. 7 zit. Literatur.

17 Zu Sterns Buch »Gold und Eisen« vgl. J. Kocka, Bismarck-Biographien, in: GG 7, 1981, S. 572–81, bes. 579 (zur Grenze des Versuchs, Strukturzusammenhänge personen- und handlungsgeschichtlich zu verdeutlichen); dort auch zu den Schwächen von Galls Bismarck-Biographie, was den Versuch betrifft, die Geschichte des Helden mit der Geschichte der Verhältnisse zu verknüpfen und diese durch jene zu erschließen. – Am ehesten gelingt das unter den genannten drei Biographien in Christian Meiers »Cäsar«, einem hoch reflektierten, durch theoretische Überlegungen vorbereiteten und geprägten, ein wenig Erzählung mit viel Argumentation verschmelzenden Buch. Zuzustimmen ist auch den meisten Teilen von: Chr. Meier, Die Notwendigkeit neuer Synthesen. Zur Lage der Geschichtswissenschaft, in: Civis 1, 1983, S. 48–53 (bereits mit vielen der hier vertretenen Argumente). Ich würde allerdings – anders als ebd., S. 50 f., 53 – für einen schärferen Begriff von »Erzählung« plädieren, die Grenzen der Erzählbarkeit stärker betonen und an die Erzählung nicht zu hohe Erwartungen knüpfen; gerade Synthese ist erzählend wohl nicht zu erzielen. Andererseits sollte man Erzählung nicht gegen »historische Sozialwissenschaft« ausspielen. Diese schließt hermeneutische Erkenntnis- und erzählende Darstellungsverfahren nicht aus. Zum Begriff »historische Sozialwissenschaft« vgl. meinen Versuch der Umschreibung in: K. Bergmann u. a. (Hg.), Handbuch der Geschichtsdidaktik, Düsseldorf 1985³, S. 170–72.

18 So auch die viel Anklang beim Publikum findende Bemerkung von Fritz Stern in der Berliner Reichstags-Diskussion anläßlich des 50. Jahrestags des 30. Januar 1933: M. Broszat u. a. (Hg.), Deutschlands Weg in die Diktatur, Berlin 1983, S. 141.

19 Siehe vor allem Ch. Tilly u. a., The rebellious century 1830–1930, Cambridge 1975; die Diskussion in: GG 3, 1977, bes. die Beiträge v. H. Volkmann, H.-G. Haupt, K. Hausen u. H. Hohorst u. R. Tilly. Zuletzt weiterführend: H.-G. Husung, Protest u. Repression im Vormärz. Norddeutschland zwischen Restauration und Revolution, Göttingen 1983. Zuletzt: A. Herzig, Unterschichtenprotest in Deutschland 1790–1870, Göttingen 1988.

20 Insofern nicht ganz unberechtigt die Kritik von H. Medick, »Missionare im Ruderboot«? Ethnologische Erkenntnisweisen als Herausforderung der

Sozialgeschichte, in: GG 10, 1984, S. 295–319, 295ff. Aber er übertreibt. Auch Autoren, die das Programm einer Historischen Sozialwissenschaft ganz oder teilweise teilen, haben i.d.R. die Erfahrungen und Verhaltensweisen der Betroffenen nicht völlig vernachlässigt; auch haben sie i.d.R. vor dem Problem der Verknüpfung von Struktur- und Prozeßgeschichte einerseits, Erfahrungs- und Handlungsgeschichte andererseits weder die Augen geschlossen noch gepaßt. Das gilt für die in Anm. 19 genannten protesthistorischen Werke ebenso wie für H.-U. Wehlers »Bismarck und der Imperialismus«, für R. Rürups Studien zum Antisemitismus, für H. Reifs Buch über den Münsteraner Adel im 18. und 19. Jahrhundert oder für K. Tenfeldes Untersuchung der Bergarbeiter im Ruhrgebiet – um nur einige wenige Beispiele zu nennen.

Probleme einer europäischen Geschichte in komparativer Absicht

Vortrag auf dem Symposion »Europäische Geschichte in vergleichender Absicht« des Deutschen Historischen Instituts London, 3. Dez. 1982. Ich danke der von Hartmut Kaelble geleiteten Arbeitsgruppe »Comparative European Social Historians« für die Diskussion der Vorlage auf ihrer Sitzung in Bielefeld am 21./22. Nov. 1986.

1 E. J. Hobsbawm, The Age of Revolution. Europe 1789–1849, London 1962; D. Geary, European Labour Protest 1848–1939, London 1981. Eine souveräne, zu wenig bekannte Übung in komparativer Geschichtsanalyse ist dagegen: E. J. Hobsbawm, Die Ausbreitung des Marxismus von 1890 bis 1905, in: Internationale Tagung der Historiker der Arbeiterbewegung (»IX. Linzer Konferenz«). Linz, 11. bis 15. September 1973, Wien 1975, S. 1–34b.
2 Vgl. H. Matzerath, Industrialisierung, Mobilität und sozialer Wandel am Beispiel der Städte Rheydt und Rheindahlen, in: H. Kaelble u. a., Probleme der Modernisierung in Deutschland. Sozialhistorische Studien zum 19. und 20. Jahrhundert, Opladen 1978, S. 13–79.
3 Vgl. zuletzt Max Weber, der Historiker, hg. J. Kocka, Göttingen 1986.
4 I. Wallerstein, The Modern World System, vol. I–II, New York 1974–1980.
5 Allzu einheitlich erscheint »Europa« in A. D. Chandler Jr. u. H. Daems, Introduction. The Rise of Managerial Capitalism and its Impact on Investment Strategies in the Western World and Japan, in: The Rise of Managerial Capitalism, hg. H. Daems u. H. Van Der Wee, Den Haag 1974, S. 1–34.
6 Vgl. bereits L. Hartz, The Liberal Tradition in America. An Interpretation of American Political Thought Since the Revolution, New York 1955.
7 O. Hintze, Wesen und Verbreitung des Feudalismus, in: ders., Staat und Verfassung. Gesammelte Abhandlungen zur allgemeinen Verfassungsgeschichte, Göttingen 1962², S. 84–119.

8 Vgl. R. Vierhaus, Grundlagen europäischer Zivilisation. Zum Problem der Darstellung europäischer Geschichte, in: Geschichte Europas für den Unterricht der Europäer, hg. K.-E. Jeismann u. R. Riemenschneider, Braunschweig 1980, S. 12–22; H. Kaelble, Auf dem Weg zu einer europäischen Gesellschaft. Eine Sozialgeschichte Westeuropas 1880–1980, München 1987.

9 Vgl. W. Berg, Wirtschaft und Gesellschaft in Deutschland und Großbritannien im Übergang zum »organisierten Kapitalismus«. Unternehmer, Angestellte, Arbeiter und Staat im Steinkohlenbergbau des Ruhrgebietes und von Südwales 1850–1914, Berlin 1984.

10 O. Hintze. Soziologische und geschichtliche Staatsauffassung. Zu Franz Oppenheimers System der Soziologie, in: ders., Soziologie und Geschichte. Gesammelte Abhandlungen zur Soziologie, Politik und Theorie der Geschichte, Göttingen 1964², S. 251.

10a Jetzt D. Langewiesche (Hg.), Liberalismus im 19. Jahrhundert. Deutschland im europäischen Vergleich, Göttingen 1988.

11 Vgl. Ch. Tilly u. a., The Rebellious Century 1830–1930, Cambridge/Mass. 1975.

12 G. A. Craig, The Germans, New York 1982.

13 Vgl. J. Kocka, Angestellte zwischen Faschismus und Demokratie. Zur politischen Sozialgeschichte der Angestellten: USA 1890–1940 im internationalen Vergleich, Göttingen 1977.

14 Vgl. G. A. Ritter, Deutscher und britischer Parlamentarismus. Ein verfassungsgeschichtlicher Vergleich, in: ders., Arbeiterbewegung, Parteien und Parlamentarismus, Göttingen 1976, S. 190–221.

15 H.-J. Puhle, Politische Agrarbewegungen in kapitalistischen Industriegesellschaften. Deutschland, USA und Frankreich im 20. Jahrhundert, Göttingen 1975.

16 Zur Debatte über den »Deutschen Sonderweg« (mit der wichtigsten neueren Literatur) vgl. J. Kocka, Brennpunkte und Ergebnisse der Diskussion, in: Arbeiter und Bürger im 19. Jahrhundert. Varianten ihres Verhältnisses im europäischen Vergleich, hg. v. J. Kocka, München 1986, S. 335–339; J. Droz, Postface, in: Le mouvement social 136, 1986, S. 125–136; sowie unten S. 101ff.

17 Vgl. Ch. Eisenberg, Deutsche und englische Gewerkschaften. Entstehung und Entwicklung bis 1878 im Vergleich, Göttingen 1986.

18 Vgl. S. Pollard, Peaceful Conquest. The Industrialization of Europe 1760–1970, Oxford 1981; P. Steinbach, Alltagsleben und Landesgeschichte, in: Hessisches Jahrbuch für Landesgeschichte 29, 1979, S. 225–305.

19 Vgl. J. Kocka, Capitalism and Bureaucracy in German Industrialization before 1914, in: Economic History Review, 2nd ser. 33, 1981, S. 453–468.

20 Unter den wenigen in der Bundesrepublik entstandenen vergleichenden Arbeiten der letzten Jahre überwiegen deutsch-englische Vergleich eindeutig, an zweiter Stelle folgen deutsch-französische und deutsch-amerikanische Vergleiche. Der Vergleich mit westlichen Staaten wird durch die

Fragestellungen der »Sonderweg«-Debatte nahegelegt, da es in dieser um Unterschiede zwischen Deutschland und den westlichen Gesellschaften geht. Zweifellos würden die Ergebnisse ganz anders aussehen, wenn deutsche Entwicklungen häufiger mit ost-mitteleuropäischen oder osteuropäischen Entwicklungen verglichen würden. Vgl. z. B. G. Ránki, Zur Frage der Herausbildung des Bürgertums und der Arbeiterklasse in Ost-Mitteleuropa, in: Arbeiter und Bürger im 19. Jahrhundert, S. 140–150. Und jetzt J. Kocka (Hg.), Bürgertum im 19. Jahrhundert. Deutschland im europäischen Vergleich, 3 Bde., München 1988.

21 Vgl. die in Anm. 17 angegebene Arbeit sowie G. A. Ritter in: Arbeiter und Bürger, S. 322.

22 Vgl. unten S. 114ff.

23 Vgl. H.-J. Puhle, Theorien in der Praxis des vergleichenden Historikers, in: Theorie und Erzählung in der Geschichte, hg. v. J. Kocka u. Th. Nipperdey, München 1979, S. 119–136.

24 Zum Begriff der »historischen Argumentation« im Unterschied zur »historischen Erzählung« vgl. oben S. 14f.

Sozialgeschichte zwischen Struktur und Erfahrung

1 V. Ullrich, Entdeckungsreise in den historischen Alltag. Versuch einer Annäherung an die »neue Geschichtsbewegung«, in: GWU 36, 1985, S. 403–414, 403.

2 Vgl. etwa die »Geschichte der Bundesrepublik Deutschland«, Bde. 1–4, Stuttgart 1981–84, bes. Bd. 4: K. Hildebrand, Von Erhard zur Großen Koalition, 1963–1969 (als Beispiel einer politikhistorisch orientierten Gesamtdarstellung ohne Rezeption neuerer Ansätze); dazu meine Rez. in: Die Neue Gesellschaft/Frankfurter Hefte 32, 1985, S. 864–866.

3 Vgl. unter diesem Gesichtspunkt den sehr gelungenen Oldenbourg Grundriß der Geschichte, z. B. Bd. 3: W. Dahlheim, Geschichte der Römischen Kaiserzeit; Bd. 10: H. Lutz, Reformation und Gegenreformation; Bd. 12: E. Fehrenbach, Vom Ancien Régime zum Wiener Kongreß; Bd. 13: D. Langewiesche, Europa zwischen Restauration und Revolution 1815–1849; Bd. 14: L. Gall, Europa auf dem Weg in die Moderne 1850–1890; sowie Bd. 16: E. Kolb, Die Weimarer Republik.

4 Vgl. den Höhepunkt der Kontroverse auf dem Berliner Historikertag 1984, dokumentiert in: F. J. Brüggemeier u. J. Kocka (Hg.), »Geschichte von unten – Geschichte von innen«. Kontroversen um Alltagsgeschichte, FernUniversität Hagen 1986; H.-U. Wehler, Der Bauernbandit als neuer Heros, in: ders., Preußen ist wieder chic ..., Frankfurt 1983, S. 99–106; P. Borscheid, Plädoyer für eine Geschichte des Alltäglichen, in: P. Borscheidt u. H. J. Teuteberg (Hg.), Ehe, Liebe, Tod. Studien zur Geschichte des Alltags, Münster 1983; D. Peukert, Arbeitcralltag – Mode oder Methode?, in: H.

Haumann (Hg.), Arbeiteralltag in Stadt und Land, Berlin 1982; K. Tenfelde, Schwierigkeiten mit dem Alltag, in: GG 10, 1984, S. 376–394; L. Niethammer, Anmerkungen zur Alltagsgeschichte, in: Geschichtsdidaktik 3, 1980, S. 231–242; H. Süssmuth (Hg.), Historische Anthropologie. Der Mensch in der Geschichte, Göttingen 1984.

5 Wie Anm. 1.

6 Vgl. W. Conzes Rez. von F. Braudel, La Méditerranée et le monde méditerranéen à l'époque de Philippe II, Paris 1949 (1966²), in: HZ 172, 1951, S. 358–362; ders., Die Stellung der Sozialgeschichte in Forschung und Unterricht, in: GWU 3, 1952, S. 648–657; ders., Die Strukturgeschichte des technisch-industriellen Zeitalters als Aufgabe für Forschung und Unterricht, Köln 1957; ders., Art. »Sozialgeschichte«, in: Die Religion in Geschichte und Gegenwart, Bd. 6, Tübingen 1962³, Sp. 169–176; ders., Was ist Sozialgeschichte?, in: Deuxième Conférence Internationale d'Histoire Economique. Aix-en-Provence 1962, Paris 1965, S. 819–823; ders., Sozialgeschichte, in: H.-U. Wehler (Hg.), Moderne deutsche Sozialgeschichte, Köln 1966 (u. ö.), S. 19–26; ders., Social History, in: Journal of Social History 1, 1967, S. 7–16; ders., Die Gründung des Arbeitskreises für moderne Sozialgeschichte, in: Hamburger Jahrbuch für Wirtschafts- und Gesellschaftspolitik 24, 1979, S. 23–32.

7 Übrigens nicht immer. Er verwandte auch einen engeren Begriff von »Sozialgeschichte« im Sinn von Teilbereichsgeschichte, auf die er – mit dem von ihm angestrebten Forschungsinstitut bzw. Arbeitskreis – nicht festgelegt werden wollte: »Man sollte nicht ›Sozialgeschichte‹ sagen, damit das Unternehmen nicht von vornherein allzu sehr eingeengt wird« (ebd., S. 26). Doch setzte sich in Conzes Sprachgebrauch zunehmend die synonyme Verwendung der Begriffe »Strukturgeschichte« und »Sozialgeschichte« durch. Und die von ihm 1956/57 gegründete, bis heute bestehende Institution wurde »Arbeitskreis für moderne Sozialgeschichte« genannt, wobei »Sozialgeschichte« in einem sehr umfassenden Sinn verstanden wurde.

8 Die Zitate nach Conze, Strukturgeschichte, S. 9, 16, 12, 18, 25.

9 So bereits H. Mommsen, Sozialgeschichte, in: Wehler (Hg.), Moderne deutsche Sozialgeschichte, S. 27–36, hier S. 31 ff. (Kritik an Huizinga).

10 So z. B. die unterschiedlichen Aussagen zum Verhältnis zwischen Geschichtswissenschaft und systematischen Nachbarwissenschaften bei Conze, Strukturgeschichte, S. 18 (Grenzverwischung) u. 22 (gegen Grenzüberschreitung). – Der Zentralbegriff »Struktur« wurde nicht expliziert.

11 Vor allem politisch-ideologisch: W. Schmidt, Zur historisch-politischen Konzeption des Heidelberger »Arbeitskreises für moderne Sozialgeschichte«, in: Beiträge zur Geschichte der Arbeiterbewegung 9, 1967, S. 626 ff. – vgl. auch H.-U. Wehler, Die Sozialgeschichte zwischen Wirtschaftsgeschichte und Politikgeschichte, in: Sozialgeschichte und Strukturgeschichte in der Schule, Bonn 1975, S. 13–26, hier S. 18. – Meine Position in: J. Kokka, Sozialgeschichte. Begriff, Entwicklung, Probleme, Göttingen 1986², S. 70–82; sowie in: ders., Werner Conze und die Sozialgeschichte in der

Bundesrepublik Deutschland, in: Geschichte in Wissenschaft und Unterricht 37, 1987, S. 595–602.

12 Neben Conze vgl. O. Brunner, Sozialgeschichtliche Forschungsaufgaben, in: Anzeiger der Phil.-Hist. Klasse der Österreichischen Akademie der Wissenschaften, Jg. 1948, S. 335–362; ders., Das Problem einer europäischen Sozialgeschichte [1953], in: ders., Neue Wege der Verfassungs- und Sozialgeschichte, Göttingen 1980³, S. 80–102. – Vgl. auch T. Schieder, Zum gegenwärtigen Verhältnis von Geschichte und Soziologie, in: GWU 3, 1952, S. 27–32; ders., Strukturen und Persönlichkeiten in der Geschichte, in: HZ 195, 1962, S. 265–296; ders., Der Typus in der Geschichtswissenschaft, in: Studium Generale 5, 1952, S. 228–234; ders., Geschichte als Wissenschaft. Eine Einführung, München 1968². – C. Jantke, Vorindustrielle Gesellschaft und Staat, in: A. Gehlen u. H. Schelsky (Hg.), Soziologie, Düsseldorf 1955, S. 91 ff.; ders., Industriegesellschaft und Tradition, in: Verhandlungen des 13. Deutschen Soziologentages in Bad Meinberg, Köln 1957, S. 32–52. – H. Freyer, Soziologie und Geschichtswissenschaft, in: GWU 3, 1952, S. 14 ff. – Der strukturgeschichtliche Ansatz hatte noch näher auszuleuchtende Vorläufer in der Volksgeschichte der 30er Jahre. Dazu bereitet derzeit (1988) W. Oberkrome, Bielefeld, eine von mir angeregte Arbeit vor. Vgl. das Wort »Strukturgeschichte« bereits bei O. Brunner, Zum Problem der deutschen Sozial- und Wirtschaftsgeschichte, in: Zeitschrift für Nationalökonomie 7, 1936, S. 671–85, 677; ders., Land und Herrschaft [1939], Wien 1943³/1965⁵, S. 124–150, 507 ff. – Vgl. O. G. Oexle, Sozialgeschichte – Begriffsgeschichte – Wissenschaftsgeschichte. Anmerkungen zum Werk Otto Brunners, in: VSWG 71, 1984, S. 305–341.

13 Vgl. dazu Conze, Die Gründung des Arbeitskreises.

14 Vgl. Schieder, Geschichte als Wissenschaft, S. 156 ff.; Mommsen, Sozialgeschichte, S. 31.

15 Vgl. knapp zusammenfassend J. Kocka, Art. »Historische Sozialwissenschaft«, in: K. Bergmann u. a. (Hg.), Handbuch der Geschichtsdidaktik, Düsseldorf 1985², S. 170–172.

16 Dies wird häufig übersehen und fälschlich Sozialgeschichte mit Strukturgeschichte einerseits, Politikgeschichte mit Ereignis- und Handlungsgeschichte andererseits gleichgesetzt. Dazu ausführlich Kocka, Sozialgeschichte, S. 77 ff. – Anlaß dazu bietet eine Hauptströmung der französischen Forschung (zentriert um »Annales«), die traditionell Struktur- und Prozeßgeschichte getrieben, aber unglücklicherweise die Geschichte der politischen Strukturen und Prozesse größtenteils vernachlässigt hat.

17 Siehe z. B. die Art. bei M. Bosch (Hg.), Persönlichkeit und Struktur in der Geschichte, Düsseldorf 1977; K. E. Born, Der Strukturbegriff in der Geschichtswissenschaft, in: H. v. Einem u. a., Der Strukturbegriff in den Geisteswissenschaften, Mainz 1973, S. 17–30; Schieder, Strukturen und Persönlichkeiten in der Geschichte.

18 Ullrich, Entdeckungsreise in den historischen Alltag, S. 405.

19 Damit habe ich mich an anderer Stelle auseinandergesetzt. Vgl. J. Kocka,

Klassen oder Kultur? Durchbrüche und Sackgassen in der Arbeitergeschichte, in: Merkur 36, 1982, S. 955–965; ders., Historisch-anthropologische Fragestellungen – ein Defizit der Historischen Sozialwissenschaft?, in: Süssmuth (Hg.), Historische Anthropologie, S. 73–83; ders., Worum es geht, in: Brüggemeier/Kocka (Hg.), »Geschichte von unten – Geschichte von innen«: ders., Antwort an David Sabean, in: Geschichtsdidaktik 11, 1986, S. 24–27; ders., Sozialgeschichte, S. 167–174.

20 Dies Beispiel in J. Martin, Die Integration von Erfahrungen, in: Brüggemeier/Kocka (Hg.), »Geschichte von unten«, S. 48–51.

21 Dies – leider mit entstellenden Wiedergabefehlern – bereits in: Alltagsgeschichte der NS-Zeit. Neue Perspektiven oder Trivialisierung?, München 1984, S. 52f.

22 Unter einem Ereignis kann man den Zusammenhang von Begebenheiten verstehen, der von den Zeitgenossen als Sinneinheit innerhalb eines Rahmens chronologischer Abfolge von Vorher und Nachher erfahren und insofern auch vom Historiker in Kategorien chronologischer Abfolge »erzählt« werden kann; Ereignisse sind dadurch gekennzeichnet, daß sie den »chronologisch registrierbaren Erfahrungsraum der an einem Ereignis Beteiligten« nicht überschreiten, von bestimmbaren Subjekten (Personen) ausgelöst oder erlitten werden und von Strukturen bedingt sind, ohne doch aus diesen voll ableitbar zu sein. Dann wird man unter Strukturen (nicht notwendig als Sinneinheiten erfahrbare) Zusammenhänge oder Vorgegebenheiten verstehen, die »im Hinblick auf ihre Zeitlichkeit nicht in der strikten Abfolge von erfahrenen Ereignissen aufgehen« und über den zeitlichen Erfahrungsraum mitlebender Zeitgenossen hinausweisen; die deshalb auch nicht wie Ereignisse, Handlungsfolgen und Erfahrungen »erzählt« werden können; die den Ereignissen und Erfahrungen »in anderer Weise vorausliegen als in einem chronologischen Sinne des Zuvor«; die in die Ereignisse und Erfahrungen eingehen (wenn auch nicht ganz) und deshalb auch z. T. in Ereignissen und Erfahrungen als ihren Artikulationen faßbar sind. In Anlehnung an R. Koselleck, Darstellung, Ereignis und Struktur, in: G. Schulz (Hg.), Geschichte heute. Positionen, Tendenzen und Probleme, Göttingen 1973, S. 307–317; bereits in Kocka, Sozialgeschichte, S. 73f. – Ich setze also »Struktur« nicht von »Prozeß«, sondern von »Ereignis«, »Handlung« und »Erfahrung« ab.

23 Vgl. R. Berdahl u. a., Klassen und Kultur. Sozialanthropologische Perspektiven in der Geschichtsschreibung, Frankfurt 1982, S. 9ff. (Einleitung); R. van Dülmen/N. Schindler (Hg.), Volkskultur. Zur Wiederentdeckung des vergessenen Alltags (16.–20. Jahrhundert), Frankfurt 1984.

24 In enger Anlehnung an C. Geertz, Thick Description: Toward an Interpretive Theory of Culture, in: ders., The Interpretation of Cultures, New York 1973, S. 3–30; R. G. Walters, Signs of the Times: Clifford Geertz and the Historians, in: Social Research 47, 1980, S. 537–556, 582, 585; P. Bourdieu, Zur Soziologie symbolischer Formen, Frankfurt 1974, S. 47–74, 125–158; P. Burke, Helden, Schurken und Narren. Europäische Volkskul-

tur in der frühen Neuzeit, Stuttgart 1981 (engl. 1978), S. 9 (aus dem Vorwort von R. Schenda); Geertz, Bourdieu und Burke werden oft von den Vertretern der neuen kulturgeschichtlichen Ansätze in Anspruch genommen. Sehr informativ bereits mit breiten Literaturhinweisen: W. Lepenies, Arbeiterkultur. Zur Konjunktur eines Begriffs, in: GG 5, 1979, S. 125–136. Siehe auch J. Kocka, Arbeiterkultur als Forschungsthema, in: ebd., S. 5–11, 8.

25 Diese einzelne Erfahrungen überspannende Tradierbarkeit gilt wohl auch für das, was die häufig benutzten Kategorien »Mentalität« und »Lebensweisen« meinen, die oft ganz eng mit »Kultur« verknüpft werden. Vgl. R. Williams, Theorie und Verfahren der Kulturanalyse, in: ders., Innovationen. Über den Prozeßcharakter von Literatur und Kultur, Frankfurt 1977, S. 50; H. Medick, Plebejische Kultur, plebejische Öffentlichkeit, plebejische Ökonomie. Über Erfahrungen und Verhaltensweisen Besitzarmer und Besitzloser in der Übergangsphase zum Kapitalismus, in: Berdahl u. a., Klassen und Kultur, S. 157–204, 160.

26 Vgl. zur Definition oben Anm. 22. Vgl. auch Lepenies, Arbeiterkultur, S. 132: »Der analytische Vorzug [in Studien zur ›Arbeiterkultur‹] besteht darin, daß kulturelle Attitüden und Lebensweisen beständiger zu sein scheinen als politische Einstellungen und Handlungen; sie bieten sich daher als bevorzugte Objekte einer strukturgeschichtlich orientierten Betrachtungsweise an.«

27 Vgl. Conze, Strukturgeschichte, S. 21; ders., Sozialgeschichte, in: Wehler (Hg.), Moderne deutsche Sozialgeschichte, S. 19–26, 25f.

28 Vgl. dazu das Vorwort der Herausgeber zu: GG 1, 1975, S. 5.

29 Vgl. die Beispiele oben Anm. 20 zu Abschnitt 1. Am wenigsten gilt das noch für die strikt quantifizierend verfahrende »Historische Sozialforschung« im Umkreis der Zeitschrift »Historical Social Research/Historische Sozialforschung«.

30 Dabei wird Sozialgeschichte einerseits als »Sektorwissenschaft« verstanden, als geschichtswissenschaftliche Teildisziplin, die sich durch ihren besonderen Gegenstand, ihr spezifisches Untersuchungsfeld – nämlich die sozialen Strukturen, Prozesse und Handlungen – von anderen geschichtswissenschaftlichen Teildisziplinen (wie Politikgeschichte, Wirtschaftsgeschichte und Kulturgeschichte) unterscheidet. Zum andern bedeutet Sozialgeschichte so viel wie Geschichte ganzer Gesellschaften (»Gesellschaftsgeschichte«), d. h. allgemeine Geschichte unter sozialgeschichtlichem Blickwinkel.

31 Siehe oben Anm. 19 zu Abschnitt 1 sowie: H. Volkmann/J. Bergmann (Hg.), Sozialer Protest. Studien zu traditioneller Resistenz und kollektiver Gewalt in Deutschland vom Vormärz bis zur Reichsgründung, Opladen 1984.

32 Das sich verändernde Gesamtbild der nationalsozialistischen Periode kann dafür als Beispiel dienen. Siehe etwa M. Broszat, in: Alltagsgeschichte der NS-Zeit, S. 11–20; D. Peukert u. J. Reulecke (Hg.), Die Reihen fast ge-

schlossen. Beiträge zur Geschichte des Alltags unterm Nationalsozialismus, Wuppertal 1981.

33 Dazu vor allem J. Rüsen, Erklärung und Theorie in der Geschichtswissenschaft, in: Storia della storiografia 1983, H. 4, S. 3–29; ders., Historische Vernunft. Grundzüge einer Historik I, Göttingen 1983; ders., Rekonstruktion der Vergangenheit. Grundzüge einer Historik II, Göttingen 1986.

34 Vgl. oben S. 30ff.

35 Vgl. GG 10, 1984, H. 3; Anthropology and History in the 1980s, in: Journal of Interdisciplinary History 12, 1981, S. 252–278; H. Bausinger, Volkskunde. Von der Altertumsforschung zur Kulturanalyse, Darmstadt 1979; G. Wiegelmann u.a. (Hg.), Volkskunde. Eine Einführung, Berlin 1977; U. Jeggle u.a. (Hg.), Volkskultur in der Moderne, Reinbek 1986.

36 Vgl. z.B. W. Schulze (Hg.), Europäische Bauernrevolten der frühen Neuzeit, Frankfurt 1982.

37 Vgl. oben S. 19.

38 Daß dies geht, zeigen etwa: H. Reif, Westfälischer Adel 1770–1860. Vom Herrschaftsstand zur regionalen Elite, Göttingen 1979. – J. Mooser, Ländliche Klassengesellschaft 1770–1848. Bauern und Unterschichten, Landwirtschaft und Gewerbe im östlichen Westfalen, Göttingen 1984.

Kontroversen um Frauengeschichte

1 Daraus ergibt sich die äußerst schwankende Basis jedes Versuchs, allgemeine weibliche Erfahrungsweisen und Interessen als solche zum Forschungsgegenstand zu machen und Frauengeschichte als abgrenzbare Einheit aufzufassen. Vielleicht bestehen ja gewisse sozial relevante Gemeinsamkeiten von Frauen als Frauen einer bestimmten Zeit, aber doch – und das war und ist für Selbstverständnis und Lebenspraxis, Erfahrungen und Interessen der meisten Frauen trotz irgendwo ähnlicher Sozialisations- und Ausgrenzungserfahrungen viel wichtiger – in konkreten und damit sehr verschiedenartigen, vor allem wohl von Klassen- und Schichtzugehörigkeit abhängigen Ausprägungen. Hat nicht die junge, gebildete Adlige in der Hauptstadt des neugegründeten Bismarck-Reichs mit ihrem etwa gleichaltrigen Bruder sehr viel mehr gemein als mit einer älteren, verwitweten, aus ärmsten Verhältnissen stammenden, weder lese- noch schriftkundigen polnischen Saisonarbeiterin, wie sie zur selben Zeit allsommerlich in Sachsen zu finden waren? Man lese unter diesem Gesichtspunkt einmal M. von Bunsen, Die Welt, in der ich lebte. Erinnerungen 1860–1912, Biberach 1959, sowie F. Rehbein, Das Leben eines Landarbeiters, Jena 1911, S. 61ff. Wer diese fundamentalen Unterschiede zugunsten einer angeblich allgemeinen weiblichen Erfahrung unterschlägt, ist auf dem besten Weg, eine neue Spielart von »feminine mystique« zu kreieren (s. das Buch von Betty Friedan, 1963).

2 Dazu H.-J. Puhle, Warum gibt es so wenige Historikerinnen?, in: GG 7, 1981, S. 364–393.
3 Vgl. Anm. 1.
4 Ich lasse die Auseinandersetzung mit der abstrusen Vorstellung, es gebe weibliche Formen des wissenschaftlichen Denkens (im Unterschied zu männlichen) beiseite. Dies ist schlimmster anti-aufklärerischer Sexismus und mit Wissenschaft unvereinbar. Obwohl heute manchmal von feministischer Seite vertreten, steht diese – von A. Kuhn übrigens nicht vertretene – Vorstellung in der Tradition der überkommenen Geschlechtsstereotype, deren Verfestigung (wenn auch mit veränderten Wertungen) sie dient. Zu der Entstehung dieser Stereotype: K. Hausen, Die Polarisierung der »Geschlechtscharaktere«, in: W. Conze (Hg.), Sozialgeschichte der Familie in der Neuzeit Europas, Stuttgart 1976, S. 363–93.

Tradition und Emanzipation

Ergänzte Fassung eines Vortrags im Historischen Kolleg München am 27. 6. 1984.

1 Vermutlich zunehmend repräsentativ die Sicht von Hermann Lübbe, zuletzt seine Schrift: Die Gegenwart der Vergangenheit. Kulturelle und politische Funktionen des historischen Bewußtseins, Oldenburg 1985, z. B. S. 22: »Herkunftstreue läßt uns in bezug auf die Folgelasten von Modernisierungsprozessen besser standhalten.« – In vielem ähnlich: Schwierigkeiten beim Entdecken der Heimat (= Geschichtswerkstatt, No. 6, Mai 1985). – Aus einer Vielzahl ähnlicher Titel W. Weidenfeld (Hg.), Die Identität der Deutschen, Bonn 1983.
2 Vgl. als Einführung F.-J. Brüggemeier u. J. Kocka (Hg.), »Geschichte von unten – Geschichte von innen« Kontroversen um die Alltagsgeschichte, FernUniversität Hagen 1985. – H. Grebing u. a., Debatte um den »Deutschen Sonderweg«, FernUniversität Hagen 1984/85. – J. Kocka, Sozialgeschichte. Begriff, Entwicklung, Probleme, Göttingen 1986², Kap. IV.
3 Dazu grundsätzlich ders., Craft Traditions and the Labour Movement in 19th Century Germany, in: P. Thane u. a. (Hg.), The Power of the Past. Essays for Eric Hobsbawm, Cambridge 1984, S. 95–118; ders., Einführung und Auswertung (zum Abschnitt über »Handwerker – Arbeiter: Übergangs- und Anpassungsprobleme«), in: U. Engelhardt (Hg.), Handwerker in der Industrialisierung. Lage, Kultur und Politik vom späten 18. bis ins frühe 20. Jahrhundert, Stuttgart 1984. Jetzt auch F. Lenger, Tradizioni artigiane e origini del movimento operaio, in: Movimente Operaio e Socialista 7, 1985, S. 477–85.
4 Vgl. zur Definition auch K. H. Kaufhold, Umfang und Gliederung des deutschen Handwerks um 1800, in: W. Abel (Hg.), Handwerksgeschichte in neuer Sicht. Göttingen 1978², S. 27–63, bes. S. 28 f. (mit weiterer Litera-

tur); W. Conze, Einleitung, in: Engelhardt (Hg.), Handwerker in der Industrialisierung (wie Anm. 3), S. 13–19. Analytisch scharf L. Kuchenbuch u. B. Michael, Zur Struktur und Dynamik der »feudalen« Produktionsweise im vorindustriellen Europa, in: dies. (Hg.), Feudalismus. Materialien zur Theorie und Geschichte, Frankfurt 1977, hier S. 719–723.

5 Am besten weiterhin die Schätzungen bei F.-W. Henning, Die Wirtschaftsstruktur mitteleuropäischer Gebiete an der Wende zum 19. Jahrhundert unter bes. Ber. des gewerblichen Bereiches, in: W. Fischer (Hg.), Beiträge zu Wirtschaftswachstum und Wirtschaftsstruktur im 16. und 19. Jahrhundert, Berlin 1971, S. 101–167; ders., Die Industrialisierung in Deutschland 1800 bis 1914, Paderborn 1973 u. ö., S. 130. Schon angesichts der so häufigen Mischungen von gewerblichen und landwirtschaftlichen Tätigkeiten in der Jahresarbeit einer Person oder einer Familie können solche Angaben nur als grobe Schätzungen gelten. – Von Heimarbeitern spricht man übrigens erst seit dem späten 19. Jahrhundert, als der zentralisierte Betrieb (Fabrik, Werkstatt, Bergwerke) so sehr zur Regel geworden war, daß solch eine Spezifizierung für den übrigbleibenden Rest sinnvoll wurde. Vgl. mit der älterer Literatur W. Sombart, Art. »Verlagsystem«, in: Handwörterbuch der Staatswissenschaften, Bd. 8, Jena 1911³, S. 233–261.

6 Zu den gut untersuchten Manufakturen und ihren Arbeitern u. a. J. Kermann, Die Manufakturen im Rheinland 1715–1833, Bonn 1972; A. Klima, Die Manufaktur in Böhmen, in: Scripta Mercaturae 13, 1979, S. 1–44; H. Krüger, Zur Geschichte der Manufakturen und der Manufakturarbeiter in Preußen. Die mittleren Provinzen in der zweiten Hälfte des 18. Jahrhunderts, Berlin 1958; O. Reuter, Die Manufaktur im Fränkischen Raum, Stuttgart 1961; O. Dascher, Das Textilgewerbe in Hessen-Kassel vom 16. bis 19. Jahrhundert, Marburg 1968; G. Slawinger, Die Manufaktur in Kurbayern. Die Anfänge der großgewerblichen Entwicklung in der Übergangsepoche vom Merkantilismus zum Liberalismus 1740–1833, Stuttgart 1966.

7 Diese findet bekanntlich, im Anschluß an die ältere Volkskunde, zunehmende Aufmerksamkeit. Vgl. z. B. E. Hinrichts u. G. Wiegelmann (Hg.), Sozialer und kultureller Wandel in der ländlichen Welt des 18. Jahrhunderts. Wolfenbüttel 1982, sowie zahlreiche Beiträge in R. van Dülmen u. N. Schindler (Hg.), Volkskultur. Zur Wiederentdeckung des vergessenen Alltags (16.–20. Jahrhundert), Frankfurt 1984.

8 Vgl. R. Braun, Industrialisierung und Volksleben. Veränderungen der Lebensformen unter Einwirkung der verlagsindustriellen Heimarbeit in einem ländlichen Industriegebiet (Zürcher Oberland) vor 1800 (1960), Göttingen 1979²; P. Kriedte u. a., Industrialisierung vor der Industrialisierung. Gewerbliche Warenproduktion auf dem Land in der Formationsperiode des Kapitalismus, Göttingen 1977; B. Schöne, Kultur und Lebensweise Lausitzer Bandweber (1750–1850), Berlin 1977; A. Tanner, Spulen – Weben – Sticken. Die Industrialisierung in Appenzell Ausserrhoden, Zürich 1982.

9 Vgl. Jahrbuch für die amtliche Statistik des Preußischen Staats 2, 1867, S. 231 ff.; G. Schmoller, Zur Geschichte der deutschen Kleingewerbe im 19. Jahrhundert, Halle 1870, ND Hildesheim 1975, S. 65, 71.

10 Zeitschrift des Statistischen Bureau's des Königl. Sächsischen Ministeriums des Innern 9, 1863, S. 74 f.

11 Vgl. G. Unwin, Industrial Organization in the Sixteenth and Seventeenth Centuries, Oxford 1904; E. Coornaert, Les Compagnonnages en France. Du moyen âge à nos jours, Paris 1966; J. P. Bayard, Le Compagnonnage en France, Paris 1977.

12 Vgl. N. A. Mascher, Das deutsche Gewerbewesen von der frühesten Zeit bis auf die Gegenwart. Geschichte, Recht, Nationalökonomie und Statistik, Potsdam 1866; W. Fischer, Handwerksrecht und Handwerkswirtschaft um 1800. Studien zur Sozial- und Wirtschaftsverfassung vor der industriellen Revolution, Berlin 1955. – Statt weiterer Titel: K. H. Kaufhold, Handwerksgeschichtliche Forschung in der Bundesrepublik Deutschland. Überlegungen zur Entwicklung und zum Stande, in: Engelhardt (Hg.), Handwerker in der Industrialisierung (wie Anm. 3), S. 20–33, sowie ders., Handwerkliche Tradition und industrielle Revolution, in: ders. u. F. Riemann (Hg.), Theorie und Empirie in Wirtschaftspolitik und Wirtschaftsgeschichte. Festschrift für Wilhelm Abel zum 80. Geburtstag, Göttingen 1984, S. 169–188.

13 Vgl. F. Schaaf, Der Kampf der deutschen Arbeiterklasse um die Landarbeiter und werktätigen Bauern 1848–1890, Berlin 1962; H. G. Lehmann, Die Agrarfrage in der Theorie und Praxis der deutschen und internationalen Sozialdemokratie. Vom Marxismus zum Revisionismus und Bolschewismus, Tübingen 1970; U. Stillich, Die Lage der weiblichen Dienstboten in Berlin, Berlin 1902; S. Schulz, Die Entwicklung der Hausgehilfinnen-Organisationen in Deutschland. Rechts- und wirtschaftswiss. Diss. Tübingen 1961. Vgl. auch im Erfurter Programm der SPD von 1891 die Forderung: »Rechtliche Gleichstellung der landwirtschaftlichen Arbeiter und der Dienstboten mit den gewerblichen Arbeitern; Beseitigung der Gesindeordnungen«. Nach D. Dowe u. K. Klotzbach (Hg.), Programmatische Dokumente der deutschen Sozialdemokratie, Berlin 1973, S. 180.

14 Dies ist die zentrale Implikation des sich in der frühen Sozialdemokratie und in den Gewerkschaften durchsetzenden Klassenbegriffs, klarer ausgedrückt im Erfurter Programm von 1891 als im Gothaer Programm von 1875. Vgl. ebd., S. 171–180.

15 Vgl. W. Schieder, Anfänge der deutschen Arbeiterbewegung. Die Auslandsvereine im Jahrzehnt nach der Juli-Revolution von 1830, Stuttgart 1963; E. Schraepler, Handwerkerbünde und Arbeitervereine 1830–1853. Die politische Tätigkeit deutscher Sozialisten von Wilhelm Weitling bis Karl Marx, Berlin 1972; F. Balser, Sozial-Demokratie 1848/49 bis 1863. Die erste deutsche Arbeiterorganisation. Text- und Quellenband, Stuttgart 1965²; P. H. Noyes, Organization and Revolution. Working-Class Associations in the German Revolutions of 1848–1849, Princeton 1966; W. Schie-

der, Die Rolle der deutschen Arbeiter in der Revolution von 1848/49, in: Archiv für Frankfurts Geschichte und Kunst 54, 1974, S. 43–56; D. Dowe, Aktion und Organisation. Arbeiterbewegung, sozialistische und kommunistische Bewegung in der preußischen Rheinprovinz 1820–1852, Hannover 1970.

16 Vgl. T. Offermann, Arbeiterbewegung und liberales Bürgertum in Deutschland 1850–1863, Bonn 1979; U. Engelhardt, Gewerkschaftliches Organisationsverhalten in der ersten Industrialisierungsphase, in: W. Conze u. U. Engelhardt (Hg.), Arbeiter im Industrialisierungsprozeß. Herkunft, Lage und Verhalten, Stuttgart 1979, S. 372–402; ders., »Nur vereinigt sind wir stark«. Die Anfänge der deutschen Gewerkschaftsbewegung, 2 Bde, Stuttgart 1977; A. Herzig, Der Allgemeine Deutsche Arbeiter-Verein in der deutschen Sozialdemokratie. Dargestellt an der Biographie des Funktionärs Carl Wilhelm Tölcke (1817–1893), Berlin 1979; W. Schmierer, Von der Arbeiterbildung zur Arbeiterpolitik. Die Anfänge der Arbeiterbewegung in Württemberg 1862/63 bis 1878, Hannover 1970; zur SDAP immer noch: F. Mehring, Geschichte der deutschen Sozialdemokratie, Bd. 2 (zuerst 1898), Berlin 1960, S. 159–370; S. Na'aman, Arbeitervereine, Arbeitertage und Arbeiterverband – Drei Etappen auf dem Weg zur Arbeiterpartei, in: D. Dowe (Hg.), Berichte über die Verhandlungen der Vereinstage deutscher Arbeitervereine 1863–1869, Berlin 1980, S. IX–LI. – Zum starken Anteil der Fabrikarbeiter an den Streik der 70er Jahre vgl. L. Machtan, Streiks und Aussperrungen im Deutschen Kaiserreich. Eine sozialgeschichtliche Dokumentation für die Jahre 1871–1875, Berlin 1984, S. 489.

17 Systematische Herkunftsuntersuchungen sind weiterhin selten. Vgl. aber H. Zwahr, Zur Konstituierung des Proletariats als Klasse. Strukturuntersuchung über das Leipziger Proletariat während der industriellen Revolution, Berlin 1978, S. 129ff.; J. Kocka u. a., Familie und soziale Plazierung. Studien zum Verhältnis von Familie, sozialer Mobilität und Heiratsverhalten an westfälischen Beispielen im späten 18. und 19. Jahrhundert, Opladen 1980, S. 226ff. (Borghorst) u. 302ff. (Bielefeld); K. Ditt, Industrialisierung, Arbeiterschaft und Arbeiterbewegung in Bielefeld 1850–1914, Dortmund 1982, S. 105ff. – Bei 247 von 792 aktiven Mitgliedern und Führern von Arbeitervereinen, Arbeiterparteien und Gewerkschaften der 1860er und 1870er Jahre konnte der Geburtsort festgestellt werden; nur etwa 25 % stammten aus Orten mit weniger als 2000 Einwohnern. Soweit der Vaterberuf feststellbar war (bei 102 von 792), ergab sich, daß lediglich 7 % aus landwirtschaftlich tätigen Familien (von Bauern, Kleinbauern und Knechten) kamen. Für die Mithilfe bei der Sammlung und Auswertung der Daten danke ich Christiane Eisenberg.

18 Stephan Born, Schriftsetzer, Sozialist und führender Kopf in der »Arbeiterverbrüderung« 1848/49, bezeichnete das Zunftwesen als einen »Überrest des mittelalterlichen Kastenstaats« (Die Verbrüderung Nr. 40 vom 16. 2. 1849) und wandte sich gegen die »Zünftler«, die wieder zu den früheren

Verhältnissen zurück wollten, um sich die Alleinherrschaft in ihrem Gewerbe erneut zu sichern. Die Industrie betrachtete er als das Mittel, »welches am schnellsten zur Civilisation eines Landes beiträgt« und auch den Arbeitern Nutzen bringen würde (ebd. Nr. 4 vom 8. 6. 1848). – Vgl. als weiteres Beispiel C. Hillmann, Die Organisation der Massen. Ein Wort zur Mahnung und Befestigung. Eine Gefängnisarbeit, den deutschen Gewerksgenossenschaften gewidmet, Leipzig 1875, S. 14: gg. die Zünfte »in ihrer vollen verknöchernen Starrheit und Unbeweglichkeit«. »Es ist daher wohl erklärlich, wenn die große Masse des Volkes eine unbeschreibliche Abneigung vor alle dem hat, was Zunft heißt und was damit verbunden und verknüpft ist.« (14) – Wie negativ Friedrich Engels »Zunfterinnerungen und Zunftwünschen« gegenüberstand, geht aus seiner (ungerechten) Kritik an der »Arbeiterverbrüderung« hervor, die er 1885 schrieb: Zur Geschichte des Bundes der Kommunisten, in: MEW, Bd. 21, S. 206–224, hier S. 219.

19 Ein Beispiel: H. Mommsen, Art. »Arbeiterbewegung«, in: Sowjetsystem und Demokratische Gesellschaft, Bd. 1, Freiburg 1966, Sp. 273–313, 273: »Der seit Anfang der 40er Jahre des 19. Jahrhunderts geläufig werdende Begriff ›Arbeiterbewegung‹ ... enthielt in Analogie zum liberalen Bewegungsbegriff eine auf grundlegende Neuordnung gerichtete, progressive Tendenz, die sich deutlich abhob von traditionell geprägten zünftlerischen Zusammenschlüssen der Handwerksgesellen.«

20 Den Bruch zwischen Gesellentradition und neuen Gewerkschaften betonen z. B. E. Bernstein, Die Schneiderbewegung in Deutschland. Ihre Organisation und Kämpfe, Bd. 1, Berlin 1913, Kap. VI, S. 86ff.; A. Knoll, Geschichte der Straße und ihrer Arbeiter (Geschichte der Steinsetzerbewegung), Bd. 3, Leipzig [1929], S. 240. – »Schon vor Jahrhunderten, zur Zeit der Zünfte, gab es Gesellenorganisationen, die aber mit dem Verfall und der schließlichen Auflösung der alten Handwerkerzünfte gleichfalls verschwunden sind. Die heute bestehenden Gewerkschaftsverbände sind Neugründungen, die mit den alten Gesellenorganisationen nur wenig Ähnlichkeit haben.« Aufbau und Werden des Deutschen Holzarbeiter-Verbandes. Eine kurze Darstellung des Zwecks, der Entwicklung, der Kampfesmittel und der Erfolge des Verbandes, hg. v. Verbandsvorstand, Berlin 1921, S. 5. Zu den Schwierigkeiten, Heimarbeiter in der späteren Zeit gewerkschaftlich zu organisieren, vgl. K. Schönhoven, Expansion und Konzentration. Studien zur Entwicklung der Freien Gewerkschaften im Wilhelminischen Deutschland 1890–1914, Stuttgart 1980, S. 28ff.

21 Vgl. K. Marx, Das Kapital I (MEW, Bd. 23), Berlin 1975, S. 483ff. (zur Revolutionierung von Manufaktur, Handwerk und Hausarbeit durch die große Industrie).

22 Das Entstehen der Arbeiterklasse, München 1967, S. 50. – Anders dagegen der Tenor in neueren Forschungen von DDR-Historikern, so schon bei E. Engelberg, Zur Forschung über Entstehung, Struktur und Entwicklung des Proletariats, in: Beiträge zur Geschichte der Arbeiterbewegung 20,

1978, S. 362–368, sowie in verschiedenen Beiträgen (Engelberg, Zwahr, Schultz u. a.) in: H. Zwahr (Hg.), Die Konstituierung der deutschen Arbeiterklasse von den dreißiger bis zu den siebziger Jahren des 19. Jahrhunderts, Berlin 1981.

23 Man vergleiche einmal unter diesem Gesichtspunkt die bei K. Tenfelde u. G. A. Ritter (Hg.), Bibliographie zur Geschichte der deutschen Arbeiterschaft und Arbeiterbewegung 1863–1914. Berichtszeitraum 1945–1975, Bonn 1981, S. 322–331, unter dem Titel »Probleme der Lage der Arbeiter: Arbeitsplatz« zusammengestellte Literatur. Wie wichtige Sammelbände zur Handwerksgeschichte, z. B. Abel (Hg.), Handwerksgeschichte in neuer Sicht (wie Anm. 4), kaum etwas zur Arbeitergeschichte enthielten, waren die Beiträge zur Handwerksgeschichte in den auf Arbeiterbewegungs- und Arbeitergeschichte spezialisierten Periodica wie AfS und IWK selten. – Sehr früh hat jedoch die Geschichte des Handwerks und der Handwerksgesellen Beachtung gefunden in den Arbeiten zur Frühgeschichte der Arbeiterbewegung von W. Conze und seinen Schülern. Ebenfalls mit Berücksichtigung von Handwerk und Heimarbeit W. H. Schröder, Arbeitergeschichte und Arbeiterbewegung. Industriearbeit und Organisationsverhalten im 19. und frühen 20. Jahrhundert, Frankfurt 1978 (trotz Titel). Viele andere Ausnahmen wären zu nennen.

24 E. P. Thompson, The Moral Economy of the English Crowd in the 18th Century, in: Past and Present 50, 1971, S. 76–136, dt. in: ders., Plebeische Kultur und moralische Ökonomie. Aufsätze zur englischen Sozialgeschichte des 18. und 19. Jahrhunderts, Frankfurt 1980, S. 66–129.

25 Man vergleiche in dieser Hinsicht J. Bergmann, Das Berliner Handwerk in den Frühphasen der Industrialisierung, Berlin 1973, mit A. Grießinger, Das symbolische Kapital der Ehre. Streikbewegungen und kollektives Bewußtsein deutscher Handwerksgesellen im 18. Jahrhundert, Frankfurt 1981.

26 Zur Proto-Industrialisierung vgl. die oben Anm. 8 genannte Literatur, aber auch bereits: G. Adelmann, Strukturelle Krisen im ländlichen Textilgewerbe Nordwest-Deutschlands zu Beginn der Industrialisierung, in: H. Kellenbenz (Hg.), Wirtschaftspolitik und Arbeitsmarkt, Wien 1974, S. 110–128; H. Kisch, Die hausindustriellen Textilgewerbe am Niederrhein vor der industriellen Revolution. Von der ursprünglichen zur kapitalistischen Akkumulation, Göttingen 1981. – K. Borchardt, Der »Property Rights-Ansatz« in der Wirtschaftsgeschichte – Zeichen für eine systematische Neuorientierung des Faches?, in: J. Kocka (Hg.), Theorien in der Praxis des Historikers. (GG, Sonderh. 3), Göttingen 1977, S. 140–156.

27 Vgl. W. H. Sewell, Jr., Work and Revolution in France. The Language of Labour from the Old Regime to 1848, Cambridge 1980; B. H. Moss, The Origins of the French Labour Movement 1830–1914: the Socialism of Skilled Workers, Berkeley 1976; M. P. Hanagan, The Logic of Solidarity. Artisans and Industrial Workers in Three French Town 1871–1914, Urbana, Ill. 1980; H. U. Thamer, Arbeit und Solidarität. Formen und Entwicklun-

gen der Handwerkermentalität im 18. und 19. Jahrhundert in Frankreich und Deutschland, in: Engelhardt (Hg.), Handwerker in der Industrialisierung (wie Anm. 3), S. 469–496 (ohne hinreichende Berücksichtigung deutsch-französischer Unterschiede). Für die einflußreichen Forschungen E. P. Thompsons (The Making of the English Working Class, 1963) ist es zentral, daß keine deutlichen Unterschiede zwischen Handwerkstradition und Arbeiterkultur gemacht werden.

28 Vgl. vor allem Schieder, Anfänge der deutschen Arbeiterbewegung (wie Anm. 15), Kap. IV; O. Büsch u. H. Herzfeld (Hg.), Die frühsozialistischen Bünde in der Geschichte der deutschen Arbeiterbewegung. Vom ›Bund der Gerechten‹ zum ›Bund der Kommunisten‹ 1836–1847. Ein Tagungsbericht (IWK, Beih. 2), Berlin 1975.

29 Gesellen verschiedener Berufszweige machten diese Erfahrungen in unterschiedlichem Ausmaß. Entsprechend verschiedenartig war das Ausmaß, in dem die einzelnen Berufe und Sparten in der frühen Arbeiterbewegung vertreten waren. Vgl. dazu H. Zwahr, Zur Genesis der deutschen Arbeiterklasse. Stadiale und reigonale Entwicklungsformen des deutschen Proletariats im Vergleich, in: Zur Entstehung des Proletariats. Untersuchungen zu den Vorformen, der Entwicklung, der Lage und der Struktur der Arbeiterklasse bis zum 19. Jahrhundert, Magedburg 1980, S. 25–49, bes. 42 f.; sowie J. Kocka, Lohnarbeit und Klassenbildung. Arbeiter und Arbeiterbewegung in Deutschland 1800–1875, Berlin 1983, S. 107 f.

30 Vgl. z.B. Engelhardt, Gewerkschaftliches Organisationsverhalten (wie Anm. 16), S. 376 f.

31 Vgl. F. Lenger, Polarisierung und Verlag: Schuhmacher, Schneider und Schreiner in Düsseldorf 1816–1861, in: Engelhardt (Hg.), Handwerker in der Industrialisierung (wie Anm. 3), S. 127–145. Ausführlich jetzt in bezug auf die Schneider: Ch. Eisenberg, Deutsche und englische Gewerkschaften. Entstehung und Entwicklung bis 1878 im Vergleich, Göttingen 1986.

32 Vgl. G. Demmering, Die Glauchau-Meeraner Textilindustrie, Leipzig 1928; R. Boch, Handwerker-Sozialisten gegen Fabrikgesellschaft. Lokale Fachvereine, Massengewerkschaft und industrielle Rationalisierung in Solingen 1870–1914, Göttingen 1985; G. Angermann, Land-Stadt-Beziehungen. Bielefeld und sein Umland 1760–1860, unter bes. Berücksichtigung von Markenteilungen und Hausbau, Münster 1982, S. 162 ff., 282 ff.

33 Vor allem Zwahr, Zur Genesis der deutschen Arbeiterklasse (wie Anm. 29); ders., Zur Konstituierungsgeschichte der deutschen Arbeiterklasse. Stand und Aufgaben der Forschung, in: ders. (Hg.), Die Konstituierung der deutschen Arbeiterklasse (wie Anm. 22), S. 5–80, sowie R. Boch, The Putting-Out-System and the German Labour Movement (1848–1914) with Special Reference to the Case of the Solingen Cutlery Industry, Unveröff. Ms.: Second International Forum on the History of the Labour Movement and the Working Class. Paris (UNESCO) 1985.

34 Mehring, Geschichte der deutschen Sozialdemokratie (wie Anm. 16), Bd. 2. S. 258; zur erfolgreichen Kandidatur v. Schweitzers in Elberfeld-

Barmen (Feb. 1867), überhaupt zu den Wahlen zum Reichstag des Norddeutschen Bundes im Februar und August 1867 jetzt sehr informativ K. E. Pollmann, Parlamentarismus im Norddeutschen Bund 1867–1870, Düsseldorf 1985, S. 280f., 151 ff. – Vgl. auch R. Boch u. M. Krause, Historisches Lesebuch zur Geschichte der Arbeiterschaft im Bergischen Land, Köln 1983; D. Dowe, Zur Frühgeschichte der Arbeiterbewegung im Bergischen Land bis 1875, in: K. Düwell u. W. Köllmann (Hg.), Rheinland-Westfalen im Industriezeitalter, Bd. 2, Wuppertal 1984, S. 148–169.

35 Vgl. Ch. Eisenberg, Frühe Arbeiterbewegung und Genossenschaften. Theorie und Praxis der Produktivgenossenschaften in der deutschen Sozialdemokratie und den Gewerkschaften der 1860er/1870er Jahre, Bonn 1985; R. Aldenhoff, Schulze-Delitzsch. Ein Beitrag zur Geschichte des Liberalismus zwischen Revolution und Reichsgründung, Baden-Baden 1984; A. Sywottek, Genossenschaften oder Die konkrete Utopie der »kleinen Leute«, in: Selbstverwaltung und Arbeiterbewegung, hg. v. H.-G. Haupt u. a., Frankfurt 1982, S. 11–38.

36 Dazu E. Nolte, Marxismus und Industrielle Revolution, Stuttgart 1983; J. Mooser, Thesen zum sozialhistorischen Ort des Marxismus in der deutschen Arbeiterbewegung, in: Sozialwissenschaftliche Informationen für Unterricht und Studium 14, 1985, S. 155–160. – Vgl. auch bereits H.-Chr. Schröder, Aspekte historischer Rückständigkeit im ursprünglichen Marxismus, in: K. Kluxen u. W. Mommsen (Hg.), Politische Ideologien und nationalstaatliche Ordnung. Festschrift für Theodor Schieder, München 1968, S. 199–218, sowie J. Kocka, Angestellte zwischen Faschismus und Demokratie. Zur politischen Sozialgeschichte der Angestellten: USA 1890–1940 im internationalen Vergleich, Göttingen 1977, S. 170, 405 (Anm. 406). – Vgl. auch A. Herzig, Vom sozialen Protest zur Arbeiterbewegung. Das Beispiel des märkisch-westfälischen Industriegebietes (1780–1865), in: H. Volkmann u. J. Bergmann (Hg.), Sozialer Protest. Studien zu traditioneller Resistenz und kollektiver Gewalt in Deutschland vom Vormärz bis zur Reichsgründung, Opladen 1984, S. 253–280, 278f.

37 Vor allem Engelhardt, »Nur vereinigt sind wir stark« (wie Anm. 16). Im Vergleich zu England und Frankreich bleibt der Parteieneinfluß auf die Entstehung der Gewerkschaften in Deutschland jedoch bemerkenswert stark. Vgl. die differenzierende Rez. von J. Breuilly in: Social History 4, 1979, S. 393–397.

38 Vgl. A. Herzig, Kontinuität und Wandel der politischen und sozialen Vorstellungen Hamburger Handwerker 1790–1870, in: Engelhardt (Hg.), Handwerker in der Industrialisierung (wie Anm. 3), S. 294–319; ders., Organisationsformen und Bewußtseinsprozesse Hamburger Handwerker und Arbeiter in der Zeit 1790–1848, in: ders. u. a. (Hg.), Arbeiter in Hamburg. Unterschichten, Arbeiter und Arbeiterbewegung seit dem ausgehenden 18. Jahrhundert, Hamburg 1983, S. 95–108 (hier auch die Beiträge von J. Breuilly, S. Na'aman, G. Trautmann u. a.); J. Breuilly u. W. Sachse, Joachim Friedrich Martens (1806–1877) und die deutsche Arbeiterbewe-

gung, Göttingen 1984. – D. H. Müller, Binnenstruktur und Selbstverständnis der »Gesellenschaft« der Berliner Zimmerer im Übergang von der handwerklichen zur gewerkschaftlichen Interessenvertretung, in: Engelhardt (Hg.), Handwerker in der Industrialisierung (wie Anm. 3), S. 627–636; E. Bernstein, Die Geschichte der Berliner Arbeiter-Bewegung. Ein Kapitel zur Geschichte der deutschen Sozialdemokratie, Bd. 1, Berlin 1907, S. 50, 125; Bergmann, Berliner Handwerk (wie Anm. 24), S. 122, über die »allmähliche Umwandlung der Gesellenverbände zu gewerkschaftlichen Fachvereinen« (allerdings ganz ohne Belege!). – Vgl. auch W. Frisch, Die Organisationsbestrebungen der Arbeiter in der deutschen Tabakindustrie, Leipzig 1905, S. 8: Zumindest die entstehenden Gewerkschaften der Buchdrucker, Hutmacher und Zimmerer hätten an noch bestehende Gesellenbrüderschaften anknüpfen können. So jetzt auch Boch, Handwerker-Sozialisten (wie Anm. 32), S. 19 sowie die dort S. 300f. Anm. 12 genannte Literatur. – Zum komplizierten Zusammenhang zwischen Gesellenladen, Krankenkassen und gewerkschaftlichen Organisationsversuchen der 60er Jahre vgl. jetzt U. Frevert, Krankheit als politisches Problem 1770–1880. Soziale Unterschichten in Preußen zwischen medizinischer Polizei und staatlicher Sozialversicherung, Göttingen 1984. Diesen Zusammenhang betonte auch E. Basner, Geschichte der Schmiedebewegung, Bd. 1, Hamburg 1912, S. 29.

39 Dies beschreibt S. Nestriepke, Werben und Werden. Geschichte und System der gewerkschaftlichen Agitation, Nürnberg 1914, S. 87f.; weiterhin die Beispiele bei A. Bringmann, Geschichte der deutschen Zimmerer-Bewegung, Bd. 2, Stuttgart 1905, S. 37–41, 67, 119, 124, 133f. – Zu den meist indirekt wirkenden – und nicht auf enge Zunftverfassung zurückgehenden – handwerklichen Traditionen im Buchdruckergewerbe und seinen Gewerkschaften vgl. F. Imle, Gewerbliche Friedensdokumente. Entstehungs- und Entwicklungsbedingungen der Tarifgemeinschaften in Deutschland, Jena 1905, S. 6, 12f.; G. Maier, Vom Postulat zum Verband der Deutschen Buchdrucker. Mitgliedschaft Augsburg. In organisatorischer und wirtschaftlicher Beleuchtung, Augsburg 1927, S. 27–61; zuletzt vor allem G. Beier, Schwarze Kunst und Klassenkampf. Geschichte der Industriegewerkschaft Druck und Papier und ihrer Vorläufer seit dem Beginn der modernen Arbeiterbewegung, Frankfurt 1966, bes. S. 173ff.

40 Vgl. G. M. Hofmann (Hg.), Biedermeier auf Walze, Aufzeichnungen und Briefe des Handwerksburschen Johann Eberhard Dewald 1836–1838, Berlin 1936, bes. S. 81–90, 101f., zu Erfahrungen in Fabriken und bei Grenzübergängen; S. 170f., zum Konflikt zwischen zünftigen Erwartungen und nach-zünftiger Realität (beim Wandern in Mailand). – Vgl. Schieder, Anfänge der deutschen Arbeiterbewegung (wie Anm. 15), S. 86f., zu den behördlichen Kontrollen und Schikanen im Vormärz. Gegen Ausnahmegesetze, Wanderbücher und Schikanen gegen reisende Gesellen protestierte die »Arbeiterverbrüderung«. Vgl. M. Quarck, Die erste deutsche Arbeiterbewegung. Geschichte der deutschen Arbeiterverbrüderung 1848/49,

Leipzig 1924. Generell H. Bopp, Die Entwicklung des deutschen Handwerksgesellentums im 19. Jahrhundert, Paderborn 1932.

41 Vgl. S. Volkov. The Rise of Popular Anti-Modernism in Germany, Princeton 1978; H. A. Winkler, Mittelstand, Demokratie und Nationalsozialismus. Die politische Entwicklung von Handwerk und Kleinhandel in der Weimarer Republik, Köln 1972.

42 Man hat versucht, die Reformbewegung der »Progressives« als Protest bedrohter Mittelschichten gegen Statusverlust zu erklären (R. Hofstädter). Als kritischer Überblick D. P. Thelen, Social Tensions and the Origins of Progressivism, in: Journal of American History 56, 1969/70, S. 323–341.

43 Vgl. Bernstein, Berliner Arbeiter-Bewegung (wie Anm. 38), Bd. 1, S. 178 f.

44 Dies übersieht das im übrigen zu Recht preisgekrönte Buch von Boch, Handwerker-Sozialisten (wie Anm. 32), allzusehr. Deshalb übertreibt es das »historische Recht« der exklusiven, zunftartigen Solinger Schleifer-Organisation in ihrem Konflikt um 1900 mit dem Deutschen Metallarbeiter-Verband, gegen den sie schließlich unterlag. Boch stellt außerdem zuwenig in Rechnung, daß es sich bei der von ihm behandelten Gruppe, den Solinger Messerschleifern, um eine Mixtur zwischen Handwerkern und Lohnarbeitern, nämlich um Produktionsmittel besitzende oder mietende verlegte Handwerker handelte.

45 F. Mende, Die Allgemeine Deutsche Arbeiter-Versicherungs-Genossenschaft, Leipzig 1870, S. 17.

46 Das geht hervor aus M. Cattaruzza, Handwerker und Fabriksystem: Die Hamburger und Bremer Schiffszimmerer in den Anfängen der großbetrieblichen Werftindustrie, in: Engelhardt (Hg.), Handwerker in der Industrialisierung (wie Anm. 3), S. 603–626. Zur handwerklich-zünftigen Tradition dieser Gewerkschaft vgl. H. Groß, Die Geschichte der deutschen Schiffszimmerer mit bes. Ber. der Hamburgischen Verhältnisse. Ein Mahnwort an alle im Schiffbauer-Gewerbe beschäftigten Arbeiter, sich zu einer gewerkschaftlichen Organisation zusammenzuschließen, Stuttgart [1896], bes. S. 41 ff.: Die Organisation erreichte in den 1850er/60er Jahren – vergleichbar englischen »trade unions« – Kontrolle über die Lehrlingsausbildung, Minimumlöhne und »closed shop«. – Zu organisationshindernden neben organisationsfördernden Folgen der handwerklich-zünftigen Tradition vgl. Schönhoven, Expansion und Konzentration (wie Anm. 20), S. 35 ff.

47 Dazu jetzt vorzüglich Eisenberg, Deutsche und englische Gewerkschaften (wie Anm. 31). Zeitgenössische Berichte über die englischen Gewerkschaften: L. Brentano, Die Arbeitergilden der Gegenwart, 2 Bde, Leipzig 1871/72; J. G. Eccarius, Eines Arbeiters Widerlegung der nationalökonomischen Lehren John Stuart Mill's, Hottingen-Zürich 1888 (zuerst Berlin 1868); ders., Der Kampf des Großen und des Kleinen Kapitals oder Die Schneiderei in London, Leipzig 1876; M. Hirsch, Die gegenseitigen Hülfkassen und die Gesetzgebung, Berlin 1875.

48 In Deutschland waren Ende der siebziger Jahre schätzungsweise 75 000 bis

80000 Arbeiter gewerkschaftlich organisiert; im kleineren England sprach man 1876 dagegen von 1,6 Mio. Der Organisationsgrad lag in Deutschland im allgemeinen deutlich unter 5 Prozent; in England war durchschnittlich jeder dritte gewerbliche Arbeiter Mitglied einer Gewerkschaft.

49 Vgl. zu den Gesellenschaften und ihrer Schwächung: G. Schmoller, Das brandenburgisch-preußische Innungswesen von 1640–1806, hauptsächlich die Reform unter Friedrich Wilhelm I, in: Forschungen zur brandenburgisch-preußischen Geschichte 1, 1888, S. 57–109, 325–383; B. Schönlank u. G. Schanz, Die Gesellenverbände in Deutschland, in: Handwörterbuch der Staatswissenschaften, Bd. 4, Jena 1909³, S. 662–673; K. Bücher, Frankfurter Buchbinder-Ordnungen vom 16. bis 19. Jahrhundert, in: Archiv für Frankfurts Geschichte und Kunst 1, 1888, S. 224–292; B. Reininghaus, Die Gesellenladen und Unterstützungskassen der Fabrikarbeiter bis 1870 in der Grafschaft Mark, in: Der Märker 29, 1980, S. 46–55; ders., Die Gesellenvereinigungen am Ende des Alten Reiches. Die Bilanz von dreihundert Jahren Sozialdisziplinierung, in: Engelhardt (Hg.), Handwerker in der Industrialisierung (wie Anm. 3), S. 219–241.

50 Vgl. Eisenberg, Deutsche und englische Gewerkschaften (wie Anm. 31), S. 84; von dort auch das Zitat nach J. Grimm, Gesellenleben, in: Brüder Grimm (Hg.), Altdeutsche Wälder, Bd. 1 (1813), Darmstadt 1966, S. 83–87, 85f.

51 Vgl. Mascher, Das deutsche Gewerbewesen (wie Anm. 12); L. Beringer, Die Gesetzgebung der Innungen in Deutschland und der gewerblichen Genossenschaften in Österreich während der letzten 100 Jahre. Eine rechtshistorische und vergleichende Darstellung unter bes. Ber. der stenographischen Berichte, Mainz 1906; R. Berléung, Entwicklungsgeschichte des Arbeitsvertrags in den deutschen Territorien seit dem Reichsschluß von 1731 bis zur Einführung der Reichsgewerbeordnung von 1870/71, o. O., o. J.; K. J. Bade, Altes Handwerk, Wanderzwang und Gute Policey: Gesellenwanderung zwischen Zunftökonomie und Gewerbereform, in: VSWG 69, 1982, 1–37; R. Jessen, Handwerksmeister und Gesellen. Die Entwicklung der Beziehungen beider Gruppen in den deutschen Staaten zwischen 1806 und 1871 unter bes. Ber. rechtlicher Aspekte, Staatsexamensarbeit Bielefeld 1984.

52 Wenn die Gesellen Kost und Logis beim Meister aufgeben und eine selbständige Wohnung beziehen konnten, erfuhren sie das wohl nicht primär als Verlust an ständischer Geborgenheit, sondern vor allem als Befreiung von oft drückender Unterordnung und vielen Querelen, nicht zuletzt um die Ausgehzeiten und den Hausschlüssel.

53 Vgl. N. Simon, Handwerk in Krise und Umbruch. Wirtschaftliche Forderungen und sozialpolitische Vorstellungen der Handwerksmeister im Revolutionsjahr 1848/49, Köln 1983.

54 Zitiert nach den Akten bei Eisenberg, Deutsche und englische Gewerkschaften (wie Anm. 31), S. 58.

55 Vgl. generell zur Bedeutung ständischer Traditionen für die Herausbildung

klassengesellschaftlicher Strukturen J. Kocka, Stand – Klasse – Organisation. Strukturen sozialer Ungleichheit in Deutschland vom späten 18. bis zum frühen 20. Jahrhundert im Aufriß, in: H.-U. Wehler (Hg.), Klassen in der europäischen Sozialgeschichte, Göttingen 1979, S. 137–165.

56 Vgl. V. Böhmert, Freiheit der Arbeit! Beiträge zur Reform des Gewerbewesens, Bremen 1858, S. 169.

57 Vgl. D. Dowe u. T. Offermann (Hg.), Deutsche Handwerker- und Arbeiterkongresse 1848–1852. Protokolle und Materialien, ND Berlin 1983, S. [58 ff.]; s. auch ebd. S. [32 f.] zu entsprechenden Diskussionen auf der vorbereitenden Versammlung des norddeutschen Handwerker- und Gewerbestandes zu Hamburg im Juni 1848. Vgl. auch Eisenberg, Deutsche und englische Gewerkschaften (wie Anm. 31), S. 56: Ein zur selben Zeit stattfindender Schneiderkongreß führte auch zur Trennung zwischen Meistern und Gesellen. Tendenzen zur separaten Organisation von Meistern und Gesellen in »Handwerker-« und »Arbeiterbildungsvereine« zeigten sich in den 1840er und 1860er Jahren. Handwerksmeister setzten sich bei der preußischen Regierung dafür ein, unselbständige Gewerbetreibende aus den 1848 eingerichteten Gewerberäten zu entfernen. Nach ebd. S. 59 ff.

58 Vgl. C. T. Perthes, Das Herbergswesen der Handwerksgesellen, Gotha 1883² (zuerst 1856), S. 81: daß »zahllose Handwerker, die den Meisternamen führen, in Wahrheit als Gesellen für große Meister oder Magazine thätig sind« und daß sich umgekehrt ein »selbständiger Gesellenstand« entwickelt habe.

59 So mit entsprechenden Belegen jetzt ausführlich Eisenberg, Deutsche und englische Gewerkschaften (wie Anm. 31), S. 49 ff.

60 Grundsätzlich R. Koselleck, Begriffsgeschichte und Sozialgeschichte, in: ders., Vergangene Zukunft, Zur Semantik geschichtlicher Zeiten, Frankfurt 1979, S. 107–129.

61 So vor allem jetzt herausgearbeitet bei F. Lenger, Zwischen Kleinbürgertum und Proletariat. Studien zur Sozialgeschichte der Düsseldorfer Handwerker 1816–1878, Göttingen 1986. Auf Zugehörigkeit kleiner Meister zu den frühen Gewerkschaften wird vielfach hingewiesen: Volkov, Popular Anti-Modernism (wie Anm. 41), S. 229 ff.; Engelhardt, »Nur vereinigt sind wir stark« (wie Anm. 16), Bd. 2, S. 788 f.; 899 ff., weiterhin S. 681 ff., 748 f., 795 f.; W. Renzsch, Handwerker und Lohnarbeiter in der frühen Arbeiterbewegung. Zur sozialen Basis von Gewerkschaften und Soialdemokratie im Reichsgründungsjahrzehnt, Göttingen 1980, S. 85 ff., 93 f., 102, pass.

62 1869 stellten kleine Schneidermeister nur 9 % der Bevollmächtigten des Allgemeinen deutschen Schneidervereins; nach Eisenberg, Deutsche und englische Gewerkschaften (wie Anm. 31), S. 65 (dort auch weitere Ausführungen zur Distanz der Kleinmeister gegenüber den Gewerkschaften). Zu den unter dem Sozialistengesetz ausgewiesenen Sozialdemokraten und Gewerkschaftern gehörten lediglich 8,3 % Handwerksmeister. Vgl. H. Thümmler, Sozialistengesetz § 28. Ausweisungen und Ausgewiesene 1878–1890, Berlin 1979, S. 165. – Das Zitat aus: Der Wecker. Organ für

die Schuhmacher Deutschlands, Jg. 1, Nr. 13, 1.10. 1875. Der Einsender fuhr fort: »Allerdings haben auch die Herren Meister schon Versuche gemacht, mit den Gesellen zu harmonieren; aber bloß deshalb, um dieselben zu ihren Gunsten auszunützen. Das sehen die Gesellen, und kehren den Meistern den Rücken; und zwar wird das so lange geschehen, bis die Kleinmeister zu der Einsicht gekommen sind, daß ihnen die Rohstoff- und andere Vereinigungen auf die Dauer nichts nutzen, sondern nur Palliativmittel sind. Haben sie das erst eingesehen, so werden sie gleich uns für Gleichberechtigung eintreten.«

63 Ich danke Andreas Grießinger, Lothar Machtan, Dietrich Milles und Bernd Uhlmannsiek, daß sie mir die von ihnen erhobenen Zahlenreihen zur Verfügung gestellt haben. Dazu näher Kocka, Lohnarbeit (wie Anm. 29), 47f. (Anm. 34), 121 (Anm. 112) u. 158 (Anm. 151). Neben den oben Anm. 16 und Anm. 25 genannten Veröffentlichungen von Grießinger und Machtan ist hinzuweisen auf D. Milles, Tabellarische Übersicht der Streiks und Aussperrungen im Deutschen Reich vom Januar 1876 bis Dezember 1882. Im Manuskript vervielfältigt, Konstanz 1980. S. auch L. Machtan, Arbeiterbewegung in der Konjunktur des Klassenkampfs. Zwei Fallstudien zur Sozialgeschichte des Streiks im frühen Kaiserreich, Frankfurt 1983. Weiterhin: B. Uhlmannsiek, Handwerksgesellenausstände und Arbeiterstreiks in Deutschland vom späten 18. Jahrhundert bis zum Ende der ersten Industrialisierungsphase: Grundlinien der Entwicklung und Probleme der Forschung, Staatsexamensarbeit Bielefeld 1981.

64 Die vornehmlich an westeuropäischen Erfahrungen orientierte historische Protestforschung (Rudé, Hobsbawm, Thompson, Tilly, Geary etc.) hat die in den zünftig bestimmten Verhältnissen Mitteleuropas stattfindenden Gesellen-Aufstände des 18. Jahrhunderts so gut wie gar nicht zum Thema gemacht. Sie tendiert dazu, die frühindustriell-protoindustriellen Konflikte (z.B. Heimarbeiter gegen Verleger und Maschinen) des frühen 19. Jahrhunderts und die späteren Streiks der Industrialisierungsepoche mit den älteren Volkstumulten (crowd riots) zu vergleichen, die wiederum in Mitteleuropa nicht so häufig waren, weil hier die Wirksamkeit zünftig-ständischer Strukturen in den Städten und feudaler Strukturen auf dem Land die Proteste färbten und nach Land und Stadt differenzierten.

65 Vgl. W. Ritscher, Koalitionen und Koalitionsrecht in Deutschland bis zur Reichsgewerbeordnung, Stuttgart 1917.

66 Vgl. W. Conze, Das Spannungsfeld von Staat und Gesellschaft im Vormärz, in: ders. (Hg.), Staat und Gesellschaft im deutschen Vormärz 1815–1848, Stuttgart 1962, S. 207–269, bes. 207–218; O. Brunner, Neue Wege der Verfassungs- und Sozialgeschichte, Göttingen 1968², bes. S. 80–127; S. Landshut, Kritik der Soziologie, Neuwied 1969, S. 131–175.

67 Dazu Kocka, Lohnarbeit (wie Anm. 29); dort S. 23–30 auch zur Definition des hier verwendeten Begriffs von »Klassenbildung«.

68 Generell dazu G. A. Ritter, Staat, Arbeiterschaft und Arbeiterbewegung in Deutschland. Vom Vormärz bis zum Ende der Weimarer Republik, Berlin

1980, sowie mehrere Beiträge (u. a. von Haupt) in: J. Kocka (Hg.), Bürger und Arbeiter im 19. Jahrhundert. Varianten ihres Verhältnisses im europäischen Vergleich, München 1986.

69 Zur Gesamtproblematik vgl. K. Tenfelde u. H. Volkmann (Hg.), Streik. Zur Geschichte des Arbeitskampfes in Deutschland während der Industrialisierung, München 1981; dort S. 294–297 die derzeit besten Streikzahlen. H. Volkmann, Modernisierung des Arbeitskampfes? Zum Formwandel von Streik und Aussperrung in Deutschland 1864–1975, in: H. Kaelble u. a., Probleme der Modernisierung in Deutschland. Sozialhistorische Studien zum 19. und 20. Jahrhundert, Opladen 1978, S. 110–170.

70 Vgl. P. Blickle u. a., Aufruhr und Empörung? Studien zum bäuerlichen Widerstand im Alten Reich, München 1980; W. Schulze (Hg.), Aufstände, Revolten, Prozesse, Stuttgart 1983.

71 Vgl. die im Grundsatz zutreffende Typologie bei Ch. Tilly, Hauptformen kollektiver Aktion in Westeuropa 1500 bis 1975, in: GG 3, 1977, S. 153–163.

72 Solche Mischformen werden dargestellt in den Beiträgen zu Volkmann u. Bergmann (Hg.), Sozialer Protest (wie Anm. 36), z. B. von A. Herzig für die frühe Arbeiterbewegung im märkisch-westfälischen Industriegebiet der 1860er Jahre (S. 277ff.).

73 Vgl. neben dem hier referierten Befund aus der Streikzielanalyse vor allem U. Engelhardt, Zur Entwicklung der Streikbewegungen in der ersten Industrialisierungsphase und zur Funktion von Streiks bei der Konstituierung der Gewerkschaftsbewegung in Deutschland, in: IWK 15, 1979, S. 547–568; ders., Von der »Unruhe« zum »Strike«. Hauptzielsetzungen und -erscheinungsformen des sozialen Protests beim Übergang zur Organisierten Gewerkschaftsbewegung 1848/49 bis 1869/70, in: Volkmann u. Bergmann (Hg.), Sozialer Protest (wie Anm. 36), S. 228–252.

74 Die mehrheitlich eher konservativen Einstellungen in der Unterschicht werden deutlich bei J. Mooser, Religion und sozialer Protest. Erweckungsbewegung und ländliche Unterschichten im Vormärz am Beispiel von Minden-Ravensberg, in: ebd., S. 304–324; ders., Ländliche Klassengesellschaft 1770–1848. Bauern und Unterschichten, Landwirtschaft und Gewerbe im östlichen Westfalen, Göttingen 1984, S. 342–367; W. K. Blessing, Staat und Kirche in der Gesellschaft. Institutionelle Autorität und mentaler Wandel in Bayern während des 19. Jahrhunderts, Göttingen 1982. – Wie sehr die sozialen Proteste in den städtischen und ländlichen Unterschichten Badens jedenfalls bis zur Revolution 1848/49 defensive Reaktionen auf Veränderungen waren, die als Verletzungen alter Rechte und als gerecht verstandener Verhältnisse empfunden wurden, zeigt R. Wirtz, Bemerkungen zum »Sozialen Protest« in Baden 1815–1848, in: Volkmann u. Bergmann (Hg.), Sozialer Protest (wie Anm. 36), S. 36–55; im Prinzip ähnlich die Ergebnisse von B. Parisius über die Proteste (meist Versammlungen und Petitionen) von oldenburgischen Landarbeitern gegen ihren sozialen Abstieg 1800–1848 (ebd. S. 198–211).

75 Vgl. K. Schwarz, Die Lage der Handwerksgesellen in Bremen während des 18. Jahrhunderts, Bremen 1975, S. 229f., 371–375; J. Ziekursch, Hundert Jahre schlesischer Agrargeschichte. Vom Hubertusburger Frieden bis zum Abschluß der Bauernbefreiung, Breslau 1915, S. 226–247.

76 Vgl. Der Verein zur Hebung der arbeitenden Klassen und die Volksstimme über ihn. Von einem Handwerker, Leipzig 1845, S. 7: »Darum halten wir es für sehr einseitig, wenn Viele den immer furchtbarer erschallenden Nothschrei der ärmeren Klassen nur dem steigenden Pauperismus zuschreiben. Wo wäre der Abstand zwischen Reich und Arm schrecklicher als in Polen und Rußland, wo dem Bauern nicht einmal sein Körper gehört, und doch lehnt er sich nicht auf. – Nein! Es ist das in unsern Armen erwachte moralische Bewußtsein, daß sie ein Recht haben, von der Gesellschaft die Mittel zu einer bessern Lebensweise zu fordern. Dieses Bewußtsein stürmte mit dem Freiheits- und Gleichheitsrufe die Bastille ...«; S. 23: »Wir wollen einen Verein bilden, Menschen zu werden!«

77 Vgl. Schieder, Anfänge der deutschen Arbeiterbewegung (wie Anm. 15), S. 82–132, über die Verbindung von Handwerksgesellen und kritischer Intelligenz (Emigranten) in den Auslandsvereinen des Vormärz; K. Birker, Die deutschen Arbeiterbildungsvereine 1840–1870, Berlin 1973; G. Beier, Schwarze Kunst und Klassenkampf, Bd. 1: Vom Geheimbund zum königlich-preußischen Gewerkverein (1830–1890), Frankfurt 1961, S. 179ff.; R. Engelsing, Analphabetentum und Lektüre, Stuttgart 1973; G. Friedrich, Die Volksschule in Württemberg im 19. Jahrhundert, Weinheim 1978.

78 Vgl. bereits W. Conze, Vom »Pöbel« zum »Proletariat«. Sozialgeschichtliche Voraussetzungen für den Sozialismus in Deutschland (1954), in: H.-U. Wehler (Hg.), Moderne deutsche Sozialgeschichte, Köln 1966 u.ö., S. 111–136, bes. S. 126f.; zuletzt den Beitrag von R. Vierhaus, in: Kocka (Hg.), Bürger und Arbeiter (wie Anm. 68). Die Rolle der bildungsbürgerlichen Intellektuellen bei der Entstehung der deutschen Arbeiterbewegung ist systematisch noch nicht dargestellt worden.

79 Vgl. W. Schivelbusch, Geschichte der Eisenbahnreise. Zur Industrialisierung von Raum und Zeit im 19. Jahrhundert, München 1977; R. Koselleck, Art. »Fortschritt«, in: O. Brunner u. a. (Hg.), Geschichtliche Grundbegriffe. Historisches Lexikon zur politisch-sozialen Sprache in Deutschland, Bd. 2, Stuttgart 1975, S. 407–423. – Zur Lohnentwicklung am besten R. Gömmel, Realeinkommen in Deutschland. Ein internationaler Vergleich (1810–1914), Nürnberg 1979. Zur nunmehr aufregenden Erfahrung sozialer Ungleichheit vgl. z. B. P. J. Geißler, Der Indifferentismus oder: die Lage der Schuhmacher Deutschlands. Ein Wort zur Verständigung und Beleuchtung der Gewerkschaft, sowie der Central-Kranken- und Sterbekasse, Würzburg 1878, S. 10f. (in bezug auf »Großmeister und das Fabrikantenthum«): »demjenigen, der schon die Gelegenheit gehabt, dem familieren (sic!) Leben dieser Herren einen Blick zuzuwenden, der wird offen gestehen müssen, daß der wöchentliche Verdienst eines Arbeiters noch nicht

einmal drei Tage reichen würde, die Kosten zu decken, welche [dort] nur in bezug auf Essen und Trinken gemacht werden …«. Generell dazu H. Kaelble, Industrialisierung und soziale Ungleichheit, Göttingen 1983.

80 Vgl. L. Machtan u. R. Ott, »Batzebier!«. Überlegungen zur sozialen Protestbewegung in den Jahren nach der Reichsgründung am Beispiel der süddeutschen Bierkrawalle vom Frühjahr 1873, in: Volkmann u. Bergmann (Hg.), Sozialer Protest (wie Anm. 36), S. 128–166.

Das Problem der Nation in der deutschen Geschichte 1870–1945

Als Ausgangspunkt: James J. Sheehan, What is German History? Reflections on the Role of the Nation in German History and Historiography, in: Journal of Modern History, 53, 1981, S. 1–23. Als Gesamtdarstellung: Werner Conze, Die Deutsche Nation. Ergebnis der Geschichte, Göttingen 1965², S. 62–145. Anregend zum Gesamtzeitraum ist: George L. Mosse, Die Nationalisierung der Massen, Frankfurt 1976. Zur regionalen Komponente siehe: Heinz Gollwitzer, Die politische Landschaft in der deutschen Geschichte des 19./20. Jahrhunderts. Eine Skizze zum deutschen Regionalismus, in: Zeitschrift für bayerische Landesgeschichte, 27, 1964 (= Festschrift für Karl Alexander Müller), S. 523–552. Zur langfristigen Funktionsveränderung des Nationalismus siehe am besten: Heinrich August Winkler, Der Nationalismus und seine Funktionen, in: ders. (Hg.), Nationalismus, Königstein/Ts. 1978, S. 5–48 (hierin auch wichtige weitere Aufsätze zum internationalen Vergleich); vgl. auch: Hans Mommsen, Arbeiterbewegung und Nationale Frage, Göttingen 1979, hier S. 15–60: Der Nationalismus als weltgeschichtlicher Faktor. Grundsätzliche Bedeutung hat: Karl W. Deutsch, Nationenbildung – Nationalstaat – Integration, Düsseldorf 1972, und ders., Der Nationalismus und seine Alternativen, München 1972. Als wichtige Darstellung zur nationalen Integration der Arbeiter steht zur Verfügung: Gerhard A. Ritter, Staat, Arbeiterschaft und Arbeiterbewegung in Deutschland. Vom Vormärz bis zum Ende der Weimarer Republik, Berlin–Bonn 1980. Zu deutschen Besonderheiten vgl. Karl Dietrich Bracher, Über das Verhältnis von Nationalbewußtsein und Demokratie, in: Gerhard A. Ritter (Hg.), Entstehung und Wandel der modernen Gesellschaft. Festschrift für Hans Rosenberg, Berlin 1970, S. 166–184. Als Versuch grundsätzlicher Einordnung siehe: Jürgen Kocka, Nation und Gesellschaft. Historische Überlegungen zur »deutschen« Frage, in: Politik und Kultur 8, 1981, S. 3–25.

Grundlegend ist auch: Theodor Schieder, Das Deutsche Kaiserreich von 1871 als Nationalstaat, Köln-Opladen 1961, und weiterhin Hans-Ulrich Wehler, Das Deutsche Kaiserreich 1871–1918, Göttingen 1986⁶. Viele Anregungen bieten: Michael Stürmer, Das ruhelose Reich. Deutschland 1866–1918, Berlin 1983; Gerhard A. Ritter (Hg.), Die deutschen Parteien vor 1918, Köln 1973; Hans-Jürgen Puhle, Parlament, Parteien und Interessenverbände 1890–1914, in: Michael Stürmer (Hg.), Das kaiserliche Deutschland. Politik und Gesellschaft 1870–1918, Düsseldorf 1970, S. 340–377; Hans-Ulrich Wehler, Zur Funktion und Struktur der nationalen Kampfverbände im Kaiserreich, in: Werner Conze u. a. (Hg.), Modernisierung und nationale Gesellschaft im ausgehenden 18. und im 19. Jahrhundert, Berlin 1979, S. 113–124; Wolfgang Zorn, Sozialgeschichtliche Probleme der nationalen Bewegung in Deutschland, in: Theodor Schieder (Hg.), Sozialstruktur und Organisation europäischer Nationalbewegungen, München/Wien 1971, S. 97–115; Knut Borchardt, Regionale Wachstumsdifferenzierungen in Deutschland im 19. Jahrhundert ..., in: ders., Wachstum, Krisen, Handlungsspielräume der Wirtschaftspolitik, Göttingen 1982, S. 42–59; Werner K. Blessing, Staat und Kirche in der Gesellschaft. Institutionelle Autorität und mentaler Wandel in Bayern während des 19. Jahrhunderts, Göttingen 1982; Auswirkungen der industriellen Revolution auf die deutsche Sprachentwicklung im 19. Jahrhundert, von einem Autorenkollektiv unter Leitung von Joachim Schildt, Berlin [Ost] 1981; Gerhard A. Ritter, Sozialversicherung in Deutschland und England. Entstehung und Grundzüge im Vergleich, München 1983.

Siehe ferner noch: Jürgen Kocka, Klassengesellschaft im Krieg. Deutsche Sozialgeschichte 1914–1918, Göttingen 1978²; Gerhard A. Ritter, Arbeiterbewegung, Parteien und Parlamentarismus, Göttingen 1976, S. 116–157: Kontinuität und Umformung des deutschen Parteiensystems 1918–1920; M. Rainer Lepsius, Extremer Nationalismus. Strukturbedingungen vor der nationalsozialistischen Machtergreifung, Stuttgart 1966; Karl-Dietrich Bracher, Die deutsche Diktatur. Entstehung, Struktur, Folgen des Nationalsozialismus, Köln 1969; Helmut Theisen, Die Entwicklung zum nihilistischen Nationalismus in Deutschland 1918–1933, München 1955; Martin Broszat, Der Staat Hitlers, Stuttgart 1969; Ian Kershaw, Der Hitler-Mythos. Volksmeinung und Propaganda im Dritten Reich, Stuttgart 1980; Detlev Peukert, Volksgenossen und Gemeinschaftsfremde. Anpassung, Ausmerze und Aufbegehren unter dem Nationalsozialismus, Köln 1982.

Deutsche Geschichte vor Hitler

Leicht überarbeitete Fassung eines Vortrags auf der Konferenz »Germany's Singularity? The ›Sonderweg‹ Debate« an der Hebräischen Universität Jerusalem am 30.–31. März 1987.

1 Vgl. »Historikerstreit«. Die Dokumentation der Kontroverse um die Einzigartigkeit der nationalsozialistischen Judenvernichtung, München 1987.

2 Deshalb werde ich mich nicht mit einigen älteren, unhaltbaren Positionen beschäftigen. Zum Beispiel lohnt sich wenig die Auseinandersetzung mit Argumenten, die den Nationalsozialismus durch Rekurs auf einen spezifischen deutschen »Nationalcharakter« zu erklären versuchen oder eine direkte Kontinuität von Luther bis Hitler suggerieren.

3 Vgl. J. Kocka, Der »deutsche Sonderweg« in der Diskussion, in: German Studies Review 5, 1982, S. 265–79; H. Grebing, Der »deutsche Sonderweg« in Europa 1806–1945. Eine Kritik, Stuttgart 1986 (mit Bibliographie); St. E. Aschheim, Nazism, Normalcy and the German »Sonderweg«, in: Studies in Contemporary Jewry. An Annual 4, 1988, S. 276–292. Das folgende ist kein ausführlicher Literaturüberblick, vielmehr sollen die hauptsächlichen Argumente und Positionen diskutiert werden.

4 Vgl. B. Faulenbach, Die Ideologie des deutschen Weges. Die deutsche Geschichte in der Historiographie zwischen Kaiserreich und Nationalsozialismus, München 1980.

5 Vgl. H. Plessner, Die verspätete Nation. Über die politische Verführbarkeit bürgerlichen Geistes, Stuttgart 1959; E. Fraenkel, Deutschland und die westlichen Demokratien, Stuttgart 1964; K. D. Bracher, Die Auflösung der Weimarer Republik, Villingen 1955; G. A. Ritter, Deutscher und britischer Parlamentarismus. Ein verfassungsgeschichtlicher Vergleich, Tübingen 1962; M. R. Lepsius, Parteiensystem und Sozialstruktur. Zum Problem der Demokratisierung der deutschen Gesellschaft, in: W. Abel u. a. (Hg.), Wirtschaft, Geschichte, Wirtschaftsgeschichte. Festschrift für Friedrich Lütke zum 65. Geburtstag, Stuttgart 1966, S. 371–93; L. Krieger, The German Idea of Freedom, Boston 1957; F. Stern, The Politics of Cultural Despair. A Study in the Rise of the Germanic Ideology, Berkeley 1961; G. L. Mosse, The Crisis of German Ideology. Intellectual Origins of the Third Reich, New York 1964; K. Sontheimer, Antidemokratisches Denken in der Weimarer Republik, München 1962; H. Rosenberg, Bureaucracy, Aristocracy and Autocracy. The Prussian Experience 1660–1815, Cambridge, Mass. 1958; ders., Die Pseudodemokratisierung der Rittergutsbesitzerklasse (1958), in: ders., Machteliten und Wirtschaftskonjunkturen, Göttingen 1978, S. 83–101; H. A. Winkler, Die »neue Linke« und der Faschismus. Zur Kritik neomarxistischer Theorien über den Nationalsozialismus, in: ders., Revolution, Staat, Faschismus, Göttingen 1978, S. 65–117; H.-U. Wehler, Das Deutsche Kaiserreich 1871–1918, Göttingen 1973, 1983[5]; F. Fischer, Bündnis der Eliten. Zur Kontinuität der Machtstrukturen in Deutschland 1871–1945, Düsseldorf 1979.

6 Vgl. J. Kocka, Ursachen des Nationalsozialismus, in: Aus Politik und Zeitgeschichte. Beilage zur Wochenzeitung »Das Parlament«, B 25/80 v. 21.6. 1980, S. 3–15; H. A. Winkler, Unternehmerverbände zwischen Ständeideologie und Nationalsozialismus, in: ders., Liberalismus und Antiliberalismus. Studien zur politischen Sozialgeschichte des 19. und 20. Jahrhunderts, Göttingen 1979 S. 175–194; H. Möller, Parlamentarismus-Diskussion in der Weimarer Republik. Die Frage des »besonderen« Weges zum parlamentarischen Regierungssystem, in: M. Funke u. a. (Hg.), Demokratie und Diktatur. Geist und Gestalt politischer Herrschaft in Deutschland und Eruopa, Düsseldorf 1987, S. 140–157.

7 So Th. Nipperdey, 1933 und die Kontinuität der deutschen Geschichte, in: HZ 227, 1978, S. 86–111.

8 Dies war ein Thema des sog. »Historikerstreits« von 1986/87.

9 Vgl. D. Blackbourn und G. Eley, Mythen deutscher Geschichtsschreibung, Berlin 1980; überarb. engl. Fassung: The Peculiarities of German History: Bourgeois Society and Politics in 19th Century Germany, Oxford 1984. – Vgl. die positiven Rezensionen in FAZ, Nr. 18, 22. 1. 1982 (»Die eingebildeten Leiden der Deutschen«); und in: Criticon. Deutsche Zeitschrift für Konservatives Denken 64 (März/April 1981), S. 86.

10 So D. J. H. Peukert, Die Weimarer Republik. Krisenjahre der klassischen Moderne, Frankfurt 1987, S. 271. – Vgl. im übrigen R. F. Hamilton, Hitler's Electoral Support: Recent Findings and Theoretical Implications, in: Canadian Journal of Sociology 11, 1986, S. 1–34; J. W. Falter, Die Wähler der NSDAP 1928–1933: Sozialstruktur und parteipolitische Herkunft, in: W. Michalka (Hg.), Die nationalsozialistische Machtergreifung, Paderborn 1984, S. 47–59; M. R. Lepsius, From Fragmented Party Democracy to Government by Emergency Decree and National Socialist Takeover: Germany, in: J. J. Linz, u. A. Stepan (Hg.), The Breakdown of Democratic Regimes: Europe, Baltimore 1978, S. 34–79; K. Borchardt, Wachstum, Krisen, Handlungsspielräume der Wirtschaftspolitik. Studien zur Wirtschaftsgeschichte des 19. und 20. Jahrhunderts, Göttingen 1982, S. 165–205; G. L. Mosse, Der Erste Weltkrieg und die Brutalisierung der Politik, in: Funke u. a. (Hg.), Demokratie und Diktatur, S. 127–139; G. D. Feldman, The Weimar Republic: A Problem of Modernisation? in: Archiv für Sozialgeschichte 26, 1986, S. 1–26.

11 Vgl. Blackbourn/Eley, Mythen; R. Evans (Hg.), Society and Politics in Wilhelmine Germany, London 1978; M. Stürmer, Das ruhelose Reich. Deutschland 1866–1918, Berlin 1983. H.-U. Wehlers Beitrag zu J. Kocka (Hg.), Bürgertum und Bürgerlichkeit im 19. Jahrhundert, Göttingen 1987, S. 243–80 (»Wie bürgerlich war das Deutsche Kaiserreich?«) reflektiert diese Umakzentuierung bis zu einem gewissen Grad, zeigt aber auch ihre Grenzen.

12 Vgl. J. Kocka (Hg.), Arbeiter und Bürger im 19. Jahrhundert. Varianten ihres Verhältnisses im europäischen Vergleich, München 1986, S. 335 ff.

13 Vgl. Stürmer, Das ruhelose Reich; H. Schulze, Weimar. Deutschland 1917–1933, Berlin 1982; K. Hildebrand, Der deutsche Eigenweg. Über das Problem der Normalität in der modernen Geschichte Deutschland und Europas, in: Funke u. a. (Hg.), Demokratie und Diktatur, S. 15–34. Weiterentwicklung der These jetzt bei H. Schulze, Die »Deutsche Katastrophe« erklären. Vom Nutzen und Nachteil historischer Erklärungsmodelle, in: D. Diner (Hg.), Ist der Nationalsozialismus Geschichte? Zu Historisierung und Historikerstreit, Frankfurt 1987, S. 89–101.

14 Vgl. die insofern berechtigte Kritik an einer nicht genug spezifizierten Sonderweg-These bei H. Kaelble, Der Mythos von der rapiden Industrialisierung in Deutschland, in: GG 9, 1983, S. 106–118; W. Fischer, Wirtschafts- und sozialgeschichtliche Anmerkungen zum »Deutschen Sonderweg«, in: Tel Aviver Jahrbuch für Deutsche Geschichte 16, 1987, S. 96–116.

15 Letztlich ist deshalb die Bezeichnung »German divergence from the West«, wie sie von englisch schreibenden Autoren benutzt wird, genauer als das Wort »Sonderweg«.

16 Vgl. M. Prinz, Wohlfahrtsstaat, Modernisierung und Nationalsozialismus. Thesen zur ihrem Verhältnis, in: H.-U. Otto u. H. Sünker (Hg.), Soziale Arbeit und Faschismus, Frankfurt 1988. Als guten Überblick vgl. E. Kolb, Die Weimarer Republik, München 1988².

17 Vgl. meine Rezension der Bücher von M. Stürmer und H. Schulze, in: Geschichtsdidaktik 9, 1984, S. 79–83.

18 Dies sind Ergebnisse der einjährigen Forschungsgruppe im Zentrum für interdisziplinäre Forschung der Universität Bielefeld 1986/87, dokumentiert in: J. Kocka (Hg.), Bürgertum im 19. Jahrhundert. Deutschland im europäischen Vergleich, 3 Bde, München 1988.

19 Hinzuweisen ist dabei vor allem auf die Besonderheit der deutschen Nationalstaatsbildung »von oben« und ihre Datierung in jenen Jahrzehnten, in denen zugleich zwei andere Zentralprobleme auf die Tagesordnung kamen, nämlich die Verfassungsfrage und der Klassenkonflikt als Folge der Industrialisierung. Die zeitliche Überlagerung dieser Probleme, die im Westen keine Parallele hatte, erschwerte ihre Lösung. Damit hängen auch Besonderheiten der deutschen Arbeiterbewegung zusammen. Vgl. J. Kocka (Hg.), Europäische Arbeiterbewegungen im 19. Jahrhundert. Deutschland, Österreich, England und Frankreich im Vergleich, Göttingen 1983, S. 5–20; jetzt auch K. Tenfelde, Geschichte der deutschen Arbeiter und der Arbeiterbewegung – ein Sonderweg, in: Der Aquädukt: 1763–1988. Ein Almanach aus dem Verlag Ch. Beck im 225. Jahr seines Bestehens, München 1988, S. 469–483.

20 Dazu ebenfalls das in Anm. 18 genannte Sammelwerk. – Generell J. Kocka, Capitalism and Bureaucracy in German Industrialization before 1914, in: The Economic History Revue. 2nd ser. 33, 1981, S. 453–68. – Auch H. Gerstenberger, Alltagsforschung und Faschismustheorie, in: dies. u. D. Schmidt (Hg.), Normalität oder Normalisierung? Geschichtswerkstätten und Faschismusanalyse, München 1987, S. 35–49.

21 Vgl. J. Kocka, 1945: Neubeginn oder Restauration?, in: C. Stern u. H. A. Winkler (Hg.), Wendepunkte deutscher Geschichte 1848–1945, Frankfurt 1979, S. 141–68. Jetzt vor allem: M. Broszat u. a. (Hg.), Von Stalingrad zur Währungsreform. Zur Sozialgeschichte des Umbruchs in Deutschland, München 1988, bs. S. XXV–XXXI. Vgl. auch unten S. 120ff.

»Totalitarismus« und »Faschismus«

Diskussionsbeitrag auf einem Kolloquium des Instituts für Zeitgeschichte in München am 24.11. 1978.

Zerstörung und Befreiung: Das Jahr 1945 als Wendepunkt deutscher Geschichte

Unwesentlich überarbeiteter Text eines Vortrags, den ich im Rathaus der Stadt Bielefeld am 8.5. 1985 gehalten habe.

1 So z. B. G. Mann, Gedenktage, die Wunden aufreißen, in: Die Zeit, Nr. 8, 15.2. 1985, S. 9.

2 Aus der umfangreichen Literatur vgl. Ch. Kleßmann, Die doppelte Staatsgründung. Deutsche Geschichte 1945–1955, Göttingen 1982; Th. Eschenburg, Jahre der Besatzung 1945–1949, Stuttgart 1983; W. Benz, Die Gründung der Bundesrepublik, München 1984. Brauchbare zusammenfassende Darstellungen mit ausführlichen Literaturüberblicken: K. Hildebrand, Das Dritte Reich, München 1987^{3}; A. Hillgruber, Europa in der Weltpolitik der Nachkriegszeit (1945–1963), München 1987^{3}. – Aus der Fülle der zeitgenössischen Erlebnisberichte: M. Boruke-White, Deutschland April 1945, München 1979; Der Krieg ist aus – und nun? Sommer '45. Berichte, Erfahrungen, Bekenntnisse. Ausgew. u. eingel. v. Sybil Gräfin Schönfeldt, München 1985; E. Kuby, Das Ende des Schreckens. Dokumente des Unterganges, München 1957^{2} (Neuaufl. 1984). Als brauchbarer Überblick: H.-A. Jacobsen, Zur Lage der Nation: Deutschland im Mai 1945, in: Aus Politik und Zeitgeschichte B 13/85, 30.3. 1985, S. 3–22.

3 Um so begrüßenswerter waren die Rede des Bundespräsidenten v. Weizsäcker vor dem Deutschen Bundestag am 8.5. (»Versöhnung ohne Erinnerung kann es nicht geben«) und die breite Zustimmung, die sie fand.

4 Zit. nach Neue Westfälische, Nr. 99, 29.4. 1985, S. 2.

5 Brief an meine Söhne oder: Vier Fahrräder, in: Die Zeit, Nr. 12, 15.3. 1985, S. 13–15, hier S. 15.

6 Th. Heuss, Die großen Reden. Der Staatsmann, Tübingen 1965, S. 86.

7 Siehe z.B. Rudolf Küstermeiers Erinnerung an die Befreiung am 14./15.4. 1945 in: E. Kolb, Bergen-Belsen. Vom »Aufenthaltslager« zum Konzentrationslager 1943–1945, Göttingen 1984, S. 105.

8 Vgl. z.B. R. Hilberg, Die Vernichtung der europäischen Juden. Die Gesamtgeschichte des Holocaust, Berlin 1982; K. D. Bracher u. a. (Hg.), Nationalsozialistische Diktatur 1933–1945. Eine Bilanz, Düsseldorf 1983, S. 529–571 (Beiträge von Erdmann u. Arndt/Scheffler).

9 Dazu zuletzt W. Jacobmeyer, Vom Zwangsarbeiter zum Heimatlosen Ausländer. Die Displaced Persons in Westdeutschland 1945–1951, Göttingen 1985.

10 J. Goebbels, Tagebücher 1945. Einführung R. Hochhuth, Hamburg 1977, S. 405f. (28.3. 1945) u. ö.

11 A. Rattay in: Die Zeit, Nr. 16, 12.4. 1985, S. 10.

12 Nach Umfragen, die 1985 unter heute noch lebenden Personen, die 1945 12 Jahre und älter waren, gemacht wurden, erlebten 58 % (47 % der Män-

ner, 68 % der Frauen), den 8. Mai 1945 mehr mit dem Gefühl der Befreiung als mit dem Gefühl der Niederlage (nach: E. Noelle-Neumann, Ein Volk, gebeutelt und gezeichnet, in: Die Zeit, Nr. 20, 10. 5. 1985, S. 7). Die sonstigen Quellen lassen vermuten, daß in der Rückschau nach 40 Jahren viele ihre damaligen Gefühle als positiver und eindeutiger einschätzten, als sie es waren. Vgl. etwa die sehr instruktiven Berichte in U. Borsdorf u. L. Niethammer (Hg.), Zwischen Befreiung und Besatzung. Analysen des US-Geheimdienstes über Positionen und Strukturen deutscher Politik 1945, Wuppertal 1977, z. B. S. 34–40. Im übrigen ist zu bedenken, daß heutige Umfragen nur die damals relativ Jungen einbeziehen können, kaum aber die, die damals im mittleren Alter standen, und nicht mehr die damals Älteren.

13 Vgl. Bundesmin. f. Vertriebene (Hg.), Dokumentation der Vertreibung der Deutschen aus Ost-Mitteleuropa, bearb. v. Th. Schieder, Bd. 1–5 [1954], Nachdr. München 1984.

14 Vgl. M. Broszat, Nationalsozialistische Polenpolitik 1939 bis 1945, Stuttgart 1961; W. Dlugoborski (Hg.), Zweiter Weltkrieg und sozialer Wandel. Achsenmächte und besetzte Länder, Göttingen 1981, S. 303–363; H. Krausnick u. H.-H. Wilhelm, Die Truppe des Weltanschauungskrieges. Die Einsatzgruppen der Sicherheitspolizei und des SD 1938–1942, Stuttgart 1981; A. Hillgruber, Die »Endlösung« und das deutsche Ostimperium als Kernstück des rassenideologischen Programms des Nationalsozialismus [1972], in: ders., Deutsche Großmacht- und Weltpolitik im 19. und 20. Jahrhundert, Düsseldorf 1977, S. 252–275.

15 A. Hillgruber u. J. Dülffer (Hg.), Ploetz. Geschichte der Weltkriege. Mächte, Ereignisse, Entwicklungen 1900–1945, Würzburg 1981, S. 152 (dort genauere Aufschlüsselung).

16 Letztlich lebten die meisten Vertriebenen weiter, und es gehört zu den Leistungen der Bundesrepublik, daß die Mehrzahl von ihnen ein gutes Leben neu aufbauen konnte, teilweise besser als in der Heimat. Dagegen wurden die Opfer der sog. »Endlösung« vergast, erschossen, verbrannt. Es handelt sich um unterschiedliche Qualitäten.

17 Vgl. G. van Roon, Widerstand im Dritten Reich, München 1979; H. Graml (Hg.), Widerstand im Dritten Reich, Frankfurt 1984.

18 E. Noelle u. E. P. Neumann (Hg.), Jahrbuch der öffentlichen Meinung 1947–1955, Allensbach 1956, S. 134.

19 Am 1. Okt. 1946, nach: H. Schwab-Felisch u. a. (Hg.), Der Ruf. Eine deutsche Nachkriegszeitschrift, München 1962, S. 48.

20 Zum Folgenden vgl. J. Kocka, 1945: Neubeginn oder Restauration? in: C. Stern u. H. A. Winkler (Hg.), Wendepunkte deutscher Geschichte 1848–1945, Frankfurt 1979 u. ö., S. 146–168, 195 f. (mit Literatur).

21 Deutsche Geschichte des 19. und 20. Jahrhunderts, Frankfurt 1958, S. 1027.

22 Vgl. W. Zapf, Wandlungen der deutschen Elite. Ein Zirkulationsmodell deutscher Führungsgruppen 1919–1961, München 1966². Generell: W.

Conze u. M. R. Lepsius (Hg.), Sozialgeschichte der Bundesrepublik Deutschland. Beiträge zum Kontinuitätsproblem, Stuttgart 1983.

23 R. Löwenthal u. H.-P. Schwarz (Hg.), Die zweite Republik. 25 Jahre Bundesrepublik Deutschland – eine Bilanz, Stuttgart 1974, S. 10.

24 Vgl. W. J. Siedler, Trauer um den verlorenen Schmerz, in: ders., Weder Maas noch Memel. Ansichten vom beschädigten Deutschland, Stuttgart 1982, S. 31–37.

25 Vgl. J. Kocka, Nation und Gesellschaft. Historische Überlegungen zur deutschen Frage, in: Politik und Kultur 8, 1981, S. 3–25; weiterhin A. Hillgruber, Die Last der Nation. Fünf Beiträge über Deutschland und die Deutschen, Düsseldorf 1984; O. Büsch u. J. J. Sheehan (Hg.), Die Rolle der Nation in der deutschen Geschichte und Gegenwart, Berlin 1985.

26 L. Niethammer (Hg.), »Hinterher merkt man, daß es richtig war, daß es schiefgegangen ist«. Nachkriegserfahrungen im Ruhrgebiet, Berlin 1983.

Geschichte und Aufklärung

Vortrag, gehalten anläßlich des zehnjährigen Bestehens des nordrheinwestfälischen Landesinstituts für Schule und Weiterbildung in Soest am 28. 4. 88. Eine vorläufige, kürzere Fassung dieses Aufsatzes wurde auf dem Kongreß »Zukunft der Aufklärung« in Frankfurt am 11./12. Dezember 1987 zur Diskussion gestellt und erschien mittlerweile im gleichnamigen Band (hg. v. J. Rüsen u. a.), Frankfurt 1988, S. 91–98.

1 Immanuel Kant, Beantwortung der Frage: Was ist Aufklärung? in: ders., Schriften zur Anthropologie, Geschichtsphilosophie, Politik und Pädagogik 1, hg. v. Wilhelm Weischedel, Frankfurt 1977 (Immanuel Kant Werkausgabe XI), S. 53; ebd., S. 59; Kant, Kritik der reinen Vernunft. Vorrede zur 1. Auflage, in: ders., Kritik der reinen Vernunft 1, hg. v. Wilhelm Weischedel, Frankfurt 1977³ (Immanuel Kant Werkausgabe III), S. 13 (Anmerkung).

2 Dazu generell jetzt am besten einführend: H. Möller, Vernunft und Kritik. Deutsche Aufklärung im 17. und 18. Jahrhundert, Frankfurt 1986. Weiterhin F. Valjavec, Die Entstehung der politischen Strömungen in Deutschland 1770 bis 1815, München 1951 (ND 1978), bes. S. 15–145. Zuletzt und umfassend: H.-U. Wehler, Deutsche Gesellschaftsgeschichte, Bd. 1, München 1987, S. 292–331.

3 Vgl. Möller, Vernunft und Kritik, S. 144–188 (hier die Zitate S. 153, 144 f., 157). – Im übrigen (auch zum Folgenden): R. Koselleck u. a., Art. »Geschichte«, in: Geschichtliche Grundbegriffe. Historisches Lexikon zur politisch-sozialen Sprache in Deutschland, hg. v. O. Brunner u. a., Bd. 2, Stuttgart 1975, S. 593–717, bes. S. 647 ff.; P. H. Reill, The German Enlightenment and the Rise of Historicism, Berkeley 1975; R. Vierhaus (Hg.), Wis-

senschaften im Zeitalter der Aufklärung, Göttingen 1985, hier bes. S. 7–17 (R. Vierhaus) und 163–193 (P. H. Reill); H. W. Blanke u. J. Rüsen (Hg.), Von der Aufklärung zum Historismus. Zum Strukturwandel des historischen Denkens, Paderborn 1984, bes. S. 15–58 (J. Rüsen) u. 167–186 (H. W. Blanke). – Weiterhin H.-E. Bödeker u. a. (Hg.), Aufklärung und Geschichte. Studien zur deutschen Geschichtswissenschaft im 18. Jahrhundert, Göttingen 1986.

4 J. Möser, Osnabrückische Geschichte, in: Sämtliche Werke. Hist.-kritische Ausg., hg. v. d. Akademie der Wissenschaften zu Göttingen, Bd. 13, Oldenburg 1971, S. 46. Das Voltaire-Zitat nach Möller, Vernunft und Kritik, S. 163.

5 Zum Historismus vgl. G. Iggers, Deutsche Geschichtswissenschaft. Eine Kritik der traditionellen Geschichtsauffassung von Herder bis zur Gegenwart (1968), München 1971. Mit anderen Wertungen: O. G. Oexle, Die Geschichtswissenschaft im Zeichen des Historismus. Bemerkungen zum Standort der Geschichtsforschung, in: HZ 238, 1984, S. 17–55. Zu den Ideen von 1914: H. Lübbe, Politische Philosophie in Deutschland, Basel 1963, S. 173–238. K. Schreiner, Führertum, Rasse, Reich. Wissenschaft von der Geschichte nach der nationalsozialistischen Machtergreifung, in: P. Lundgreen (Hg.), Wissenschaft im Dritten Reich, Frankfurt 1985, S. 163–252.

6 Vgl. G. Iggers, New Directions in European Historiography (1975) Middletown 1984^2 (1. Aufl. auch auf dt. u. d. T.: Neue Geschichtswissenschaft. Vom Historismus zur Historischen Sozialwissenschaft, München 1978). Zuletzt B. Mütter u. S. Quandt (Hg.), Historie. Didaktik, Kommunikation. Wissenschaftsgeschichte und aktuelle Grundlagen, Marburg 1988, bes. S. 27–80 (Aufsätze von Iggers, Rüsen u. Kocka).

7 Vgl. M. Stürmer, Dissonanzen des Fortschritts. Essays über Geschichte und Politik in Deutschland, München 1986, S. 209, 15; weiterhin ders., Weder Verdrängen noch Bewältigen. Geschichte und Gegenwartsbewußtsein der Deutschen, in: Schweizer Monatshefte 66, 1986, S. 689–694. H. Lübbe, Die Gegenwart der Vergangenheit. Kulturelle und politische Funktionen des historischen Bewußtseins, Oldenburg 1985, S. 22; ders., Über den Grund unseres Interesses an historischen Gegenständen. Kulturelle und politische Funktionen der historischen Geisteswissenschaften, in: H. Flashar u. a. (Hg.), Geisteswissenschaften als Aufgabe. Kulturpolitische Perspektiven und Aspekte, Berlin 1978, S. 179–193, hier 190, 192; weiterhin ders., Wer kann sich historische Aufklärung leisten? Der Streit um die politische Funktion der Geisteswissenschaften, in: G. Patzig u. a. (Hg.), Logik. Ethik. Theorie der Geisteswissenschaften (XI. Deutscher Kongreß für Philosophie. Göttingen 5.–9. Oktober 1975), Hamburg 1977, S. 35–45; ausführlich ders., Geschichtsbegriff und Geschichtsinteresse. Analytik und Pragmatik der Historie, Basel 1977, bes. S. 145 ff. Zuletzt der Bericht über Lübbes Münchner Vortrag »Zeit-Verhältnisse«, in: Süddeutsche Zeitung Nr. 71, 25. 3. 1988, S. 38 (»Die enteignete Gegenwart«). Zu O. Marquard

u. a. seine Schrift: Apologie des Zufälligen, Stuttgart 1986; sowie die Kritik von A. Kuhlmann in: Merkur 41, 1987, S. 907–913 (»Der Geisteswissenschaftler als Geschichtenerzähler«).

8 Ich meine den mit E. Noltes Artikel »Vergangenheit, die nicht vergehen will« (FAZ, 6.6. 1986) und J. Habermas' Antwort (»Eine Art Schadensabwicklung«, in: Die Zeit, 11. 7. 1986) beginnenden Streit, dessen Hauptbeiträge dokumentiert sind in: »Historikerstreit«. Die Dokumentation der Kontroverse um die Einzigartigkeit der nationalsozialistischen Judenvernichtung, München 1987. Kämpferisch, zugleich eine umfassende Darstellung der gesamten Debatte, im wesentlichen überzeugend: H.-U. Wehler, Entsorgung der deutschen Vergangenheit? Ein polemischer Essay zum »Historikerstreit«, München 1988. Meine Sicht in: The Weight of the Past in Germany's Future, in: German Politics and Society, hg. v. The Center for European Studies, Harvard University, Nr. 13, Feb. 1988, S. 22–29; sowie: Deutsche Identität und historischer Vergleich. Nach dem »Historikerstreit«, in: Aus Politik und Zeitgeschichte. Beilage zur Wochenzeitung Das Parlament, B 40–41/88, 30. Sept. 1988, S. 15–28.

9 Vgl. H.-J. Puhle, Theorien in der Praxis des vergleichenden Historikers, in: J. Kocka u. Th. Nipperdey (Hg.), Theorie und Erzählung in der Geschichte, München 1979, S. 119–136.

10 Vgl. Totalitarismus und Faschismus. Eine wissenschaftliche und politische Begriffskontroverse. Kolloquium im Institut für Zeitgeschichte am 24. November 1978, München 1980. Während mit Hilfe des Totalitarismus-Begriffs unbestreitbare Ähnlichkeiten zwischen Hitlers Deutschland und etwa Stalins Sowjetunion in den Blick geraten, beleuchtet der faschismusthistorische Ansatz stärker die Ähnlichkeiten zwischen faschistischen Bewegungen und Systemen, etwa in Deutschland und Italien. Wie man sich gegen die übliche Verunglimpfung des Faschismus-Begriffs wehren muß, so falsch wäre es, einen totalitarismushistorischen Vergleich zwischen Nationalsozialismus und Stalinismus zu tabuisieren. Jeder Vergleich abstrahiert, insoweit er notwendigerweise unter bestimmten Gesichtspunkten erfolgt. Im übrigen oben S. 114–119.

11 Vgl. dazu die Bemerkungen bei E. Jaeckel u. J. Kocka, in: »Historikerstreit«. Die Dokumentation der Kontroverse ..., S. 118f., 134f. Weder E. Nolte noch J. Fest, die die Ähnlichkeiten zwischen Nationalsozialismus und Bolschewismus betonen, machen sich die Mühe eines systematischen Vergleichs. Ein solcher fehlt bemerkenswerterweise auch in: E. Nolte, Der Europäische Bürgerkrieg 1917–1945. Nationalsozialismus und Bolschewismus, Berlin 1987. Daß sowohl die Revolution und der Bürgerkrieg 1917–1920 wie auch die Verfolgungen der sog. Kulaken in den späten 1920er und frühen 1930er Jahren etwas ganz anderes waren als die nationalsozialistische Judenvernichtung ergibt sich aus: St. Merl, »Ausrottung« der Bourgeoisie und der Kulaken in Sowjetrußland? Anmerkungen zu einem fragwürdigen Vergleich mit Hitlers Judenvernichtung, in: GG 13, 1987, S. 368–381. Dies gilt, obwohl die Zahl der Opfer des Stalinismus

(Kriegsopfer nicht mitberechnet) mit 5 bis 15 Millionen (die Schätzungen variieren sehr stark) eher größer gewesen zu sein scheint als die Zahl der Opfer des Nationalsozialismus (ohne Kriegsopfer).

12 Die Wahl des Vergleichspartners oder -landes entscheidet über die Ergebnisse des Vergleiches mit. An welchen Kriterien sind sie auszuwählen? Vgl. J. Kocka, Hitler sollte nicht durch Stalin und Pol-Pot verdrängt werden, in: »Historikerstreit«. Die Dokumentation ..., S. 132–142, 135.

13 So E. Nolte, Vergangenheit, die nicht vergehen will, in: »Historikerstreit«. Die Dokumentation ..., S. 39–47, bes. 45; und ausführlich ders., Der Europäische Bürgerkrieg. Der Untertitel der in Anm. 8 genannten Dokumentation unterstellt, daß es im »Historikerstreit« wesentlich um die Frage der Einzigartigkeit ging; er führt insofern in die Irre.

14 Vgl. A. Hillgruber, Zweierlei Untergang. Die Zerschlagung des Deutschen Reiches und das Ende des europäischen Judentums, Berlin 1986, S. 24f.

15 Vgl. die Dokumentation der Debatten und das Konzept in: Ch. Stölzl (Hg.), Deutsches Historisches Museum. Ideen, Kontroversen, Perspektiven, Frankfurt 1988, bes. S. 609–636. – Ob die erneute Infragestellung des Projekts durch den neuen rot-grünen Senat von Berlin (West) im März 1989 langfristige Folgen haben wird, bleibt abzuwarten.

16 F. Nietzsche, Vom Nutzen und Nachteil der Historie für das Leben (= Unzeitgemäße Betrachtungen. Zweites Stück) [1873/74] in: ders., Werke in Sechs Bänden, hg. v. K. Schlechta, Bd. 1, München 1980 (nach 5. Aufl. 1966), S. 209–86, 282.

17 Vgl. oben S. 82ff.; J. Kocka, Nation und Gesellschaft, Historische Überlegungen zur »Deutschen Frage«, in: Politik und Kultur 8, 1981, S. 3–25.

18 Vgl. zuletzt W. Schulze, Einführung in die Neuere Geschichte, Stuttgart 1987, S. 220ff.

19 Vgl. J. Habermas, Können komplexe Gesellschaften eine vernünftige Identität ausbilden?, in: ders., Zur Rekonstruktion des Historischen Materialismus, Frankfurt 1982³, S. 144–199; K. Bergmann, Art. »Identität«, in: ders. u.a. (Hg.), Handbuch der Geschichtsdidaktik, Düsseldorf 1985³, S. 29–36.

20 Merkur 41, 1987, S. 731f.

21 »Alltagsgeschichte« umfaßt sehr Verschiedenes, Spreu und Weizen, spannende Neuheiten und produktive Herausforderungen, aber auch manchen neo-historistischen Rückfall und manches Beispiel von Anti-Intellektualität. Aus der umfangreichen Literatur darüber: vgl. die Beiträge von D. J. K. Peukert u. R. Sieder (nebst Kommentaren), in: H. Nagel-Docekal u. F. Wimmer (Hg.), Neue Ansätze in der Geschichtswissenschaft, Wien 1984, S. 7–47; K. Tenfelde, Schwierigkeiten mit dem Alltag, in: GG 10, 1984, S. 376–394; P. Borscheid, Alltagsgeschichte – Modetorheit oder neues Tor zur Vergangenheit?, in: W. Schieder u. V. Sellin (Hg.), Sozialgeschichte in Deutschland, Bd. III, Göttingen 1987, S. 78–100; J. Kocka, Sozialgeschichte, Göttingen 1986², S. 162–174; sowie oben S. 29–44.

22 Vgl. H. White, Auch Klio dichtet oder Die Fiktion des Faktischen. Studien

zur Tropologie des historischen Diskurses, Stuttgart 1986. White ignoriert die Bedeutung der methodischen Forschung für die Entstehung und Überprüfung wissenschaftlicher Aussagen. Dasselbe gilt für R. Barthes, Die Historie und ihr Diskurs, in: Alternative 11, 1968, S. 171–180. Zur Kritik schon Rüsen in Blanke u. Rüsen, Von der Aufklärung (wie oben Anm. 3), S. 51f.

23 Siehe etwa K. Rutschky, Geschichte und Langeweile, in: Merkur 41, 1987, S. 897–902.

24 Hier wäre weiter zu denken und nach Kriterien zu suchen, die zwischen aufklärungsförderlicher, aufklärungskompatibler und aufklärungsfeindlicher Ästhetik, Unterhaltung und Inszenierungstechnik unterscheiden können. Vgl. zu dem Problem die Aufsätze von P. Glotz, H. R. Jauß, M. R. Lepsius u. J. Rüsen, in: ders. u.a. (Hg.), Die Zukunft der Aufklärung, Frankfurt 1988, S. 215–239, 105–114. Anregungen in: Ästhetik und Kommunikation 18, 1987, H. 67/68: Kulturgesellschaft. Ein Vergleich zwischen Felix Dahns mythisierendem historischen Roman »Ein Kampf um Rom« und Umberto Ecos »Der Name der Rose« könnte hilfreich sein. Ecos Buch ist keine Geschichtswissenschaft, sondern voll von Vexierbildern, Verpuppungen und Fiktionen, aber zweifellos aufklärungsförderlich in einem anderen Sinn. Vgl. H. Fuhrmanns Einleitung in: M. Kerner (Hg.), »... eine finstere und fast unglaubliche Geschichte«? Mediävistische Notizen zu Umberto Ecos Mönchsroman »Der Name der Rose«, Darmstadt 1987, S. 1–20.

25 Dazu genauer oben S. 42ff.; zuletzt D. Groh, Postinstrumentale Geschichtswissenschaft, in: Rüsen u. a. (Hg.), Die Zukunft der Aufklärung, S. 115–121.

26 Zu diesen Zusammenhängen grundsätzlich: J. Rüsen, Historische Vernunft, Göttingen 1983; ders., Rekonstruktion der Vergangenheit, Göttingen 1986; ders., Fortschritt. Geschichtsdidaktische Überlegungen zur Fragwürdigkeit einer historischen Kategorie, in: Geschichte Lernen 1, 1987, S. 8–12.

27 Für neue Formen historischer Erzählung und Aufklärung zugleich: Ch. Meier, Klio als Klatschbase, in: Kursbuch 91, 1988, S. 47–56. Im übrigen: oben S. 8ff.

Nachweise der ursprünglichen Titel und Druckorte

1. Zurück zur Erzählung? Plädoyer für historische Argumentation, in: Geschichte und Gesellschaft 10, 1984, S. 395–408
2. Probleme einer europäischen Geschichte in komparativer Absicht, in: M. Drozdowski (Hg.), Między historia a teorią, Warschau 1988, S. 468–476
3. Sozialgeschichte zwischen Strukturgeschichte und Erfahrungsgeschichte, in: W. Schieder u. V. Sellin (Hg.), Sozialgeschichte in Deutschland. Entwicklungen und Perspektiven im internationalen Zusammenhang, Bd. 1, Göttingen 1986, S. 67–88
4. Frauengeschichte zwischen Wissenschaft und Ideologie, in: Geschichtsdidaktik 7, 1982, S. 99–104, 329
5. Traditionsbindung und Klassenbildung. Zum sozialhistorischen Ort der frühen deutschen Arbeiterbewegung, in: Historische Zeitschrift 241, 1986, S. 333–376
6. Probleme der politischen Integration der Deutschen 1867 bis 1945, in: Otto Büsch u. James J. Sheehan (Hg.), Die Rolle der Nation in der deutschen Geschichte und Gegenwart. Beiträge zu einer internationalen Konferenz in Berlin (West) vom 16. bis 18. Juni 1983, Berlin 1985, S. 118–136
7. German History before Hitler: The Debate about the German »Sonderweg«, in: Journal of Contemporary History 23, 1988, S. 3–16 (leicht gekürzte Übersetzung durch den Autor)
8. Totalitarismus und Faschismus. Eine wissenschaftliche und politische Begriffskontroverse. Kolloquium im Institut für Zeitgeschichte am 24. November 1978, München 1980, S. 39–44
9. Zerstörung und Befreiung. Das Jahr 1945 als Wendepunkt deutscher Geschichte, Bielefeld 1985 (als Manuskript gedruckt); wd. in: Politik und Kultur 13, 1986, H. 5, S. 45–64
10. Geschichte und Aufklärung. Unveröffentlicht.

Wolfgang Schieder / Volker Sellin (Hg.)

Sozialgeschichte in Deutschland

Entwicklungen und Perspektiven im internationalen Zusammenhang

»Sozialgeschichte in Deutschland« gibt einen breiten Überblick über den Stand der sozialgeschichtlichen Forschung in Deutschland. Es ist eine Bestandsaufnahme in Einzelbeiträgen über die gegenwärtig wichtigen Gebiete und Themen. Sie zeigt Leistungen und Möglichkeiten, orientiert über Aufgaben und Kenntnisstand, über Problemhorizont und Methodenbewußtsein. Die vier Bände gehören zusammen, doch behandelt jeder einen in sich geschlossenen Themenbereich und steht deshalb zugleich für sich.

Band I: **Die Sozialgeschichte innerhalb der Geschichtswissenschaft**
Sechs Beiträge. 135 Seiten, kartoniert. Kleine Vandenhoeck-Reihe 1517

Band II: **Handlungsräume des Menschen in der Geschichte**
Sieben Beiträge. 186 Seiten mit 7 Abbildungen, kartoniert. Kleine Vandenhoeck-Reihe 1518

Band III: **Soziales Verhalten und soziale Aktionsformen in der Geschichte**
Fünf Beiträge. 122 Seiten, kartoniert. Kleine Vandenhoeck-Reihe 1523

Band IV: **Soziale Gruppen in der Geschichte**
Sieben Beiträge. 179 Seiten, kartoniert. Kleine Vandenhoeck-Reihe 1531

»...eine treffliche Übersicht über das teils kontrovers aufgefaßte und vielschichtig sich erweiternde Gebiet der Sozialgeschichte..., die für Schule und Hochschule willkommen ist.« *Geschichte, Politik und ihre Didaktik*

»Das Ergebnis ist außerordentlich bemerkenswert: verständlich geschrieben, ausgewogen in Kritik und Entfaltung der Thesen, flexibel auf das Ergebnis, weniger auf die Stringenz methodischer Argumentation orientiert.« *Das Historisch-Politische Buch*

Vandenhoeck & Ruprecht · Göttingen und Zürich